THE POWER OF GEOGRAPHY

TEN MAPS THAT REVEAL THE FUTURE OF OUR WORLD

地理的力量

十張地圖揭開世界的未來

Tim Marshall

提姆·馬歇爾——著

顏涵銳——譯

目次

導讀

地理為何重要：地理與地緣政治的國際戰略書寫

賴怡忠（國際政治觀察家，現任職於遠景基金會）

地緣政治分析的地理因素

從過去八年的國際關係分析當中，我們可以看到地緣政治分析強勢回歸的現象。一方面，這與美國、歐洲從二〇一七年底開始將中、俄定位為改變現狀的強權有關；另一方面，中國從二〇一二年起在南海對菲律賓展開強勢灰色地帶作戰，俄羅斯則於二〇一四年直接以軍事佔領克里米亞，這些行為象徵了中俄越來越明顯地訴諸軍事力量，進行以準武力衝突來處理國際爭端的趨勢。這些發展也從另一個側面將後冷戰時代的和平紅利消磨殆盡了。現在對國際事務展開實務分析時，後冷戰初期曾經聲量浩大的自由主義學派、制度論、建構主義等國關理論學派漸趨沉寂，而現實主義分析重回主流。從地緣政治角度出發的論理架構，則為現實主義提供一個極為簡單且明晰的理解框架。

提到地緣政治分析，幾乎都以地圖為出發點，將地圖作為分析的基本框架。從政治地圖出發，映入眼簾的就是各國的疆界，而這些邊界首先界定了國家利益的涵蓋範圍與其所關切的作用方向。古印度哲學家考提利亞（Kautilya）的名著《政事論》（*The Arthashatra*）之中論是其中翹楚。然而，地圖本質上是權力政治的產物，若要追究影響權力政治的因素，除了對國力的比較分析外，還需探討為何國家利益會採取某些特定方向，以及為何會出現這樣的爭議等問題。這些問題的答案往往隱藏在歷史的關鍵脈絡當中，而地理則是影響歷史的極重要因素。從地圖出發，走到對地理的分析而形成的地緣政治論理，幾乎是每一個傑出的地緣政治觀察家所必備的知識技藝。

但更重要的是，相對於地圖的二維觀察，地理及其形塑的歷史則提供了第三維與第四維度的觀察視角，並帶來空間的立體感與時間脈絡的深度。此外，一個有趣的觀察是，政治地圖的分析是植基於既定的疆界，而地理／歷史的分析則超越疆界，這是因為政治疆界與地理所提供的邊界或活動範圍不一定會重合。而這個特性也讓地理分析在處理跨界的區域性議題時，如族群衝突、恐怖主義與氣候變遷相聯繫的政治分歧等議題，往往能提供更透徹的洞察力。對地理的直觀掌握力，通常是能否成為傑出情報分析師的關鍵條件之一。

從《地理的囚徒》到《地理的力量》

《地理的力量：十張地圖揭開世界的未來》是前英國BBC記者提姆・馬歇爾於二〇二一年出版

的著作，同時也是提姆．馬歇爾於二〇一五年的《地理的囚徒》（*Prisoners of geography*，中文書名：《用十張地圖看懂全球政經局勢》，商周出版，二〇一五）出版六年後的新作，其展現了地理與現實地緣政治分析結合後的知識威力。

從各種角度來看，《地理的力量》基本上是《地理的囚徒》一書的續篇。兩者採用的分析結構相當類似，都是先介紹地理環境，接著討論這些地理環境對居住其上的人民產生了什麼樣的限制，進而誘發出特定的行為和思考模式，並形成特定的歷史過程和決策環境，最終討論這些狀況與當前世界爭議之間的關係。

兩本書的主要差別在於，《地理的囚徒》基本上走的是大區域分析。若其分析涉及個別國家，也是因為這些國家的範圍夠大，可以獨立成為單一的分析體系。相對而言，《地理的力量》延續的正是《地理的囚徒》所鋪陳的分析架構，但更加專注於各區域內的個別國家。

例如，在《地理的囚徒》一書中，整個中東、非洲、西歐是三個主要分析的單元，但在《地理的力量》一書中，則對中東地區內部的伊朗、沙烏地阿拉伯、土耳其，西歐的英國、西班牙，以及非洲的衣索比亞、撒亥爾地區進行了更細緻的分析，並補充了《地理的囚徒》中未處理的澳洲及處於歐亞交界的希臘等案例。

此外，《地理的囚徒》特別討論算是半公域的北極地區，而《地理的力量》則討論了至今仍算是全公域的外太空，前後兩本書在結構上有著相互映照的意味。如果讀者在閱讀《地理的力量》時，對於書中個別國家的分析方式感到稍嫌突兀，相信回溯一下作者早先的《地理的囚徒》一書後，也許這種不適感將會消解。

國際地緣政治觀察的地理書寫，與《地理的復仇》相比較

過去二十年來，坊間出版了相當數量的翻譯書籍，不論是從地緣政治角度來敘述歷史，或是對現時地緣衝突議題提供清晰的歷史脈絡。這些書籍的敘事簡明易懂，對於既有的國際議題也提供清楚的鳥瞰視角。信手拈來，如日本民間史家宮崎正勝的《世界史圖解》（商周，二〇〇六）、高野孟的《最新世界地圖讀法》（玉山社，二〇〇三）、武光誠的《從地圖看歷史》（世潮，二〇〇三）、《世界，為什麼是現在這樣子》（尚．克利斯朵夫．維克多等著，大是文化，二〇一〇）、《各國眼中的世界》（帕斯卡．伯尼法斯、于貝爾．凡德林著，如果出版，二〇一二）等，其特色都在於從地圖出發、回溯既有爭議的成因，或在解釋國際爭論的發展及其影響時強調地緣政治因素等。但相對而言，這些書籍較少探討地理因素對歷史的影響，以及地理因素又是如何影響我們對國家利益的界定及其相關決策的認知。

反而在國際政治分析的書寫中，會有意識地處理地理因素的書籍，大都在外交記者等國際事務觀察家的新聞報導或旅行書寫中出現。這往往與外交記者其職業訓練所產生的敏感性有關，因此她／他會將旅行中的現地發見，與其要處理的國際議題分析相結合，而產生相當特別的國際政治地理書寫。

在這裡，相信不少讀者會將本書與另一本地緣政治分析傑作《地理的復仇》（*The Revenge of*

Geography）相提並論。這兩本書都高度重視地理因素對國際政治的影響，並在分析事件的來龍去脈時，將地理所帶來的限制或機會納入考量。值得注意的是，美國作家羅伯．卡普蘭（Robert D. Kaplan）在二〇一二年出版《地理的復仇》時，美國剛從伊拉克撤軍，賓拉登才剛被擊斃，但在同一年的九月十一日，美國駐利比亞大使卻在「九一一」當天於班加西遇襲身亡。《地理的復仇》特別警告，忽視地理很可能導致被地理所噬，它也不認為人類科技的進步能夠打破地理的限制與作用。若將此書與湯瑪斯．費里德曼（Thomas Friedman）出版於二〇〇五年的《世界是平的》（*The World is Flat*）相比較，費里德曼在書中歌頌科技所推動的全球化力量，並認為這股力量能夠消除世界的差異。然而，卡普蘭在《地理的復仇》中則反向強調地理不僅無法被科技抹平，地理的限制更無法被超越。

《地理的復仇》近似地理命定論的悲觀論調，與當時美國受困於反恐戰爭與對伊拉克佔領的泥沼相聯繫。當時美國以高科技奠立的無敵軍力，儘管在南亞與中東地區面對設備和組織都嚴重滯後的敵手，卻依舊無法完全佔上風。美軍在阿富汗與伊拉克的資源投入與犧牲已經超過越戰，成為美國社會另一個心理陰影。《地理的復仇》所展現的悲觀態度，其實與當時的政治背景密切相連。

相對而言，《地理的力量》作者所強調的必須重視地理，更像是將地理視為決策的重要依據，而不是對決策的無上制約。雖然人類是地理的囚徒，但沒有糟糕到會遭受到地理的「復仇」。這種相對不那麼悲觀的論調，正是出現在《地理的囚徒》與《地理的力量》成書之際，美歐與中俄的地緣戰略對抗格局日益凸顯，世界邁向新冷戰的趨勢也日益清晰之時。此外，曾經在二〇一四至一六年呼風喚雨的伊斯蘭國，在二〇一七年之後不再佔據中東與美歐等國的政治注意力。由此可見，不同時代的政治發展在這兩位作者對地理與地緣政治書寫中，折射出調性上的差異。

北極、太空等公域的「地緣政治化」

《地理的復仇》著重於歷史的回溯，《地理的囚徒》提到北極，《地理的力量》則延伸至外太空等半公域或是全公域的領域，超越了傳統以地圖為基礎的地緣政治分析。雖然氣候暖化的問題讓世人聞之色變，但在北極領域卻似乎呈現新的戰略機會，並啟發了新的戰略想像。再者，太空公域基本上是法外之域，既有的法律規範性嚴重不足。然而，由於國際對太空公域的興趣仍主要來自其對地球事務的潛在影響，而不是對太空本身的興趣。這也是即便在距離地表數百公里的上空，人們仍然討論「地」緣政治的主因。

本書作者對這兩個領域的處理，開啟了對公域地緣分析的新途徑。隨著這些領域的發展，讓我們相信這類地緣政治分析的著作將會成為未來的顯學。

地理很重要，但又不為地理決定論背書

現在的世界，特別是台灣所處的印太區域，在經歷了三十年的後冷戰與全球化時代之後，再度進入圍繞大國關係的戰略競爭狀態。因此，地緣戰略分析再次成為理解這個世界，特別是印太區域以及

台海周邊情勢，不可或缺的關鍵工具。

然而，人類若干行為所帶來對自然的衝擊，正在改變地球的自然環境，並因此帶來新的自然力量與景觀，進而形成新的結構與制約動力。這些變化讓過去不存在的爭論變成問題，也讓問題惡化成危機，並且透過這些危機，引發出新的可能衝突。

不論你是否為「地理決定論」的信徒，都不能忽視地理的力量及其重要性。相信讀者在讀完本書後，對於作者對地緣政治分析的地理洞見一定會很有感觸。

前言

獵鷹已聽不到馴鷹師指令；
主從失序；號令不從。

——〈基督再臨〉，葉慈（W.B. Yeats）

在中東地區，伊朗巨大的碉堡隔著波斯灣，與對岸的宿敵沙烏地阿拉伯遙相對峙。在南太平洋，澳洲則夾在兩個當代最強大國——美國與中國的角力之間。而在地中海，希臘與土耳其之間的緊張關係可追溯到遠古時代，依然可能在明天一觸即發。

歡迎來到二〇二〇年代。美蘇主宰全球的冷戰時代已是遙遠的記憶，但我們正邁入一個全新的大國競爭時代，許多國家、甚至一些小國都在爭相躍上世界舞台。伴隨著各國紛紛在大氣層、月球以及更遙遠的外太空中宣示主權，地緣政治的高潮迭起已擴展到地球之外。

原本維持了數個世代不變的秩序，如今卻朝不保夕，人心難免浮動。這種情形過去曾發生過，現在也在發生，未來也還是會重演。我們的時代朝「多極」世界發展有一段時間了。二次大戰後世界建立了新秩序：那是一個分別由美國領導的資本主義體制，與表面上是共產主義體制、實質上卻是舊帝俄遺緒以及中國共同劃分的兩極。這個兩極世界大約延續了五十到八十年，視不同定義而定。一九九〇年代，出現了某些分析家所謂「單極」時代的十年，在這十年間美國的影響力完全無人挑戰。但在二十一世紀的現在，世局又回到歷史常態——一個多方角力的時代。

很難說這種變化從何時開始，因為它並非由單一事件所引發。然而，這中間的確有些關鍵的轉折點，可以讓人在混沌不明的國際局勢中豁然開朗、瞥見未來。我個人就曾經歷過類似的情況，那是在一九九九年的普里斯提納（Pristina），這座科索沃的首都僅剩斷垣殘壁，夏天的夜晚既潮濕又悶熱。一九九一年，南斯拉夫解體後一度戰亂頻仍、血流成河，然後北約的飛機開始轟炸、將塞爾維亞軍隊趕出科索沃，北約地面部隊也準備從科國南方進入該地區。那天早上，我們聽說俄國派遣了一個縱隊從波士尼亞出發，前來維持其在塞國的既有影響力。

在那之前，俄國這頭北極熊因國庫虛空、政局不明及蘇聯解體的影響，已十年蟄伏未出。在這段期間，過去臣服於它的各小國人民票選出傾向加入北約和歐盟的政府，俄國只能無奈地看著北約往其西方邊界步步進逼。同一時間，俄國在拉丁美洲和中東的勢力也在衰退。但到了一九九九年，莫斯科當局終於在對西方勢力的態度上有了定見——到此為止，不許越雷池一步。科索沃是最後的底線，因此葉爾欽總統下令俄國部隊介入科國戰事〔但一般認為即將掌權的強勢民族主義者弗拉迪密爾．普丁（Vladimir Putin）在此決策上起了相當作用〕。

當天一大清早，俄國的裝甲部隊聲勢逼人地沿著普里斯提納的街道行進，前往郊區的科索沃機場時，我人就在城內。據說柯林頓總統就是透過我那篇〈俄國大軍大搖大擺進城、重返世界舞台〉（*The*

Russians rolled into town, and back onto the world stage）的報導，比北約軍隊早一步得知俄軍即將到來。這篇報導稱不上是普立茲獎（Pulitzer Prize）等級的報導，但卻是歷史新頁的初稿。俄國擺出陣仗，要在年度最大事件中參上一腳，並藉此宣告今後歷史局面不會再不利於俄國，他們要挑戰現有的局勢。一九九〇年代後期，美國無人能敵，西方國家似乎在全球事務上順風順水，但從那天起有人要反擊了。雖然俄國不再是過去那個令人聞風喪膽的大國（還有別人不讓他專美於前），但只要逮住機會，俄國人絕對會讓世界看見自己的實力。之後在喬治亞、烏克蘭、敘利亞及其他地區，俄國人證明了這一點。

隔了四年之後，我來到伊拉克的卡爾巴拉市（Karbala），這是伊斯蘭什葉派（Shia Islam）的聖地之一。當時薩達姆．海珊（Saddam Hussein）政權已被美英聯軍推翻，但伊拉克仍處於動亂之中。在海珊〔他是遜尼派（Sunni Islam）穆斯林〕主政時代，伊拉克境內許多什葉派信仰遭禁，包括儀式性的自我鞭笞行為。在某個炎熱的日子，我目睹伊拉克各地一百多萬名什葉派信徒湧入卡爾巴拉市，其中許多男性拿鞭子鞭笞自己的背部，還用刀劃破自己額頭，血液不僅流滿全身，更染紅了卡爾巴拉街道的塵土。當時我就清楚的知道，伊拉克東鄰的鄰居、以什葉派為主的國家——伊朗，肯定會設法鼓動建立一個由什葉派主導的伊拉克政府，藉此讓德黑蘭政權的影響力向西推進到整個中東，將其在伊拉克西邊的敘利亞和黎巴嫩等盟友串連在一起，以獲得更大的實力。這是地理和政治締造的必然結果。當天我心裡的想法是：「這看似宗教活動，卻也是政治上的表態，這股熱潮將會波及地中海地區。」中東地區的政治平衡已經改變了，伊朗的逐漸擴張將會挑戰美國在中東地區的主導地位。卡爾巴拉市這一天的情形讓人窺見未來中東新局勢的前景。不幸的是，那是一個鮮血淋漓的未來。

上述的兩個重要時刻，不過是形塑我們今日複雜世界情勢中的濫觴。在這個時期，有多種不同的作用力正在過去被稱為「大競逐」（the great game）的世界局勢中推擠拉扯、甚至碰撞。這兩次經驗讓我一窺世界所要迎向的未來。之後隨著二〇一〇年代在埃及、利比亞和敘利亞等國發生的事件，未來局勢益發明顯。埃及總統穆巴拉克（Hosni Mubarak）被軍方在背後策動的暴力街頭群眾運動政變所推翻；利比亞總統格達費（Muammar Gaddafi）被推翻後遭到殺害；至於敘利亞方面，阿薩德（Bashar al-Assad）總統要不是有俄國和伊朗出手相助，也是差點就被趕下台。上述這三名獨裁者過去數十年來都和美國打過交道，但最後關頭美國卻都表示不肯出手相助。歐巴馬總統主政那八年期間，美國正一步步退出國際舞台，此舉在川普接任後的四年期間也延續下去。同一時期的印度、中國、巴西等國靠著快速成長的經濟，逐漸成為新世界大國，並且開始放眼全球、意圖展現各自的影響力。

過去許多人不喜歡美國在二次大戰後擔任「世界警察」的角色。不論正方或反方都能對這件事說出一大篇道理來。但不論贊成或反對，缺少了這個世界警察，各個地方勢力就會開始據地為王。而一旦各方之霸競逐出頭，世界局勢就會益發不穩定。

帝國勢力有起有落，合縱連橫有分有合。後拿破崙時代歐洲所簽訂的戰爭條款多半只有六十年的有效期限，而希特勒所夢想的「千年帝國」不過十年出頭就煙消雲散。強權間的勢均力敵，轉眼即逝。當然，今天還是存在經濟上和地緣政治上的超級強國，在世界舞台上呼風喚雨：例如美國和中國，當然還有俄國，以及歐盟框架下的歐洲各國、經濟實力迅速增長的印度。但這不表示小國就缺乏影響力。地緣政治講究拉幫結派，在世界秩序大亂的當下，大國沒有小國相挺難成氣候，反之亦然。

因此，土耳其、沙烏地阿拉伯和英國等國家得以善用自身條件囤積實力。天下大勢尚未底定，霸權落誰家也尚難論斷。

二〇一五年我寫了《用十張地圖看懂全球政經局勢》（*Prisoners of Geography*，原名直譯為「地理的囚徒」）一書，旨在點出地理如何影響全球政治，塑造各國及其領導人的決策。書中討論了俄國、中國、美國、歐洲、中東、非洲、印度和巴基斯坦、日本和韓國、拉丁美洲以及北極的地緣政治。我主要從全球整體的角度來講述地緣政治中最大的幾個國家、大型地緣政治陣營或是地區。但這些並非全貌。雖然美國始終是唯一具備在兩大洋同時投射海軍實力的大國；喜瑪拉雅山脈始終橫亙在中、印之間；而俄國西部的開闊平原仍然是其軟肋硬傷，但新的地緣政治現實仍持續推陳出新，隨時產生各種新狀況。除此之外，還有其他具有影響力的國家，擁有足以撼動我們未來的實力，都值得我們關注。

正如《用十張地圖看懂全球政經局勢》一書，本書也著眼於各國的山脈、河川、海洋與其實際面，藉以瞭解其地緣政治的現實。地理是限制人類能做什麼、不能做什麼的主要因素。政治家的確很重要，但地理更重要。人們所做的決定，不論當下或未來，從來都跳脫不出其現實環境的局限。任何國家的發展條件必然是從其和周邊國家的地理位置、海路、以及自然資源開始。如果你是位於大西洋邊陲多風的島國，那你注定要乘風馭浪；如果你是一年三百六十五天陽光普照的國家，那太陽能板就會是你的未來大計；盛產鈷的地區則注定禍福相伴。

當然，有部分人排斥用這種方法切入，認為這太宿命了。有一派說法主張現在的世界已經無遠弗屆，透過網際網路的金融轉匯和通訊，距離不復存在、地理條件也不具意義。但有這本事的只限於既能夠使用線上會議、又能夠飛越高山大海去和對方見面的那一小撮人，地球上剩下的其他八十億人口卻不見得能這樣做。埃及農夫至今還是要從衣索比亞（Ethiopia）引水灌溉作物。雅典北方的山脈依然阻擋它與歐陸貿易。我同意事在人為，不過地理環境雖非宿命，但還是有其重要作用。

未來十年將會是一個全新的時代，充滿了不確定和分歧對立，而這是由許多因素所共同造成。全球化、去全球化、新冠疫情、科技和氣候變遷、以及本書所提到的各種地理因素都參雜在其中。本書將探討二十一世紀初期的重要事件和衝突，未來將對多極世界可能產生的深遠影響。

就拿伊朗來說，它正在主導中東的未來。過去的伊朗是被國際制裁、無人聞問的國家，一心擁抱核武；但它靠著什葉派串連起的宗教「走廊」，一路從巴格達接通大馬士革和貝魯特，獲得通往地中海的門戶，從而發揮影響力。而伊朗在中東當地的勁敵——沙烏地阿拉伯，除了石油以外就只有沙漠，但卻有美國為其盟友。但隨著美國對石油需求量日減，在能源上也漸漸不再仰賴沙國，它對中東地區的關注也在日益減少。

其他地區導致紛爭的關鍵不在石油，而在水資源。衣索比亞被稱為「非洲的水塔」，靠著水資源擁有傲視鄰國的優勢，埃及對此感受特別深刻。這是二十一世紀可能會發生「搶水大戰」的主要地區之一，但隨著衣索比亞使用水力發電扭轉命運後，科技的實力也開始在這裡發酵。

但在非洲其他許多地區如撒亥爾（Sahel），這塊位於撒哈拉（Sahara）南端廣袤的灌木林地，則沒有這麼幸運。當地戰禍頻仍、民不聊生，在古代地理上它屬於不同國家或不同文化，但如今卻被蓋達組織（Al-Qaeda）和伊斯蘭國（ISIS）控制了部分地區。未來許多當地住民會出走逃離，有些人會向北逃往歐洲，屆時歐洲原已嚴重的人道危機只會更加惡化。

希臘作為中東難民前往歐洲的門戶，是最先受到新移民潮影響的國家。其地理位置讓它處於未來地緣政治引爆點的核心：在地中海東部新發現的油田，讓這個歐盟成員國和日益強勢的土耳其之間的衝突一觸即發。然而，儘管土耳其在地中海東部表現強硬，但其野心並不僅限於此。土耳其心中暗藏著「新鄂圖曼帝國」的願景，這源自於過往的帝國歷史，再加上其位處東西方要衝的地理條件。這個願景旨在實現土耳其成為全球大國的天命。

另一個同樣曾經是不可一世帝國的國家——英國，坐擁北歐平原最西側的寒冷群島，至今仍在尋找自己的未來定位。英國在脫歐後，才認識到自己不過是一個中等歐洲強國，必須重新打造全球政經關係。但英國的問題不僅來自國際上，也來自國內，因為它正在努力應對蘇格蘭獨立的前景。

而在英國南方的西班牙，作為歐洲歷史最悠久的國家，也面臨著區域性民族主義的分裂危機。歐盟不願支持加泰隆尼亞（Catalonia）的獨立運動；但若處處讓加泰隆尼亞獨立進程碰釘子，又擔心會給俄國和中國可乘之機，導致其在歐洲有可施力空間趁機作亂。西班牙所面臨的困境，其實正是二十一世紀的普遍寫照：民族國家危在旦夕、面臨分裂，而跨國組織也同樣岌岌可危、隨時會分裂。

不過當前最令人關注的演變，則是地緣政治角力已不再局限於地球，還發展到太空去了。太空歸誰所有？該怎麼認定？雖然「最後邊疆」（final frontier）從未真正存在過，但有待開發的邊疆一向都是充滿野性、無法無天的地區，而太空已經相當接近了。在太空，到了一定高度以上誰管得著；如果我把衛星雷射武器擺在你的國家正上空，你用哪條法律叫我不准擺？當前已有許多國家爭霸太空，私人企業還來插花攪局，如果人類不能從過往的錯誤經驗中學到教訓、拋開歧見，共謀國際合作的大局，一場兇險萬分的尖端武器競賽將在所難免。

但我們還是先回到地球，從一個數百年來被外界視為孤立無援且無人知曉的地區開始說起。這個地區如今夾在中美兩國角力之間，意外發現自己竟能左右印太地區的局勢，成為本書中的關鍵角色。這個地區就是：孤島大陸——澳洲。

第一章 澳洲

「從頭到尾都要狠。粉碎對手毫不手軟。」——唐．布雷曼（Don Bradman），澳洲板球手

澳洲過去是無人聞問、位處地緣政治的邊陲地帶。之後雖然為人所知，但卻依然不是什麼重要地方，但如今卻位居世界舞台的中心。這個轉變是怎麼發生的呢？

這個被稱為「在下頭」（down under）的南半球國家是一座孤島，但它可是一座不一樣的孤島。它幅員遼闊——大到可以稱為大陸，涵蓋了綠意盎然的亞熱帶雨林、炙熱的沙漠、起伏不大的廣袤草原和白雪皚皚的山脈。如果開車從布里斯本到珀斯港，雖然只是跨越澳洲東西兩岸，但同樣的距離，可以從倫敦橫越法國、比利時、德國、奧地利、匈牙利、塞爾維亞、保加利亞、土耳其和敘利亞，最後來到貝魯特。

至於說澳洲處於無人聞問的邊陲地帶，那是因為從布里斯本朝東北方遠眺太平洋，離美國有一萬一千五百公里遠，距離其東方正對面的南美洲則有一萬三千公里遠，而如果從澳西的珀斯港遠眺印度洋，距離非洲則有八千公里遠。即使稱得上是與澳洲「比鄰而居」的紐西蘭，事實上也在其東南方兩

太平洋
140°
Equator
160°
尼
新幾內亞
巴布亞
新幾內亞
弗拉海
索羅門
群島
珊瑚海
領地
昆士蘭州
20°
洲
布里斯本
澳州
新南威爾斯州
雪梨
阿德雷德
澳洲首都領地
坎培拉
維多利亞州
墨爾本
塔斯曼海
塔斯馬尼亞州
140°
160°

馬來西亞
馬來西亞
新加坡
婆羅洲
蘇拉威西
印
班達海
蘇門答臘
爪哇
巽他海峽
東帝汶
龍目海峽
帝汶海
達
印度洋
澳
西澳州
南迴歸線
珀斯
120°
20°
500miles
500km
100°
40°
120°

千公里外，而與紐西蘭一洋之隔的南極洲，也不過距紐西蘭五千公里。要真正瞭解澳洲在地緣政治上的重要性，則必須往北看。從這個角度來看，澳洲是一個擁有遼闊的國土、先進的民主制度，並在政治、經濟和文化上向西方看齊的國家，但在其北方則是全世界經濟和軍事上最強大的獨裁國家——中國。這樣的地緣關係，讓澳洲大陸成為印太地區的中心，而印太地區正是二十一世紀全球經濟的主控中心。

故事要從英國決定把罪犯送往澳洲說起，當時英國只想把這些罪犯趕得越遠越好，不要和他們有任何瓜葛。而世界上還有比把他們送到世界最邊陲、讓他們再也回不來的澳洲更適合的地方嗎？當年英國把這些犯人送到澳洲，就像是把他們送進一個上鎖後就丟掉鑰匙的牢房。但隨著遠在天邊的那個世界風雲詭譎不復以往，澳洲地理上的牢籠打開了，它成為全球政治舞台上呼風喚雨的角色。但在此之前澳洲走了很長一段時間的艱苦旅程。

本章一開始引用唐·布雷曼在板球賽中和英國隊較勁時說的話，雖然是在比賽中的發言，但卻道出深植於澳洲人心中的普遍心態。而這樣的心態，正是在澳洲獨特的地理環境下所打造出來的。這種講話直接、不拐彎抹角、不服輸也不自認低人一等的澳洲精神，雖然是老生常談，但畢竟還是不假。這樣的精神出自於這塊廣袤炙熱的大地，雖然這塊土地上大部分地區不適合居住，卻孕育出繁榮的現代社會，讓原本單一文化的澳洲成為全世界最多元文化的地方。

今天的澳洲正審視著周遭的鄰國，試圖思考自己應該扮演的區域角色，以及該選擇與誰結盟合作。

在外交政策和國防政策上，一個國家的考量動機主要是從它能做什麼開始，而非它想做什麼，而這往往受到其地理條件的限制。澳洲的土地面積和地理位置，既是它的優勢，也是劣勢。這個地理條件讓它免於外侮，卻又讓它在政治發展上受到限制。這使得澳洲必須建立廣泛的遠距貿易關係，而這又需要強大的海軍以保護其航線暢通。此外，澳洲距離其主要盟國相當遙遠，使其更顯孤立。

澳洲是在三千五百萬年前才從南極洲脫離出來成為一座孤島，之後逐漸向北漂移。以目前的漂移趨勢，有一天澳洲大陸會撞上印尼，但兩國的居民也不需要太擔心，因為澳洲大陸以每年七公分的速度漂移，要撞上印尼還要數億年之久。

澳洲的總面積有七百五十萬平方公里，是世上第六大國。現代澳洲主要由六個州組成；最大的是西澳洲、面積佔澳洲三分之一，比西歐所有的國家加起來都大。依序往下則是昆士蘭州、南澳州、新南威爾斯州、維多利亞州和塔斯馬尼亞島。另外澳洲還有兩個領地，分別是北領地（Northern Territory）和澳洲首都領地（Capital Territory），另外還有一些較小的領地像是科科斯群島（Cocos Islands）、和聖誕島（Christmas Island）。

在澳洲生活並不容易。首先，在澳洲從南極大陸分離出來後到首批人類定居以前（大約六萬年前）這段期間，因為時間非常長，澳洲因此得以演化出獨特的物種。儘管澳洲大陸上有許多物種都深具殺傷力、能螫人又能啄人、有的還有毒，但是當人類首次踏上澳洲土地後，在短短不到三萬年，就擴散定居於整個澳洲大陸。

不過澳洲大陸上還有些難題是定居者躲不掉的，那就是澳洲的地形、地貌和氣候。澳洲大陸的地

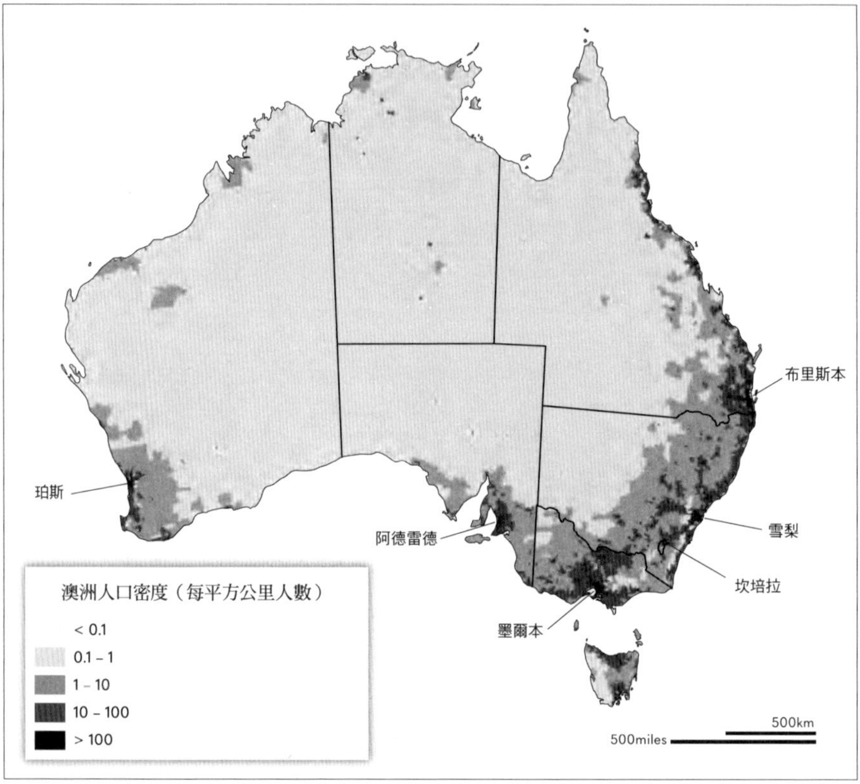

澳洲的主要人口集中在東南海岸線，內陸大部分則無人居住。

勢主要是平坦空曠的廣大平原，只有百分之六面積高於海拔六百公尺。這塊大陸的氣候分布和地形非常極端，從沙漠到熱帶叢林，再到白雪皚皚的山脈。但澳洲大部分地區都是所謂的「內陸地區」（Outback），佔了澳洲總面積的七成，卻是無法住人的地方。這裡有廣闊的平原和沙漠，夏季氣溫高達攝氏三十八度，很難找到水源，要是在這裡遇到麻煩，有很長一段距離都見不到地面起伏，也找不到人來救援。

一八四八年曾有人發起一項橫跨澳洲東西的壯舉，打算從布里斯本走到珀斯港，但此舉功敗垂成，原因是其探險隊包括隊長路德維希・萊希哈特（Ludwig Leichhardt）、兩名原住民嚮導等一行共七人，外加五十頭牛、二十頭騾、七匹馬、以及堆到如山高般的器材，全在路上消失無蹤。廣袤的內陸地區有太多不為人知的秘密了，其中也包括萊希哈特一行人的命運。至今人們還在尋找萊希哈特隊長的下落。

成千上萬年來，人類在澳洲的活動深深受到地理環境的限制。澳洲原住民有所謂「流浪出走」（walkabout）[i]的儀式，其遊牧行動主要在內陸地區，歐洲移民則大多沿著海岸線發展，這情形至今依然。澳洲東岸以居中的布里斯本開始形成一個新月狀的帶狀人口集中區；這個帶狀區域緊貼著海岸線一路經過雪梨、坎培拉（Canberra）、墨爾本（Melbourne）、來到南岸的阿德萊德（Adelaide）。沿著新

i 譯註：這是澳洲男性原住民的成年禮，大約在十到十六歲時，他們要求一個人出走到野外自行求生達半年左右，企求心靈進入成年。

月彎向西則是向內陸延伸長達三百二十公里、人煙稀少的邊緣地帶和衛星城市，這些城鎮在翻過山脈來到偏遠地區後便逐漸稀少。這時要橫跨澳洲跳到在布里斯本對面的西岸城市珀斯（Perth）才再有人口密集的情形，之後又要再跳一大段路到達爾文（Darwin）才見大城，但這裡的人口也緊靠著沿海地區發展。這種情形日後可能也不會改變。

一百年前，雪梨大學（Sydney University）地理系的創辦人葛瑞費斯・泰勒（Griffith Taylor）認為，澳洲受到其地形限制，因此即使到西元兩千年時，人口也只限於兩千萬之數，此話一出引起眾怒。他竟敢說澳洲沙漠地區「幾乎無法」長期定居，此言被認為是不夠愛國。「狗嘴吐不出象牙！」媒體大罵；「環境決定論！」政客也不放過他，政客喜歡聽到澳洲與美國一樣不斷擴張，即「從東邊開拓到西邊」的樂觀心態。但沒想到卻被他說中了；批評他的人才是錯的。百年過去了，澳洲人口依然只有兩千六百萬。即使到現在從雪梨飛到達爾文、或直接穿越澳洲大陸到珀斯，在長達三千兩百公里的路途中，你幾乎看不到任何一座城鎮。但雪梨、墨爾本和布里斯本就佔了澳洲近五成人口，而這三座城市就位於墨累河——達令河流域（Murray-Darling River Basin），這可不是隨機選擇下的結果。

澳洲大多數河流的水量具有季節性，所以水路始終未成為開發重點。澳洲所有的河川全年總排水量不及中國長江的一半。扣除塔斯馬尼亞島以外，澳洲長年有水量的河流都位於東部和西南部地區。其中最大的兩條河分別是墨累河及其支流達令河。墨累河的河水來自澳洲高山地區融雪，其水量足以供給它不間斷的奔流兩千五百公里，直入澳洲南岸。墨累河的部分河段可以通航，那些河段就成了墨累——達令流域的精華地帶。但該段河運卻無法接通海運，因此限制了它吞吐貨物的能力。十九世紀一

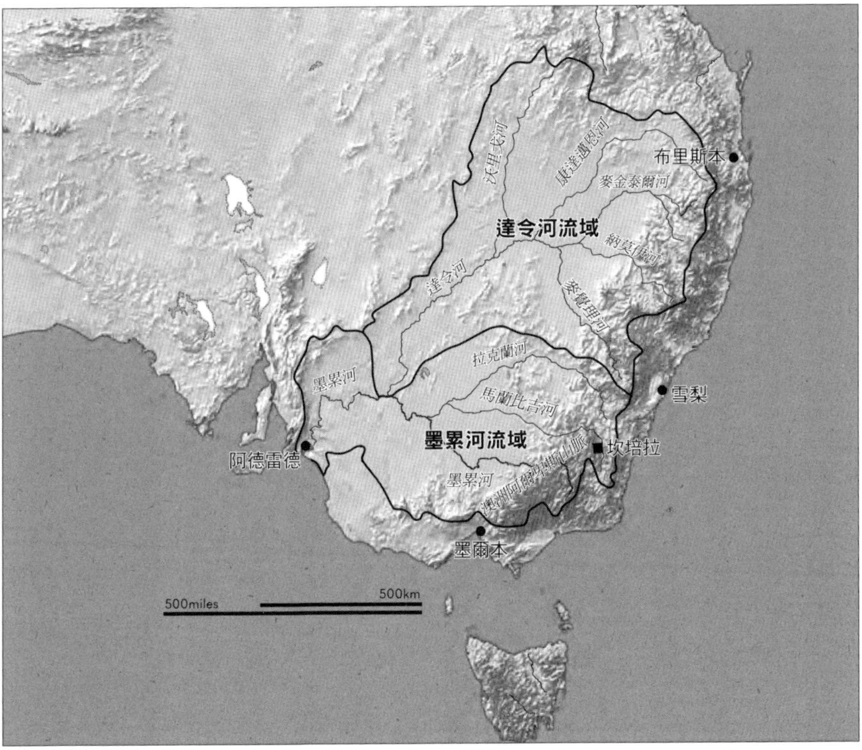

墨累河—達令河流域供給了東南澳早期歐洲移民的生活所需。

度用這些河道來為上游貿易運貨，不過一旦降雨不足，就連較小的船隻都無法通航，導致部分船隻被困在上游的乾涸支流上。所幸墨累—達令河水系擁有肥沃的土地，哺育、澆灌了數代澳洲人民。要不是有它，早期移民將無法離開沿海、往內陸移居。

在此我們可以澳洲和另一個殖民國家——美國的發展史做一比較。美國同樣是從肥沃的東岸的定居地開始發展，再往西邊內陸推進。一旦越過阿帕拉契（Appalachia）山脈，新興的美國在這裡不僅擁有世界最大的河流系統，還擁有全球最肥沃的土地——密西西比河流域（Mississippi River Basin）。而在澳洲，與美國同樣大小的地區要不是幾乎荒涼一片、就是只能當路、好些的可以進行農業、再好些則可以長期定居。而且相較於美國，澳洲距全球國際經貿體系非常遙遠：到英國要一萬九千公里、而後來成為美國的初民十三州距歐洲則只有五千公里。

一般人常常誤以為是英國庫克船長（Captain Cook）在一七七〇年「發現」了澳洲大陸。然而，先不提「發現」一詞不正確的問題，有文字紀錄最早登陸澳洲的人是一六〇六年威廉·楊松（Willem Janszoon）及其所率荷蘭帆船「小鴿號」（Duyfken）船員登陸北澳。楊松誤以為自己來到新幾內亞島（New Guinea），所以在與當地原住民不愉快的接觸後很快就離開。之後又有幾支歐洲探險隊來過，但都沒人費心深入內地。

等庫克來到澳洲這個傳說中的「不為人知的南方陸地」（terra australis incognita）時，他很清楚早在自己之前已有人發現此地。「不為人知的南方陸地」一詞源自西元前一百五十年古希臘地圖繪製師托勒密（Claudius Ptolemy）的想像，他假設世界是一個球體，而這個球體的頂端是他所認識的陸地，為了避免球體倒栽蔥，另一面就要有陸地來維持平衡。沒想到還真的被他說中了部分真相，直到今日歐洲許多人還聲稱澳洲是「在下頭」。

當然，庫克所用的地圖比托勒密的地圖先進許多。他成為第一位在東海岸登陸的歐洲人。他在現屬雪梨的植物灣（Botany Bay）上岸，並在那兒停留了七天。對當時人而言，他的船員與當地居民的第一次接觸似乎沒什麼大不了；但以現代的眼光去看卻具有重大意義，開啟了日後的一切。庫克的首席科學官班克斯在其《約瑟夫．班克斯爵士閣下一七六八至七一年庫克船長奮進號首航日誌》（*Journal of the Right Hon. Sir Joseph Banks during Captain Cook's first voyage in HMS Endeavour in 1768–71*）中，他提到兩個文明的碰撞和雙方的差異：「這些幾乎堪稱幸福的人們就這麼安於近乎一無所有地寒微生活；卻完全沒有富足所帶來的焦慮，也未擁有我們歐洲人稱為必需品的那些東西……。從他們身上我看到，人性的真正所需不過那麼一丁點，若讓他們知道我們歐洲人把生活所需擴大到那麼過分，他們肯定會覺得難以置信。」

雖然這次接觸讓班克斯對原住民充滿溢美之詞，卻不足以使他打消將植物灣用作英國罪犯流放海外拓荒的念頭，這個念頭一方面是為了緩解英國本土監獄人滿為患、犯人遭受非人待遇的狀況，另一方面則是想將重刑犯流放到一個再也回不來的地方。再者，在離大英帝國中心一萬七千公里外的地方插上國旗，其戰略上的意義也是考量之一。

於是，英方備好船隻，集結囚犯，並裝好海上補給品，英國史上首支澳洲送囚艦隊在一七八七年五月十三日從樸茨茅斯（Portsmouth）港啟航，一七八八年一月二十四日抵達植物園灣。艦隊共由十一艘船組成，載有將近一千五百人，其中有七百三十名犯人（五百七十名男性和一百六十名女性），其餘非犯人者多半為海軍人員。

兩週後統領全艦隊的亞瑟·菲力普（Arthur Phillip）總督認為這裡完全不適合定居，便將全體人馬往北遷移了幾公里，也就是日後的雪梨港。這片土地從此屬於英國王室所有，而就在這片海灘新址上，他發表了一番談話並由船醫喬治·沃爾根（George Worgan）記錄，「總督嚴令不得以任何原因冒犯或騷擾當地人……。要友善地對待他們。」結果並非如此。菲力普總督當時正在與雪梨周邊地區的伊奧拉族（Eora）和達魯格族（Darug）交涉。雙方初次接觸後，早期的互動主要以貿易往來為主，但伊奧拉族和達魯格族並不知道，這些新來的陌生人圖的可不是與他們做生意，而是圖他們的土地。

儘管數代以來的澳洲人都以為澳洲原住民是單一民族，但其實澳洲全國的原住民分成許多不同的族群、講的語言也各不相同，例如昆士蘭的穆利族（Murri）、南澳省南方的農嘎（Nunga）族和塔斯馬尼亞島上的帕拉瓦（Palawa）族，每一族又可細分為不同的亞族。一七八八年時估計澳洲原住民人口在二十五萬到五十萬之數，有人則認為應該更多。隨後的數十年間，據估計至少有數萬澳洲原住民死於一直延續到二十世紀末停的邊境戰爭。

隨著雪梨、墨爾本、布里斯本和塔斯馬尼亞等地週邊殖民地擴張，被稱為「邊境戰爭」（Frontier Wars）的紛爭也蔓延到各地。史學家對這些戰爭暴力程度看法不一，但據估計前後約死了兩千位殖民地居民以及數倍的原住民，後者慘遭多次大屠殺。而這主要來自一方不認為對方享有人權的緣故；當年許多殖民地居民都認為原住民連人都算不上。

早在一八五六年，新聞記者愛德華・威爾森（Edward Wilson）在墨爾本《世界阿格斯報》（*Argus*）上發表了一篇令人讀來心痛的文章，文中他描述了歐洲移民對當地文化的破壞性：

在短短不到二十年裡，我們幾乎將他們從地球表面全數消滅。像狗一樣槍殺他們……讓整個部落承受到凌虐致死的痛苦。我們害他們變成酒鬼、還帶給他們傳染病，讓他們的成年人病入骨髓、讓他們少數能產下的下一代從出生那一刻起就要承受痛苦和折磨。我們逼得他們在自己土地上流亡邊境、迫使他們以極快的速度走入滅族的慘劇。

澳洲原住民所面臨的悲慘遭遇一直持續到十九、二十世紀，在雙方停止殺戮很久後都還延續著。從一九一〇年起，澳洲政府將僅存部落的原住民兒童帶離原生家庭，交由白人家庭或國家機構撫養；目的是要強迫同化原住民的下一代。這種做法一直到一九七〇年才喊停，這群「被偷走的世代」原民人口超過十萬人。澳洲一直到一九六二年才允許原住民在全國大選中投票，一直到一九六七年，澳洲政府才將原住民算入國家總人口中。當時全民公投修憲，將澳洲原住民納入全澳人口普查對象，之後他們才得享更多國家資源。正如澳洲民運人士費絲・班德勒（Faith Bandler）在一九六五年所言，「澳洲政府要求人民要登記犬隻和牛隻，但卻連自己國內有多少原住民都不知道。」

那次全民公投的投票率九成三，當中九成投贊成修憲。許多人認為這次公投是原住民人權的轉捩點，儘管短期來看實際成效有限。但它展現澳洲人民希望原民平權更擴大、儘管在這場至今未歇的原民平權之戰中還有很長的路要走。現在澳洲原住民的男性和女性都可以從大學畢業、晉升中產階級，躋身現代澳洲的各個領域；但澳洲原民的平均餘命卻還是低於全國平均，而且其慢性病發病率也較高，初生兒死亡率和入獄率也較高。某些原民聚落的失業率、酗酒率和患病率以及心理問題十分普遍，其心理問題的部分成因與一九七〇年代起農村人口移往都市加重其疏離感有關。

澳洲對「第一民族」（First Nations）的態度正在逐漸轉變，這種轉變部分是透過象徵性舉措所帶動的。一九九〇年代，被稱為「艾爾斯岩」（Ayers Rock）的鐵紅色沙漠巨石更名為「艾爾斯山／烏魯魯」（Ayers Rock/Uluru），以表達對最早以族語將其命名為烏魯魯、並視其為聖地的阿南古（Anangu）族的敬意。二〇〇二年，澳洲政府更進一步將此名前後對調為「烏魯魯／艾爾斯岩」。二〇〇八年，意識到澳洲政府這兩百多年來對原住民族所遭遇的劫掠、蹂躪、壓迫和忽視難辭其咎，總理陸克文正式就原住民遭受的不公平對待向他們道歉。

儘管遭受長年的侵害剝奪，澳洲原住民人口二十世紀間還是有所成長。一九二〇年代，原住民人口數估計僅有六萬人，如今連同與澳洲原民不同種族的托勒斯海峽島民（Torres Strait Islander）在內，澳洲原住民人口已達八十萬左右，他們主要分布在昆士蘭（Queensland）州、新南威爾斯（New South Wales）州和西澳（Western Australia）州和北領地。但他們原本所說的數百種族語大多已經流失，而現今能講至少一種族語的原住民人口可能只有五萬人。

在澳洲殖民史中，造成這場浩劫的殖民先民橫越澳洲大陸的進程雖慢卻從不手下留情。隨著英國送出一艘又一艘多半運送犯人的船隻抵澳，澳洲白人人口以每年數千人之數增加。到了一八二五年時，探險家更突破原被視為無法跨越的屏障——雪梨西面的藍山（Blue Mountains）——這才發現藍山後是廣闊的澳洲蠻荒內陸。當時全澳總人口為五萬人；到了一八五一年人犯船隻數量大減、換成主要由想來新世界尋找新生的移民船前來，這時人數已增至四十五萬人之多。

他們來的正是時候，正巧碰上澳洲史上首波淘金熱，隨著數十萬外國人湧入澳洲，夢想著要發一筆橫財，也改變了當地的社會。這些淘金客多半來自英國，但也不乏中國、北美、義大利、德國、波蘭和少部分其他國家的人。「淘金世代」不僅讓澳洲人口在一八七〇年代初躍升至一百七十萬，也讓澳洲種族和文化變得更加多元。

初期淘金熱的狂潮讓頭幾波被吸引到墨爾本來的人口，主要是單身年輕男性。他們的到來讓這裡的氣氛變得和美國「拓荒時期的狂野西部」頗為相似，但隨著經濟繁榮移民人口組成也跟著改變，緊接而來的就是專技匠人、商賈和會計師、律師等專業人士也陸續攜家帶眷前來。

所有的人都為正在成形的澳洲民族性帶來各種特色，但澳洲人普遍相信後來被引伸為澳洲人同義詞的「挖金人」（digger），那些作為探礦人的早期移民，奠定了澳洲人廣為人知的特質——足智多謀、熱情有幹勁、以及友善待人。在艱困又髒兮兮的金礦探勘區，過往歐陸講究的社交禮儀在這裡全派不上用場，反倒是講究獨立自主且不忘團隊合作的獨特澳洲採礦人精神，讓澳洲人形成一種更勝前人、不在乎英國殖民當局權威的性格。

到了二十世紀澳洲逐漸發展為現代化國家的同時，其各個主要居住區域卻像是各自獨立的國家；澳洲各區之間少有正式來往，總是只管各自經濟和政治體制。主要是因為彼此之間的距離不易跨越。澳洲河川一如上述，不宜貿易運輸，因此一開始想進行任何陸地運輸都必須自行在崎嶇路面拖行，因為當時也沒有多少馱獸可用。早期的運輸系統仰賴由個別港口集散貨物後，再分送內陸或運往祖國英國。但因各區不相聞問，所以也不作興沿著海岸線連繫彼此；因此，早期澳洲建設道路，著重的是通往內陸的部分，沿海地區反倒沒有太多經營。這更限制了定居地之間連繫管道的選擇，造成它們更加各自為政。

十九世紀後半葉，澳洲有了鐵路系統，這才將沿海城鎮連接起來，為全國性經濟的串連打下基礎。隨著運輸和通信系統逐漸發展，各自為政的各區域開始出現組合為一個聯邦的想法。一八九九年澳洲的聯邦成立公投雖通過，反對票數還是相當高，一九〇〇年七月五日英國國會通過「一九〇〇年澳洲聯邦憲法法案」（Commonwealth of Australia Constitution Act 1900），四天後並上呈維多利亞女王簽署成案。一九〇一年一月一日，六個英國殖民地聯合成立了澳洲聯邦（Commonwealth of Australia）。當時五十萬雪梨人走上街頭狂歡慶祝。這時的澳洲還不是主權國家，只是一個「自治殖民地」（直到一九八六年「澳洲法案」（Australia Act）澳洲才宣布完全獨立），但這時澳洲已經在自決方面向前邁進一大步了。

這時澳洲的總人口數已經突破三百萬大關，逐漸迎接都市社會的來到，其中雪梨和墨爾本兩市的人口更各自逼近五十萬之數。在這時期大多數的移民依然是來自英國，即使不是來自英國也清一色幾乎都是白人。澳洲新政府最早通過的法案之一就是日後被稱為「白澳」（White Australia）政策的《限制移民法案》（Immigration Restriction Act）。該法案雖然不明說，但骨子裡卻是道地的種族歧視，「凡未能依官員口述當場記下長達五十字歐洲語言段落者」不得移民。

舉個比較極端的例子好了，比如說一名申請移民的中國人要聽移民官用葡萄牙語口述五十個字，接著移民官還可能要求他再測試一遍，這次則可能換成法蘭德斯語（Flemish）。上文說過，要用哪種語言是取決於「移民官」，但這測試的目的，只是為了讓未審先判的移民判決取得合法程序而已。多數被拒絕移民的都不是白人，而且該法案還可以拿來作為將未入籍卻因暴力罪行入獄的人遣送出境的藉口。當時流行的一首歌〈前進，澳洲，美麗的國度〉（Advance Australia Fair）是聯邦政成立儀式上演奏的歌曲，日後成為澳洲國歌，但上述行徑卻與歌詞意境背道而馳：

> 我們有無窮的平原可供分享；
> 憑著勇氣讓所有的人團結與共
> 共同前往美麗的國度澳洲。

政界和民意一面倒地認為，歌詞中「無窮的平原」只有白人配用，而且最好是英國白人。他們認為新法主要針對華人、日本人、印尼人和其他鄰近亞太地區的人，這些人的到來不僅會低薪搶工作、還會稀釋掉澳洲白人的「種族純度」。白澳政策一直延續到一九七〇年代。但即使在廢除以後，澳洲的亞洲鄰邦對於白澳政策的評價都極差，尤其是那些曾經被殖民過的國家更是不滿。

二戰後有段期間，「十磅英國佬」（Ten Pound Poms）蜂湧而至。當時的澳洲亟需勞動力，所以開放英國人只要付十英鎊就可以搭船前來展開新生活。當時英國前往澳洲的全程船票價格約一百二十英鎊，相當於勞工階級六個月的薪資，因此澳洲政府開出十磅低價，吸引許多受不了戰後英國階級嚴明、生活單調的英國人前來。一九四七年到一九八二年期間，共有一百五十萬英人踏上前往「下頭」澳洲、尋找機會和陽光的旅程，但也免不了在一開始要過上苦日子。我的姑媽、姑丈和四個表兄弟也躋身其中。安（Ann）姑媽在英國原是護士、姑丈丹尼斯（Dennis）則在鞋店上班。他們在一九七二年從南安普頓（Southampton）啟程，一家人從英國里茲（Leeds）搬到墨爾本（一開始住廉價旅社）後，生活也從原本在英國的相對低薪變成高出很多的生活水準。他們這群「英國佬」（Poms），這個字是英文「石榴」（pomegranate）的縮寫，有時也拼作「pommygrant」，這個字也因為與「immigrant」（移民）非常近似而成為澳洲俚語。

「英國移民」在這段期間依然是進口勞動主力，但隨著重大世界事件迫使越來越多歐洲人前往澳洲，其人口結構開始發生變化，於是澳洲將限制非白色人種移民的門檻放低了，白澳政策也逐漸寬鬆。義大利人、德國人和希臘人先後來到澳洲，加入了一九〇〇年代後期建立的非英國移民群落。之後許多為躲避一九五六年革命的匈牙利人也跟進，接著則是一九六八年被蘇聯入侵的捷克人。逐漸的，也有南美和中東的移民前來定居，這裡面許多是為了逃避迫害。一九七〇年代，成千上萬的越南「船民」（boat people）也被准許入境，然後一九九〇年又有南斯拉夫戰爭難民接踵而至。

因此，澳洲的文化產生明顯的變化，從原本英國式社會或盎格魯—凱爾特式（Anglo-Celtic）社會，轉變成多元文化的國家。這個轉變將澳洲迅速地變成了我們所熟知的現代澳洲——一個其人民祖先來自一百九十個不同國家的民族國家。在二〇一六年的澳洲人口普查中，出生在國外的澳洲人口佔總人口比例的二成六，而其原國籍則讓我們看到澳洲自從二十世紀初以來在政策、心態和全球經濟影響下的變化。在國外出生的澳洲籍人口中，英國人依然佔多數，但前十大中的紐西蘭人（百分之八點四）、華人（百分之八點三）、印度人（百分之七點四）、菲律賓（百分之三點八）以及越南人（百分之三點六）：前十大來源國中有五個是亞洲國家。

這不僅和一九〇一年時相差一大截，也和一七八八年時完全兩樣，而這種改變並不只是因為時間造成的。澳洲和其他國家一樣，依然有著種族主義和不平等現象，但總理陸克文在二〇一九年一份演說中點出了澳洲和其他國家不同的地方：「我們對澳洲國家認同的定義應植基於我們作為民主社會的理想、制度和傳統，而非人種的組成結構。」

澳洲對外人始終是深具吸引力的地方，對移工和難民也不例外。但也是因為太受歡迎，讓人們不計代價想擠進來，因此二十一世紀主政的澳洲政府不得不對非法入境者祭出重罰。

從二〇〇一年起，澳洲海軍不斷在外海攔截到偷渡難民、移民的船隻。通常澳洲會請這些船隻調頭或帶往第三國，即使這些難民獲准登上海軍艦艇，之後也會轉送到巴布亞新幾內亞（Papua New Guinea）群島最邊邊的諾魯（Nauru）共和國和馬努斯島（Manus）。這項政策一度於二〇〇八年停辦，隨後又在二〇一二年復辦。之後有三千多人遭到拘留，部分遣返原國，也有數百人獲得美國難民身分。二〇二〇年後，仍有約兩百九十人滯留在澳洲政府口中的「處理中心」，但其實是一些會讓他們遭到當地島民暴力攻擊的小島。

此政策被人權團體批評為不人道且違法，但卻因深得澳洲選民民心而得以持續運作。現在偷渡船隻數量雖有下降，但搭機前來尋求政治庇護的人卻相對增加。

這些難民之所以前來澳洲，是因為現代澳洲始終是一個「幸運國度」（lucky country）。此語出自唐諾・霍恩（Donald Horne）一九六四年所發行的一本同名著作。原書書名其實是有諷刺意味的，但後來流傳開來的意思卻很正面，而且不無道理。澳洲這個「在下頭」的國家，是全球最富裕的土地，而且似乎有希望保持下去。澳洲擁有豐富天然資源，其中許多項目受到全球需要。其羊毛、羊肉、牛肉、小麥和葡萄酒等產業一直領先全球，它還擁有全球四分之一的鈾儲量、也是全球最大的鋅和鉛礦藏，它同時還是鎢和金的主要生產國，銀礦豐沛無虞，更且是煤炭的大宗生產國。而正是此事，讓澳洲陷入兩難。

怎麼說呢？澳洲政府很清楚石化燃料會造成氣候變遷。全球暖化正是澳洲二〇一九至二〇年間野火造成重大傷害的主因，野火在破紀錄高溫和缺水的助長下更加勢不可擋。這場大火雖然只奪走數十條人命，但成千上萬作為澳洲知名吉祥物的無尾熊、連帶數十萬的其他動物都都葬身火窟。火勢雖未波及市區，但嗆得人難以呼吸的濃煙籠罩坎培拉，讓這座澳洲首府空氣品質敬排世界末座。隨大火飄散的煙灰雪花般飄過整座澳洲大陸甚至越洋遠及紐西蘭。二〇二〇年一月四日雪梨市更成為全球最熱城市——氣溫高達攝氏四十八點九度。

這麼差的狀況誰過得下去？針對這個問題，答案是兩千五百萬澳洲人民，但如果澳洲統計局平均人口成長速度的預測正確，到二〇六〇年時，這個答案的數字將增為四千萬。

若是氣候變遷預測正確，澳洲會繼續遭受破紀錄的熱浪、乾旱和森林大火襲擊，結果會是一片焦土，難以居住。大城市郊區越往鄉間擴展，面臨威脅的人數就越多。這就會迫使澳洲人口益發集中於沿海地區、都會區人口也會更加密集，無視於海平面將會上升的危機。部分澳洲沿海城市可能須逐漸往內陸遷移，並尋找低風險地區進行長期新市鎮建設規劃。

澳洲其實有一項無窮的資源尚未開發——太陽能，但卻欠缺另一種資源——水。水力發電在澳洲受限主要是澳洲河流的流域多半地勢平坦，而且流量不穩定。唯一例外是塔斯馬尼亞島，這裡的地形和天候得以充分發展水力發電。水資源不足的問題，在未來可能會成為當務之急，澳洲上下一定得就永續發展問題好好開誠布公討論一番。

既然要好好規劃，那就不能不談澳洲的煤礦。畢竟澳洲各州都有煤礦，這個產值高達六百九十六億澳元的產業還雇用無數勞工，要裁減產煤數量可不是隨便說說就行的。史考特·莫里森（Scott Morrison）成為澳洲總理前，曾拿著一大塊煤炭在國會中揮舞並稱：「別怕，別擔心，這害不了任何人。不過是塊煤炭。」此舉引來全國不滿。但即使明天澳洲裁撤煤礦業，也無助於全球汙染——要靠所有的國家共同致力於減少碳足跡，全球汙染的問題才能解決——但裁撤煤礦業卻會大傷澳洲經濟。基於此點，雖然澳洲正在尋求替代能源，未來可能還是會持續仰賴燃煤做為主要能源來源一段時日。

再者，能源的取得是澳洲一大問題——由於澳洲的地理條件和所處位置，國安問題自然就跟著牽扯進來。

現代澳洲在經濟益發與其地理位置緊緊相扣。雖然澳洲政治家都稱澳洲是亞太經濟共同體的一部分，但他們卻不敢面對亞太經濟共同體是否認為它是一員這個問題。在其「近鄰」眼中，澳洲這個前殖民地兼西方同盟的國家，是全球大國，備受敬重，但大家和它卻不親；把眼光放大到全球來看，澳洲既是主要大國、也是值得一交的盟友，或是值得提防的敵人。

就戰略布局上來看澳洲將武力都擺在北邊和東邊。防禦第一線的重心則是南中國海，其下則是菲律賓和印尼列島，然後則是澳洲與巴布亞新幾內亞中間的海域。向東的防禦則是斐濟（Fiji）和萬那杜（Vanuatu）等南太平洋島嶼。

國防上澳洲有其優勢：它不易被攻入——不是不可能，但不容易。入侵部隊必須採取大量兩棲攻擊，而因為澳洲東方和北方滿布島嶼，可採用攻入路線非常窄。即使敵軍明天上岸，也難以一舉佔領整個大陸，重要據點更會遭到強烈抵抗。若敵軍在北領地登陸，距離雪梨有足足三千兩百公里遠，補給線不僅長到讓敵方頭痛，進軍路上也勢必困難重重。

但也因為這樣的地理條件，讓澳洲很容易受到他國封鎖。澳洲多數進出口都依賴北邊狹窄的海運路線，其中很多條只要一發生衝突，就可能會被阻斷，包括麻六甲（Malacca）海峽、巽他海峽（Sunda）和龍目（Lombok）海峽。麻六甲海峽是從印度洋通往太平洋的最短海路。單單這條海路每年就有八萬艘船隻通過，佔據全球三分之一貿易量，其中有八成是要運往東北亞的石油。一旦這些海峽被阻，那就得找出替代路線；比如說，前往日本的油輪可能就得再往南一些航行，穿過澳洲北部，經過巴布亞新幾內亞後才能到達太平洋。這將大幅增加運輸費用，但卻同時也能維持日本和澳大利亞貿易通暢。

澳洲一旦遭到封鎖，很快就會陷入能源危機。澳洲僅有兩個月份儲油可供陸上戰略儲備，另外海上隨時會有三週額度的石油運往澳大利亞。二〇二〇年油價暴跌時坎培拉就抓住此良機多儲備了幾天的石油，只是它不是存在國內，而是存在美國的戰略石油儲備庫（Strategic Petroleum Reserve）中，所以可能遠水救不了近火，無法立刻派上用場。

澳洲的國防戰略，有一部分就站在這個假設之上。它的軍艦和潛艇就是為了護送商船船隊建軍，其軍機也是以可進行長程海上巡邏為目的設計。澳洲在南緯二十六度線以北共有六座空軍基地，其中三座充分部署人員，另三座則做後備緊急基地。從布里斯本以北一百公里處，往西劃向東岸的鯊魚灣（Shark Bay）及印度洋的南緯二十六度線，是南北澳洲的分界線。澳洲人口中只有一成是住在南緯二十六度以北地區，有從未證實的謠言指稱，一旦敵人從北方入侵，這一成的人口會被棄守，因為澳軍會集中防衛主要人口中心。但這都只是萬不得已的假設狀況，站在政府的立場，當然是希望透過建立空軍基地和海軍等強而有力的「前瞻國防」（forward defence）來避免這種情況的發生。

由於澳洲實在幅員太廣及人口有限，國庫也僅達中等收入，所以不可能建立一支海軍，以全方位抵禦從海洋而來的外侮。澳洲大陸的海岸線總長三萬五千公里，光是巡邏澳洲鄰近海域就很高難度，除此之外還有二萬四千公里的列島海岸線需要顧及。

為了不讓上述情況發生，避免投資大把金錢在海軍建軍上，於是澳洲轉為著重外交、慎選盟友。坎培拉當局對全球海洋強權的興替，一向很用心留意。過去英國當道時，它就和這個舊帝國強國結成重要盟友。但風向轉變，換成美國稱雄時，澳洲當然也知道該與誰結成政治、軍事和戰略上的頭號夥伴。

二戰爆發後，澳洲人踴躍參戰。但二戰成了澳、英兩軍關係的重要轉捩點。澳洲心知英國已無力捍衛澳洲，之後隨著戰情強弱逆轉，澳洲更明白戰後全球軍事霸主會是誰了。

早在一九四一年十二月珍珠港事件後，澳洲總理約翰·科廷（John Curtin）就在一篇題為「未來的任務」的文章中點出此一轉變：「澳洲政府視太平洋戰爭為美、澳全力投入主導民主去向的一場戰役。因此，我全力主張澳洲應以美國馬首是瞻、且無須為過去與英國的種種羈絆連繫和親緣感到愧疚。」接著他以澳洲直率本色，毫不拐彎抹角地講出上文現實政治的真實用意：「我們同時也清楚，沒有了澳洲、英國還是可以撐下去。」

美軍的進駐，是澳洲戰略結盟史的一個重要分水嶺。美軍繼首批抵達澳洲的先遣部隊，到了一九四三年的年中，已有十五萬兵員進駐澳洲，多數分布在昆士蘭州麥帥（General Douglas MacArthur）軍事總部落腳處。美國海軍艦艇也開始停靠雪梨和珀斯兩港，「美國製造」產品從此在澳洲扎根，可口可樂、漢堡、匹薩、熱狗、好萊塢電影和美式消費性商品開始取代過去數十年來老式的英國進口商品。

但大戰也隨之而來。一九四二年二月十九日，日軍將十週前偷襲珍珠港的同一批航母群開往達爾文的盟軍軍港，並對其發動毀滅性攻擊。一個月前，日軍已經先行入侵新幾內亞（現為印尼所屬巴布亞新幾內亞），並迅速佔領這個澳洲北方大島。該島是世界第二大島，緊鄰澳大利亞北部。一旦該島全面被日軍攻陷，就可成為侵澳的跳板，或用來封鎖澳洲。所幸日軍登陸莫爾斯比港（Port Moresby）的兩棲計畫在珊瑚海戰役（Battle of the Coral Sea）受挫。日軍因此遭到反噬，新幾內亞反倒成為麥帥奪回菲律賓的跳板，這也成為盟軍擊潰日軍跳島戰役的一部分。

此後美、澳關係就仿照並取代先前英、澳關係。澳洲派遣部分陸軍（尤其是澳洲訓練精良的特種部隊）、美國則以海軍維持公海航線通暢，共同為澳洲人民撐起一把靠著核武撐腰的保護傘。坎培拉當局一如兩次世界大戰一樣，先後在韓戰（一九五〇—五三年）、越戰（一九五五—七五年）、第一次波灣戰爭（一九九〇—九一年）和入侵伊拉克（二〇〇三年）時派兵參戰。同時，美國則堅定不搖地維持其全球最大海上霸權的地位，他們在達爾文港建立了大型軍事基地，並駐有兩千五百名美國海軍陸戰隊成員。這雖不構成中國軍隊的隱憂，但卻足以對中國發出訊號，讓它知道澳洲有美國人守著、並願意捍衛澳洲。但這情形也只適用於當前……

這正是澳洲當前所面臨的兩難抉擇。中國崛起後，美國的西太平洋戰略必須有所因應。美方要不反制北京當局，阻止其在西太平洋的擴張並視該區域為自家後院，要不與中國建立共識、各自劃分影響力範圍，或者逐步退縮，將軍力緩慢撤回至加州本土。畢竟加州和中國隔著一萬一千公里的大海。美方軍事和外交官員口口聲聲向澳方保證雙方結盟關係堅若磐石，但川普總統的作為卻讓澳洲捏了一把冷汗，他給人感覺好像他更喜歡北韓那些獨裁小國的強人，痛恨其長期民主盟友。所幸在白宮易主後，美方旋即改弦易轍。拜登總統在二〇二〇年十一月勝選後，隔月美國海軍、海軍陸戰隊（Marine Corps）和海岸防衛隊（Coast Guard）主官共同發出嚴厲警告，指出中國是全球大國中對美國及其盟國有著最「全面、長程」威脅的國家。二〇二〇年初當中國與布亞巴新幾內亞簽定大型漁港興建協議、並開始在該國達魯島（Daru Island）進行勘察，情勢更加令人擔憂。該島距離澳洲大陸不過兩百公里，雖然其周邊海域不具備商業漁獲的潛力，但中國拖網漁船經常在此從事間諜行動一事卻廣為人知。或許這只是單純的商業合作；但很難說中國不會將該港建成可容納中國軍艦的軍港。這正是澳洲不能不對中方在該海域活動時時加以防範的理由，也正是為何澳洲不能不時時留意美方對共同協防承諾態度的原因。

其實澳洲很清楚，在二十一世紀中葉之後，美國的國防開支可能就被中國趕過。當前和冷戰時期的差別非常之大：國力漸衰的蘇聯當初在經濟表現上遠遠落後於美國，這終究讓它在武器競賽上難與美國抗衡。但中國是一個國民生產毛額最晚在二十一世紀中葉就會超越美國的崛起大國。美國在國防問題上的決策將會影響澳洲政府是否在選邊站時靠向中國。

在一般人的印象中會覺得中國和澳洲好像靠得很近，之所以這樣主要是因為兩件事。澳洲和東、西、南三個主要大陸都離得很遠，因此地圖上只要一往上看就看到中國，因此就把兩者聯想在一起。但我們大都使用傳統的墨卡托（Mercator）式地圖，因為將圓弧形的距離畫在平面紙張上，所以扭曲了視覺觀感。看看另一種沃特曼（Waterman）地圖，就可以瞭解自己被墨卡托式地圖誤導多深。雖然沃特曼地圖可能令人不太習慣，但它可提供另一觀點來理解地圖。沒有人會覺得中國和波蘭是相近的國家，但其實北京和華沙的距離與北京和坎培拉的距離是一樣的。正因如此中國人往往會放眼周遭四方，但澳洲卻總只注意北方。簡言之，中國的選項遠比澳洲多的多。

處理中國問題時澳洲要很小心翼翼地在經濟利益、國防戰略和外交三方面取得平衡。中國是澳洲迄今最大貿易夥伴，儘管雙方投資會受到外交關係的冷熱而起起伏伏。但近年來，每年有一百四十萬中國人旅澳度假，中國留學生更佔澳洲留學生總數的三成。澳洲出口農產品有三分之一銷往中國，一成八澳洲出口牛肉和半數大麥都銷往中國。中國同時是澳洲鐵礦、天然氣、煤炭和黃金的主要進口國。問題是，中國著眼於此區域、及其領土擴張和影響力擴張的企圖，和澳洲並不一致。

中國沿海海域牽涉複雜政治、經濟問題。中國聲稱不論從地理或歷史來說，南海的八成範圍都歸它所有。但只要看一眼地圖，就知道這話說得不公允，這話不論去問同一區的越南、菲律賓、臺灣、馬來西亞和汶萊，都不會有人同意。它們對該海域不同的地理和歷史見解，原因在於彼此領海高度重疊所致。但中國政府可不當一回事，它還是忙著朝許多遠離中國大陸一千六百公里外、稍微露出海面的小礁岩灌水泥以便稱其為中國領土，接著就在上頭建飛機跑道、架設雷達和導彈發射台。

從近來中國人民解放軍在軍事上的快速發展可以看出來，他們是在朝擴大「區域拒止能力」（area-denial capability）的方向努力——這是指國防上具有阻止敵軍進入、停留、甚至越過特定地區的能力。中國近年來一直在發展武器，好讓它在戰爭時可以逼美國等其他國家軍隊退出南海和東海、以及由日本劃到菲律賓這條第一島鏈外。澳洲擔心的是，中國的野心會將「拒止」區域擴張到更遠的地區——也就是印尼和菲律賓以南。若真如此，中國的勢力將進入班達海（Banda Sea）和巴布亞新幾內亞沿岸。澳洲人對日本入侵新幾內亞記憶猶新。雖然澳洲也有些擔心印尼會被伊斯蘭國接管，但這機率不大，倒是中國南侵這個隱憂才更讓澳洲軍事戰略家擔心。

要嚇阻中國南侵，有一種做法就是讓澳洲軍隊能快速移防，但大部分軍隊應該部署在哪裡呢？如果擺在北方，一旦需要再往更北移防時，就給了敵軍機會，可以埋伏在一些海峽之類的扼制點。若將部隊往南駐紮，那馳赴防禦的時間就會拉長，但這樣一來就能形成在開放海面迎戰敵軍的優勢。

中國向南擴張可以被視為將領土主權延伸到極限，而延伸到哪裡算是極限，那就要看國際法專家怎麼看了，但肯定不會超過珊瑚海以南。中國若要主張珊瑚海屬於中國領土必然引發衝突，它也不能貿然在這裡建立島礁和軍事設施。雖然中國可以利用其經濟實力在此建立據點，但這樣一來它就會和該地區唯一的強國硬碰硬了。儘管澳洲無法阻止中國稱霸南中國海，但卻可以努力確保北京當局在南太平洋的影響力受到限制。

中澳雙方的角力早已悄悄開打。澳洲過去一直是太平洋諸島國最大經濟援助國，但近年來中國一直對這些國家灑錢、增加財政援助和貸款，而且一如他對其他國家的作法，在新冠疫情爆發初期，中國立刻就搶進這些國家提供援助。二〇二〇年四月，澳洲皇家空軍一架軍機載運援助物資前往萬那杜島，當該機接近維拉港（Port Vila）機場時，另一架載滿個人防護設備（PPE）和其他新冠相關設施的中國飛機早已停在只有一個跑道的機場上。澳洲軍機雖獲准降落，卻只能調頭再飛兩千公里返回澳洲。事後為了在這種情況下降落究竟安不安全一事在澳洲吵成一片，但這都改變不了一個事實——中國人搶先了一步。

做這些對中國有什麼好處？擁有影響力後就可以獅子大開口了，中國想要萬那杜的漁區、艦隊停靠港、可能的海床採礦權、以及一些常被忽略的東西：像是該國在聯合國和其他世界級機構決議時的一票。過去中國已經成功從許多非洲國家手中奪走了選票，還說服它們不要承認臺灣，現在又想在太平洋地區如法炮製。二〇一九年，吉里巴斯（Kiribati）和所羅門群島（Solomon Islands）無視美、澳兩國極力勸阻，依然決定和臺灣斷交，選擇與中國建交。

坎培拉當局一直以來持續在進行所謂「強化太平洋」（Pacific step-up）政策，但它必須如履薄冰。太平洋諸國太清楚澳洲的殖民過往了，只要稍微感受到有人想對他們頤指氣使就會感到反感。在與它們來往時，像是提到萬那杜這些國家時，萬不可稱其為「小島國」（small island nations），而要順這些島國的意思，宜稱其為「大洋邦」（large ocean states）為尚，因為它們各擁遼闊專屬海域。畢竟儘管各家對此區域定義各有不同，但這些島國及其所屬海域，佔了全世界一成五的面積。

二〇一八年，澳洲擊敗中國得以資助斐濟建造主要軍事基地，同時也和萬那杜簽署雙邊安全條約、並捐了二十一艘全新軍事巡邏艇給數個島國。澳洲同時也從援助預算中撥款建造名為「珊瑚海電纜系統」的水下高速通信網路，藉此連結澳洲、所羅門群島和巴布亞新幾內亞等國。這還只是列舉部分，但儘管澳洲做了這麼多努力，中國卻還是在太平洋島國間不斷蠶食鯨吞，尤其是在斐濟、庫克群島（Cook Islands）和東加（Tonga），只是中國儘管自家問題連連，卻還是堅持要在基礎設施建設上，使用自家產的原料，還要與在非洲時一樣引進中國工人，因此引起當地人不滿。當前澳洲雖然還是此區域重要的一員，但未來想繼續保持這個地位就得加一把勁，集中注意力。

中國的科技和實力遠遠超過澳洲。中國彈道飛彈的射程讓澳洲四面環海的護城河相形失色，再加上其網路武器，有這種武器，連飛彈這種笨重的攻擊方式都顯得多餘。關鍵基礎設施——像是電網、供水設施、食物供應鍊、運輸系統等，遇到網路攻擊沒有國家不會遭受重大傷害。遇到實質問題時，能給予澳洲援助的國家雖然都很遙遠，但遇到科技問題時，各國之間倒是沒那麼遙遠。

新冠疫情讓澳洲更加意識到「及時化」（just in time）經濟體系的缺陷，因此也與許多國家一樣，在面對中國依賴度和允許中國承造關鍵基礎設施案態度上轉為強硬，甚至中止中國的華為公司承造澳洲5G網路的合約——可謂大膽之舉。中澳關係至此變得一觸即發。二〇二〇年夏天，澳洲總理莫里森呼籲應展開新冠病毒來源的國際性調查，此舉被北京視為對中國的攻擊。不到幾天，中國海關就指稱一批澳洲進口牛肉產品標示有「問題」，並對澳洲牛肉供應下了禁令。坎培拉當局不肯退讓，於是北京揚言要抵制大麥和鐵礦的進口，還毫不掩飾地透過其英文黨媒《環球時報》（*Global Times*）語出威脅。該報稱這些經濟制裁手段「不盡然是中國對澳洲的經濟懲罰，但可以算是一記警鐘，敦促其好好想想與中國的經濟連結」。「不盡然是」這四個字講得拐彎抹角，說白話點即為「確實就是」。二〇二一年初，中國終於鬆綁澳洲銅礦進口禁令。二〇一九年十二月時中國的銅礦進口量原本是十萬公噸，制裁禁令發布後一路降到二〇二〇年十二月時的零公噸。

此前的六月，澳洲政府、教育、衛生和其他關鍵基礎設施全遭到持續性網路攻擊。總理莫里森雖未指明攻擊者的身分，卻不諱言「能動員國家級力量進行類此大規模行動的國家並不多」。話中所指為誰呼之欲出。

這種關係不好拿捏：下手過重可能會捲入印太冷戰之中，下手過輕則可能引狼入室，讓人民解放軍到自家後院建立軍事基地，而新冠疫情的肆虐則更放大且加速這種趨勢。印度、日本、臺灣、馬來西亞、澳洲和其他國家原本就對中國過去作為感到不安，疫情發生後更加深他們這層恐懼。當大家正忙於對抗新冠疫情時，中國卻進行一連串挑釁行為，甚至派遣航母艦隊繞行臺灣。中國選擇的時機點也足堪玩味：當時美國一支平常負責巡航該區域的航母艦隊正進港維修，另一支艦隊則因數百名船員身染新冠而不得不進港暫歇。同時期一艘越南漁船也被中國海岸警衛隊撞沉，另外一艘馬來西亞石油鑽探勘測船也遭到中方騷擾。另外中國政府在香港問題益發強硬的態度也引來世人關注。

到目前為止，澳洲還是選擇與過往盟國站在同一邊。澳洲駐美外交官在美國國會山莊、國防部五角大廈和位於蘭里（Lanley）的中情局（CIA）總部超時工作，只為維繫美澳兩國長達八十多年的外交關係。澳洲同時也是全球最有效率情報搜集網「五眼聯盟」（Five Eyes）的成員國，其他四國分別是美國、英國、紐西蘭和加拿大。美國在澳洲愛麗斯泉（Alice Springs）附近建造的松樹峽（Pine Gap）軍事基地，是美國在全球最重要情報搜集機構。這裡也是中情局負責情報通訊的中情局人造衛星專屬地面站，這些衛星會提供美軍在阿富汗等地的戰情，也負責偵測彈道導彈的發射，支持美國和日本的導彈防禦系統，並在新成立的美國太空司令部（US Space Command）中扮演著越來越重要的地位。這樣的海外重要資產，美國可不會輕易放棄。因此，這也成為坎培拉當局在衡量美方對太平洋協防用心程度時，可用來與美方談判的籌碼之一。

五眼聯盟和其他防禦架構成立時的世界和現在迥然不同。當時大家都覺得美國的承諾穩若泰山，畢竟日本已經戰敗，中國則不足為患。當時冷戰的中心遠在地球的另一端，而當時澳洲國防態勢則是假設在區域威脅出現前，會有十年的時間加以提防。但如今面臨衝突的預警時間縮短，而中國已然是能在國際上呼風喚雨的重要大國。因此，坎培拉當局雖然一方面極力經營與華府關係，但另一方面也不忘拉攏其他國家，儘管目前都未下重本，有些出手更是相當謹慎。

澳洲和日本正在開展包括聯合海空作戰演習、以及「訪問部隊協議」等軍事合作。日澳雙方都清楚自己能源補給無法自給自足、以及供給能源路線受阻的潛在危機。日本有八成五原油仰賴中東進口，韓國則是六成仰賴中東進口。日韓本國的煉油工業高度發展，澳洲半數進口精煉石油從日韓進口。上文已提到，一旦中東前往南中國海和東海、以及前往日本的海路受阻，澳洲必將面臨能源用罄的問題，全國也會在數週內全面停頓。

泛印太地區所有的國家都同意國際應保持海路航道暢通。要想這樣，那就不能放任中國稱南中國海是其主權領土，或任其隨便造個島礁就稱那是中國的一部分，這與四川是中國的一部分不可同日而語。北京當局忙著四處撒錢外交，要大家聽命於他，因此美國以外的其他重要國際成員，若不想任其胡作非為，就要團結合作。

日澳同時也在Quad（全名為Quadrilateral Security，中譯「四方安全對話」）架構下與印度海軍合作，並且邀請美國參與，目的就在防止上述情況發生。Quad稱不上是同盟組織，而比較像是四國海軍在太平洋地區合作的戰略架構。這個戰略架構形成的原因雖沒有公開表明，但基本想法就是要合作以確保海上航道通暢，並遏止中國恣意妄為。Quad在新冠期間得到了一劑強心針，因為各國一方面開始對中國的好戰行為更加提防，另一方面也看到中、印軍隊在兩國邊境赤手空拳開打的情形。隨著印度海軍戰力提升，該國也益發認為印太地區應視為由澳洲扮演關鍵角色的整體。目前Quad正打算升級為「Quad Plus」，邀請紐西蘭、南韓和越南加入；但南韓和越南因為鄰近中國，所以對入會還有所觀望。

澳洲並非坐以待斃、任人宰割的國家，它向來都維持一支軍隊，在外侮來襲時至少能夠背水一戰以衛家園，而且希望能將戰場擺在遠離海岸線越遠的地方越好。實質上的做法就是要盡量讓北方和東方諸島不具侵略性，也不會被超級強國所掌控。

澳洲當下要做一個很不容易的決定，這必須步步為營，稍有差池就可能為這個被視為全球最重要經濟區域帶來嚴重而長久的後果。部分分析家認為印太地區應包含非洲東岸一路延伸到美國西岸整個區塊。這種看法原已過時，但隨著世界局勢變化現在又受到歡迎。近年來最早重提這個理論的人就是日本前首相安倍晉三，他在二〇〇七年引用了一位莫兀兒（Mughal）帝國王子達拉・希科（Dara Shikoh）所著的《雙洋合匯》（*The Confluence of the Two Seas*, 1655）一書。在對印度國會的演講中安倍說道：「太平洋和印度洋作為自由和繁榮之洋，現促成一種動態的結合。」接著他就談到應維持此海域「對所有的人都暢通且澄淨」。

而座落在這兩片水域之間的國家就是澳洲，印度洋在其西，太平洋在其東，中國則在其北。當前坎培拉當局盡力想和北京當局打造具建設性的對話，同時兼顧經濟發展、並維持與美國共同的協防和其他關係，而它的態度一定會「一直強硬下去」。

第二章　伊朗

「伊斯蘭即政治，除此無他。」

——何梅尼（Ayatollah Khomeini），伊朗伊斯蘭共和國前最高領導人

伊朗人很會製作麵包，形形色色，美味至極；其中最廣為人知的是一款酥酥脆脆、小麥為主的「野蠻大餅麵包」（nan-e barbari），這種麵包會摻入海鹽，上頭撒了芝麻和罌粟籽，在早餐時食用。這種麵包通常做成長條橢圓形狀，有酥脆的外殼，表面有幾條平行線，其外型竟意外地和伊朗的地形樣貌有幾分相似。

伊朗全境主要由兩種地形所組成：第一種是橫亙在其多數國界周圍一圈如外殼般的山脈，第二種則是廣布於境內的鹽漠，沿著這些鹽漠則有近乎平行的低矮山丘。邊境山脈讓伊朗成為一座要塞。要從外部進入伊朗，許多時候會遇到這些陡然豎起的高山地形，因此拒人於千里之外。這些山脈圍起伊朗境內的兩塊荒原，分別是卡維爾鹽漠（Dasht-e Kavir）和盧特沙漠（Dasht-e Lut）。

卡維爾鹽漠被稱為「大鹽漠」（Great Salt Desert）。長約八百公里，寬約三百二十公里，差不多等

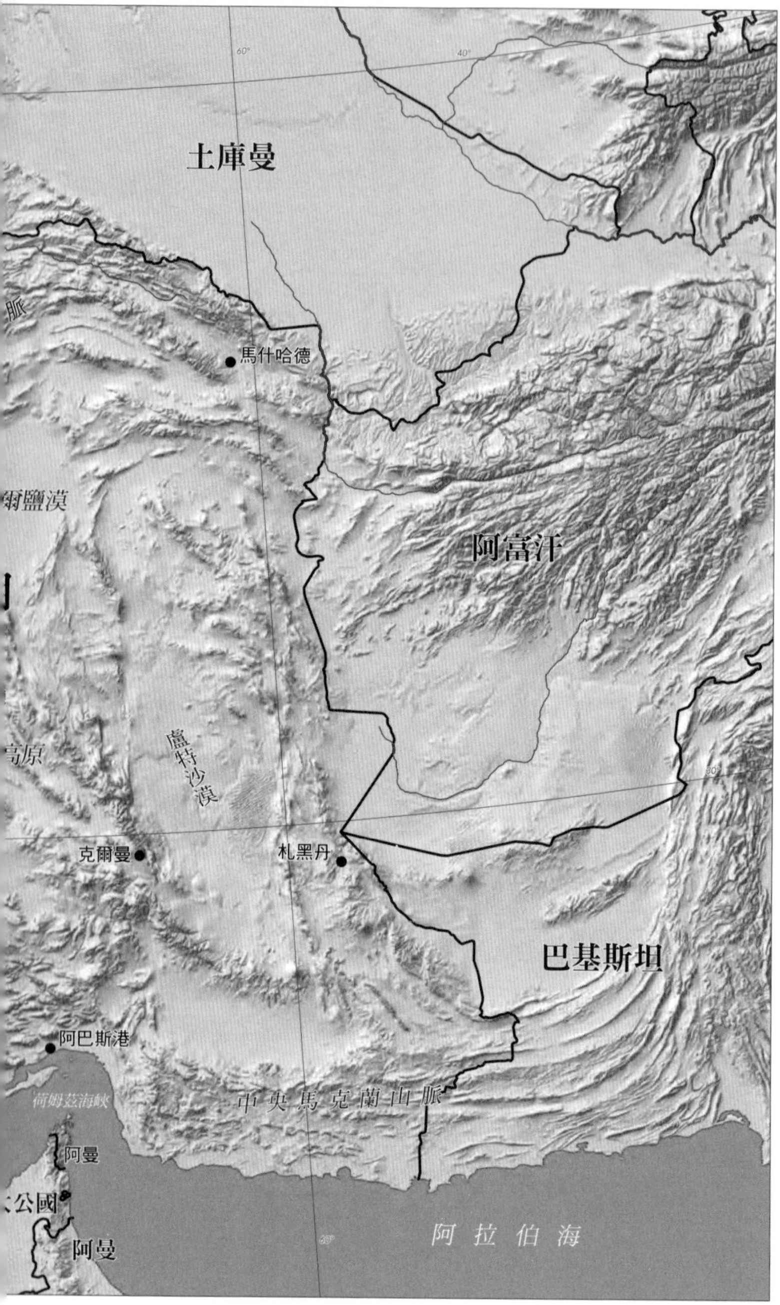

土庫曼
脈
馬什哈德
爾鹽漠
阿富汗
高原
盧特沙漠
克爾曼
札黑丹
巴基斯坦
阿巴斯港
荷姆茲海峽
中央馬克蘭山脈
阿曼
公國
阿曼
阿拉伯海

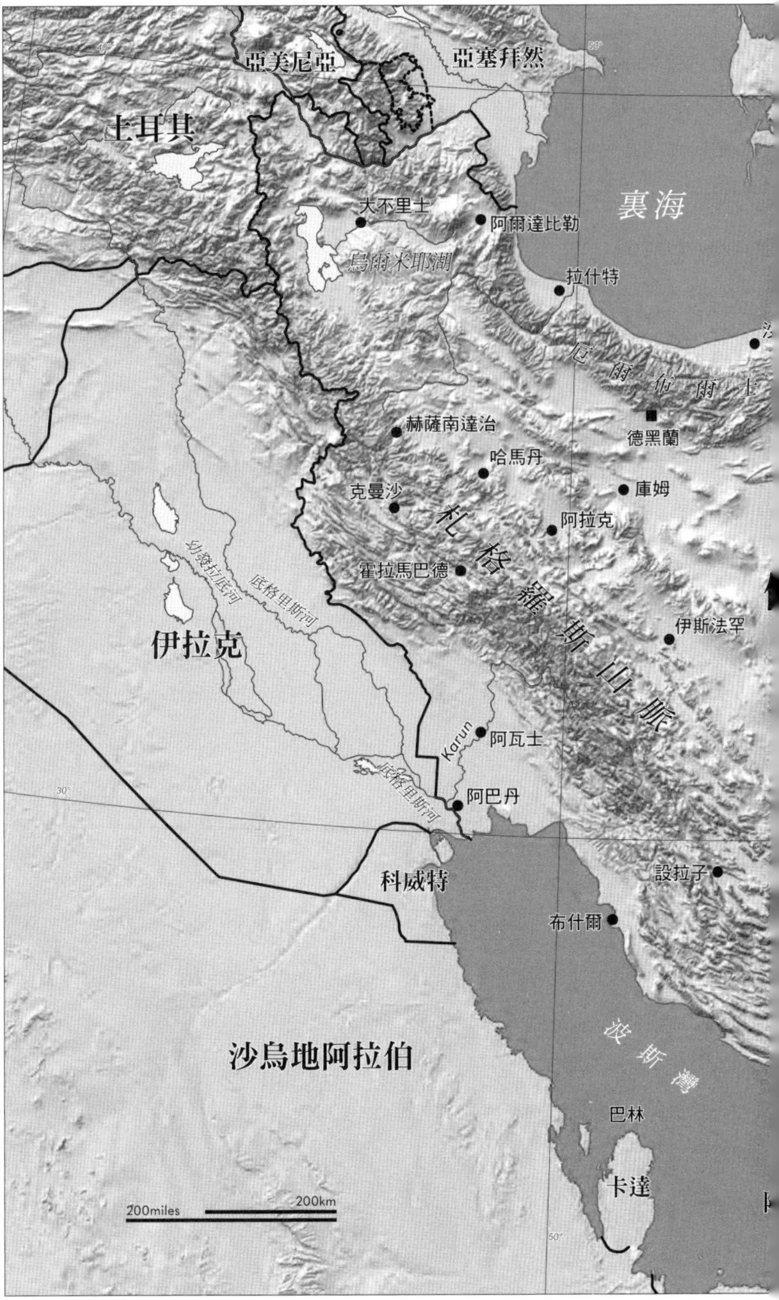

亞美尼亞
亞塞拜然
土耳其
裏海
大不里士
阿爾達比勒
烏爾米耶湖
拉什特
厄爾布爾士
德黑蘭
赫薩南達治
哈馬丹
克曼沙
庫姆
阿拉克
札格羅斯山脈
霍拉馬巴德
伊斯法罕
幼發拉底河
底格里斯河
伊拉克
Karun
阿瓦士
阿巴丹
科威特
設拉子
布什爾
波斯灣
沙烏地阿拉伯
巴林
卡達
200miles
200km

於荷蘭和比利時的面積總和。我曾驅車駛過其間部分路段，但放眼望去就只有乏善可陳、無甚起伏的灌木林。想在這裡觀光遊玩可不是件聰明事，因為這些鹽層下頭有些是一陷進去就會滅頂的軟泥層——在沙漠中淹死那可真是會笑死人的事。另一座大沙漠聽名字好像比較有趣，但在伊朗盧特沙漠又以「荒涼平原」著稱，那麼你就知道這裡有什麼了。

正因如此，再怎麼好戰的人都不會想要入侵伊朗，尤其是現代那些握有大型專業軍隊的強國更是懂得敬而遠之。但伊朗卻總是佔據西方新聞版面：它是中東主要強國，也是與中東地區恐怖和流血行動緊扣在一起的壓迫性政權；它還是和以色列相持不下、又經常和美國常常一言不合就打算對幹的潛在核武國家。但不論是美國或其他國家，都沒有人膽敢對伊朗出兵。小布希主政的兩千年初，美國一些鷹派催促他出兵攻打伊朗；所幸頭腦清楚的那一派出頭。美國國務卿、前參謀長聯席會議主席科林·鮑威爾（Colin Powell）當時的看法是，僅憑空軍難以取勝，接下來一定得派地面部隊，但他接著搬出戰爭的古老原則：「沙漠可戰、上山萬萬不行。」美國和伊朗有過不少交手經驗，而伊朗歷史上充斥著外國軍隊在其山地中大量戰死的案例。

伊朗過去有很長一段時間都叫波斯，直到一九三五年為了突顯該國還有非波斯人的少數民族才易名為伊朗，因為伊朗境內非波斯民族佔了四成之多。數百年來，伊朗的國界時有更迭，但大致上都沒離「野蠻大餅麵包」的地理外觀太遠。

之所以如此，就得從起自荷姆茲海峽（Strait of Hormuz）、全長達一千五百公里的札格羅斯山脈（Zagros Mountains）順時針方向往上看。該山脈最南端在伊朗境內與波斯灣對岸的卡達和沙烏地阿拉伯隔海相望，然後繼續向北沿著阿拉伯河（Shatt al-Arab）水道而去，直抵與伊拉克和土耳其接壤邊界、然後轉向東北沿著亞美尼亞（Armenia）邊境發展。凡是從伊朗西邊越過國界的敵軍，首先遇到的必定是這道山牆。唯一的破口是阿拉伯河河道靠伊拉克邊境一側，底格里斯河（Tigris）和幼發拉底河（Euphrates）交會處，但即使在此也不盡然是伊朗的弱點。這是伊朗的主要門戶，讓其領導人可以前往任何有重要性的地方。既然是門戶，那麼就可進可出，因此，自古以來波斯一向就藉此向外發展、也藉此封鎖外界，或在此門戶和潛在敵人之間建立一個緩衝區。在此門戶內大部分的土地都是沼澤地，這創造了天然的防禦優勢；即使入侵者跨越沼澤區鬆軟的低窪地帶，也會很快就會遭遇在幾公里外的札格洛斯山脈。

札格洛斯山脈的盡頭是埃爾布爾茲山脈（Elburz Mountains）。同樣的，以順時針方向，埃爾布爾茲山脈短暫接觸亞美尼亞邊境，然後急轉南下，在此可俯瞰裏海（Caspian Sea）。伊朗擁有裏海六百五十公里海岸線，而高達三千公尺的埃爾布爾茲山脈，則始終離它最遠不超過一百一十五公里，多數時候更近。這裡的狀況和伊朗國境西側一樣，敵軍若從此侵入很快就會遇到山勢阻隔。這之後，埃爾布爾茲山則會來個大轉彎沿著土庫曼（Turkmenistan）和阿富汗邊境而下，這裡較低的山勢逐漸變窄、幾乎沒入阿拉伯海（Arabian Sea），然後才與中央馬克蘭山脈（Central Makran Range）交會並且繞回一開始的荷姆茲海峽。也就是要入侵並佔領伊朗，就必須一路從沼澤，高山，打到沙漠，即使選擇由海上兩棲登陸進攻，最終也得面對一樣的地形。

換言之，伊朗的地形對入侵者和佔領者而言是一個令人望之卻步的天險，光是要攻破山脈就要付出相當代價，即使攻進佔領全境，最後還是只能打退堂鼓。但在波斯／伊朗漫長的歷史上，也不是沒有仇敵無視如此險阻。亞歷山大大帝就成功攻入古波斯，但在西元前三二三年他去世後不到幾年，波斯又回到波斯人的手中。十三世紀和十四世紀，蒙古人和帖木兒（Tamerlane）從遼闊的中亞大草原上來到波斯，四處燒殺擄掠、屠殺數十萬當地人，但因統治時間並不長，所以沒對波斯文化產生重大影響。從十六世紀起，鄂圖曼人（Ottomans）數次冒險攻入扎格羅斯山脈，卻只能觸及邊緣地帶，俄國人也是這樣。後來英國人佔領伊朗後，發現最好的方法是討好及收編少數民族，靠收買的方法來改變民心。

但反過來看，這種地理條件也限制了伊朗的實力。古波斯帝國一度越過山脈向外擴展，但在其歷史上多數時候它被限制在這個地形之中。只有那麼少數幾次，它得以統治其西部平原，但此區域通常都是由外來強國所左右，如希臘、羅馬、拜占庭（Byzantine）、土耳其、英國以及最近的美國等，其中有些強國甚至利用該地區來操控伊朗內部事務。因此，德黑蘭當局對於外來勢力的介入從來都不敢鬆懈。

回到伊朗境內，正因為這片大地荒涼且難以維生，所以才會幾乎所有的伊朗人都往山裡住。而又因為山區難以跨越，所以人口稠密的各地山區往往形成各種獨特的文化。各種族都堅守自己的文化認同，不願被別人吸收同化，也讓現代伊朗更難孕育出一致的國族認同。也因為這些山造成的隔閡，伊朗的主要人口中心各據一方、分散得很遠，直到近代都因交通不便而少有連繫往來。即使是現在，伊朗全國一半的路都沒有鋪面。因此，儘管境內人們對外自稱「伊朗人」，但其實他們來自許多不同的族裔。

波斯語（Farsi）是六成伊朗人的母語，也是伊朗伊斯蘭共和國的官方語言。但庫德族（Kurd）、俾路支族（Balochi）、土庫曼人（Turkmen）、亞塞拜然族〔Azerbaijani，又稱亞塞里族（Azeri）〕和亞美尼亞族（Armenian）都有自己的母語，除此之外，一些更少數的民族如阿拉伯人、切爾克斯人（Circassian）和半遊牧的盧爾（Lur）部落也都有自己的語言。甚至有些村落是講喬治亞語（Georgian）。另外也有一些猶太人（約八千人）社區的歷史，可回溯至西元前六世紀的「巴比倫之囚」（Babylonian Exile）時期。

由於種族多樣，尤其是在庫德族和亞塞拜然族等人數較多的族群中又分出更多族，讓伊朗統治者總是想要建立強大的中央集權、且往往具壓迫性的政府，以圖控制其少數民族，不讓任何地區脫離或勾結外部勢力。不論是現在政教合一的什葉派最高領袖（ayatollah）或是之前的領導人都不例外。

最鮮明的例子是庫德族，這些山區民族無視伊朗政府強勢的同化政策，始終保留自己的文化。由於伊朗政府始終不願透露各族群統計數據，因此很難得知庫德族人口的正確數字；大多數的資料顯示該族約佔伊朗總人口的一成，可能達到八百五十萬人。他們是伊朗境內第二大少數民族，僅次於亞塞拜然人（一成六）。庫德族多半住在鄰近伊拉克和土耳其庫德族的札格洛斯山脈，這幾個國家的庫德族都有著建立庫德族獨立國家的共同夢想。就因為他們的種族和語言不同，又有獨立精神，再加上他們多數信奉伊斯蘭遜尼派，讓他們數百年來在什葉派居主導地位的伊朗，經常與中央政府發生衝突。有個小型庫德族居住區曾趁二戰後情勢混亂之際宣布獨立，但撐不到一年，在中央政府一穩定國家情勢後就煙消雲散。伊朗庫德族最近一次起義是在一九七九年伊斯蘭革命（Islamic Revolution）後，這次起義伊朗軍方花了三年時間才得以平定。

伊朗境內的亞塞拜然族，主要聚集在鄰近亞塞拜然和亞美尼亞的北方邊境地區；土庫曼人則居住在土耳其邊境附近，而約一百六十萬的阿拉伯人則聚居在對面是伊拉克的阿拉伯河水道附近，以及波斯灣的一些小島上。

伊朗人多數還是住在市區，這些城市則多半建在山坡上，整體佔有全國三分之一的面積。要是從裏海向西穿過德黑蘭，再往阿拉伯河劃一條線，大多數的伊朗人都住在這條線的左半邊。其他地區，城市寥寥可數，彼此距離都很遠。德黑蘭市位於埃爾布爾茲山下。由於平地普遍缺水，所以伊朗城鎮的共同特點是許多都座落在山腳下，以便取得鑿山壁為引水渠道的供水，這些供水之後會進入小型人工渠道流入市區。有一次我被德黑蘭員警追趕時掉進了這種水渠，細節容後再述。

伊朗經濟發展受阻的原因之一是缺水。伊朗全境只有十分之一土地可事耕種，而其中又只有三分之一有水可以灌溉。伊朗全國只有三條大型河流，其中又只有卡倫河（Karun）可以通航並運輸貨物。航空運輸促進了國內外貿易，目前德黑蘭、阿巴斯港（Bandar Abbas）、設拉子（Shiraz）、阿巴丹（Abadan）和伊斯法罕（Isfahan）等城市都設有國際機場。伊朗土地面積比英國、法國和德國加起來還要大，只有靠飛機才能快速連結距離遙遠的各個城市。

伊朗石油儲量是世界第四大、天然氣儲量是世界第二，照理說這樣的國家應該相當富裕。但在兩伊戰爭（一九八〇至一九八八）時期，位於阿巴丹的煉油設施被摧毀，其產量直到最近才得以恢復到戰前水平。伊朗的化石燃料產業效率不彰舉世聞名，再加上國際制裁讓它很難取得現代化的設備，造成情形更加惡化，願意前往伊朗工作的外國專家數量有限，而願意購買伊朗燃料的國家也同樣寥寥無幾。

能源是伊朗最重要的出口，其油田所在地區與沙烏地阿拉伯、科威特和伊拉克相對，還有一個較小的油田鄰近庫姆（Qom）內陸地區。天然氣田則主要位於埃爾布爾茲山區和波斯灣。其出口主要路徑中有一條經荷姆茲海峽進入阿曼灣（Gulf of Oman）。這也是伊朗唯一通往遠洋航線的路徑，海峽最窄處僅三十四公里。來往船隻所用航道各達三公里，中間則留有三公里可當緩衝區，以避免發生擦撞事故。狹窄的海峽對伊朗有利有弊。伊朗之所以始終未能成為海上大國，一個原因就在於其入海通道很容易受制於人；但也因為海峽如此狹窄，讓德黑蘭可以用關閉海峽來要脅他國。全球有五分之一的石油都必須經過該海峽，海峽一旦關閉全球都要跟著受苦。但伊朗也不會比較輕鬆，甚至可能因此陷入戰爭，但這還是伊朗可以下的一步棋，而伊朗當局也在此下了功夫，打算有天要藉此將眾人一軍。

伊朗軍隊在軍事演習時，經常採用數十艘快速攻擊艇「簇擁」大型艦艇的戰術，其中一些艦艇還配備有反艦飛彈。遭遇全面衝突時，伊朗甚至會像兩伊戰爭時那樣採用自殺突擊。伊朗的常規海軍部隊，包括為數不多的潛艇，可能很快就會被敵軍發現，並毫不費力就被摧毀，但透過結合岸對艦飛彈、並派遣特種部隊進行對油輪佈雷行動、以及小艇簇擁軍艦等多種手段，伊朗既能暫時封鎖海峽，還能重傷敵人迫使其撤退。同時此舉還能對來自伊拉克、科威特、沙烏地阿拉伯和阿拉伯聯合大公國（United Arab Emirates, UAE）的石油和天然氣船運造成大規模破壞，造成能源價格大幅上漲，並引發全球經濟可能性的衰退。只要德黑蘭感到壓力，尤其是在其石油出口受到威脅時，它在二〇一八年用過的那套警告就會再度出籠：「我們會讓敵人明白，荷姆茲海峽若不是所有的人都能使用，那就誰都別想用。」

誰也不敢說伊朗是否會走到這一步，但這場大國競爭的賭局風險就是這麼高。美國為了防範事情走到這一步，因此推動了幾項計畫，要讓伊朗在遭遇重大衝突爆發後數小時內發動攻擊的能力減到最低，而其他波灣國家也一直在修建輸油和天然氣管道，做為輸送石油和天然氣送往到紅海的另一個管道，再交由紅海的油輪運往印度洋——但願到時這些油輪不會成為伊朗提供給盟友——葉門的「青年運動」（Houthi）飛彈下的犧牲品。

現代的伊朗動盪不斷，但在過去，伊朗可是擁有輝煌的歷史。波斯帝國在古代擁有領先全球的文明。古伊朗與古希臘一樣，都擁有光輝、壯麗但充滿殺戮的過去，也因此兩者會發生衝撞並不足為奇，波斯與古羅馬之間的衝突也同理。但在那之前，伊朗首先要面對「國內的問題」。

波斯人的起源可追溯到四千多年前，當時來自中亞的部落遷居於此。他們在札格洛斯山脈南部落腳，與同種的瑪代族（Medes）比鄰而居。從山上往平原發動攻擊、要比從平原往山上攻擊容易的多。西元前五百五十年，波斯領袖居魯士二世（Cyrus II）接掌瑪代王國，並將之併入波斯帝國，就此宣告阿契美尼德波斯帝國（Achaemenid Persian Empire）站上世界舞台。

在居魯士手中，波斯成為當時世上前所未見的龐大帝國，其版圖一路橫跨美索不達米亞（Mesopotamia，範圍涵蓋現代伊拉克和敘利亞），直達古希臘。一直到西元前五二九年，居魯士栽在一個名叫托米莉斯（Tomyris）、類似美國電視劇《戰士公主西娜》（*Xena: Warrior Princess*）的女性手中，橫死沙場。托米莉絲是中亞地區的女王，居魯士不知怎的對她情有獨鍾，可是偏偏居魯士又俘虜了她的兒子，此舉觸怒了她。她下達通牒：「還我兒子來，並離開我的國家……。若是不從，我對太陽立誓……。我讓你身浸血海。」兩軍於是開戰，居魯士大部分的士兵慘遭屠殺，他不僅屈辱送命，首級還被砍下來扔進浸在裝滿人血的皮囊中，一如她事前的警告。

居魯士過世後由其兒子繼承王位，他擴大父親的帝國版圖，增加埃及和現代利比亞部分地區。西元前五二二年，大流士一世（Darius）繼承王位，在他的領導下，波斯帝國的版圖擴展到現代巴基斯坦的部分地區和北印度，並揮軍挺進直達歐洲多瑙河流域。他還允許定居以色列的猶太人在耶路撒冷重建聖殿，並鼓勵祆教（Zoroastrianism）信仰。他創立了世上第一個郵政系統，使用馬匹接力傳遞郵件，並著手進行龐大的建設計畫，包括長達數千英里的道路鋪設。

但也不是事事都能如其所願。大流士一世不滿古希臘一些城邦對他不夠尊重（或是保護費付的不夠多），因此入侵希臘本土。但在西元前四九〇年的馬拉松戰役（Battle of Marathon）竟然大走樣，被希臘人大獲全勝。四年後大流士過世，由兒子薛西斯（Xerxes）繼承王位，他也未能打敗希臘，這成了波斯第一帝國走向滅亡的開始，一百五十年後波斯帝國正式滅亡。居魯士和大流士都自封為「大帝」（The Great），但他們的帝國卻被隨後而來更偉大的帝王所毀滅——馬其頓的亞歷山大大帝。西元前三三一年，亞歷山大大帝擊潰波斯軍隊後，放了一把火，焚毀了波斯帝國首都波斯波利斯（Persepolis）。

波斯第一帝國戰敗後，波斯人元氣大傷，在歷經近一百年後，下一個波斯帝國才能重新站起來。帕提亞人（Parthian）為了美索不達米亞控制權和羅馬帝國打了起來，此仗同時也是為了阻止羅馬從今日波斯北方的土耳其和亞美尼亞南侵波斯。此戰由帕提亞人獲得最終勝利，這也終結了一名將領的軍事生涯，其悲慘的下場因羅倫斯・奧利佛（Laurence Olivier）所主演的電影而聞名於世。在電影《斯巴達克斯》（*Spartacus*, 1960）中，羅馬帝國的克拉蘇將軍（General Crassus）逼問戰敗的奴隸軍隊誰是斯巴達克斯未果，隨即將所有的奴隸釘死在十字架上。因果循環、報應不爽。西元前五十三年，克拉蘇與帕提亞人交戰失敗，波斯人認為他貪得無厭，就用熔化的黃金灌進他的喉嚨。

時隔五百年，帕提亞人被自己內部的薩珊人（Sasanian）推翻。薩珊王朝持續與羅馬帝國作戰，然後又與拜占庭帝國作戰，這使他們疲於奔命，在面臨來自西方阿拉伯人和伊斯蘭教的挑戰時無力回擊。薩珊王朝在七世紀戰敗，是因為空前凋敝的內政、再加上敵人對上帝的虔誠信仰所造成。這一仗中波斯在美索不達米亞的緩衝區失守，隨後又失去了大部分的腹地。不過，阿拉伯人還是花了足足二十年時間才得以佔領城市地區。阿拉伯人從未完全控制過波斯境內山區，這些地方因此時常出現起義叛亂。

到頭來阿拉伯人還是被這片土地打敗了，不過伊斯蘭教卻戰勝了波斯。伊斯蘭教得勢後，祆教開始受到壓迫，祭司等神職人員也遭殺害，伊斯蘭教成為波斯的主要宗教。波斯被納入伊斯蘭哈里發（Caliphate）的統治之下，但由於國家幅員遼闊、文化強韌，所以波斯人從未被阿拉伯同化，對於外人總是有芥蒂存在。數百年後，當波斯改宗什葉派後，這種心態更遭到強化。

但在波斯改宗什葉教派之前，有數波突厥民族（Turkic）和蒙古戰士的移民潮湧入。與過去一樣，每當中央政權崩潰，就會發生外侮入侵，波斯更因此分裂成數個小型王國。一直到薩法維王朝（Safavids, 1501-1722）統一了波斯全國後，波斯才再度擁有統治本國和保衛邊境的力量。

薩法維王朝是波斯歷史上重要的轉折點。一五〇一年時，國王以實梅爾（Ismail）宣布伊斯蘭教什葉派為法定宗教。伊斯蘭教內遜尼派和什葉派分裂的原因起自西元前六三二年先知穆罕默德去世後繼承權之爭、以及六八〇年的卡爾巴拉戰役（Battle of Karbala）。許多歷史學家主張，以實梅爾國王之所以規定什葉派為主要信仰，主要出於政治動機。亨利八世也是如此，因反對羅馬教廷，他成立英國教會以此鞏固主權，這事在稍後英國一章中我們會再提到，以實梅爾國王也需要靠著反對其頭號勁敵，也就是遜尼派鄂圖曼帝國，來鞏固他薩法維王朝的主權。

波斯改宗什葉派，導致周邊伊斯蘭國家對波斯產生極強敵意，卻因此助長了波斯數百年來固有強烈的民族認同，也促成其建立強大的中央政府，並增進其對少數民族的猜疑。伊朗因此成為現在這樣的國家，不僅導致其與黎巴嫩關係緊張、與葉門和敘利亞開戰，更是伊朗從一九七九年伊朗革命（Iranian Revolution）以後與沙烏地阿拉伯之間齟齬不斷的原因。並不是說，在這些衝突中，沒有國與國之間的政治對立，但宗教信仰的分歧卻是造成這幾個國家自我認同差異的根本原因，而伊朗人的宗教認同則可以追溯到薩法維王朝當年的決定。

大家可能看過一些影片中，一群光著上身的穆斯林男子在宗教遊行的隊列中捶胸、鞭笞後背鮮血淋漓的畫面。這是伊斯蘭阿舒拉（Ashura）節時的情景，這些信眾正在重溫先知穆罕默德的外孫胡笙・

本・阿里（Husayn ibn Ali）於卡爾巴拉戰役遭殺害的痛苦。對卡爾巴拉戰役的記憶深入伊朗文化：不論詩歌、音樂和戲劇都會提到，也深植民心、躍上伊朗國旗。伊朗國旗正中央有一朵紅色鬱金香——正是殉道的象徵。據說胡笙・本・阿里被殺時，他的鮮血中湧現一朵鬱金香。

薩法維王朝在一七二二年被一群伊斯蘭教士推翻，原因是他們堅持只有受過教育且信奉伊斯蘭教的人才能統治國家，接著這群教士統治階級又被一名阿富汗軍頭所拔除，他主張宗教雖可以掌管宗教，但只有「從政者」才有權賦稅和立法。這種政教分立的制度至今在伊朗都還是爭議焦點，因為許多人認為當代教士在政治上又再次擁有過多的權力。

薩法維王朝失勢後，接下來的兩百年間，波斯就交替在國政衰敝和外侮入侵的循環之間。波斯在第一次世界大戰期間宣布中立，但這並未讓英國、德國、俄羅斯和土耳其軍隊止步，波斯照樣受到戰爭波及。一戰後，俄國人一心在國內革命，德國人和鄂圖曼人則戰敗，波斯於是淪為英國的魚肉。

伊朗在一戰前發現石油後，英國人想盡辦法拿到了石油開採獨賣權。首相邱吉爾（Winston Churchill）日後寫道：「命運之神為我們從仙境帶來我們想都想不到的大獎。」盎格魯－波斯石油公司（Anglo-Persian Oil Company，英國石油公司前身）成立於一九〇九年，英國人買下了控股權。一戰後，倫敦當局非常想把波斯變為英屬保護國，但波斯哥薩克旅（Cossacks Brigade）一名軍官卻心懷不軌。一九二一年，這位名為禮薩・汗（Reza Khan）的軍官率領一千兩百名士兵徒步進入德黑蘭，成功奪取了政權。一九二五年伊朗國會（Majlis）投票罷黜當時在位的伊朗國王，於是禮薩・汗被任命為新的國王——禮薩・沙赫・巴勒維（Reza Shah Pahlavi）。

當時的伊朗已經只剩一息尚存。數百年來的治理不當造成該國幾近分崩離析，因此，當巴勒維這名軍人進入首府，滿嘴恢復古波斯國威時，可說是說到眾人的心坎裡。一九三五年他將波斯改名為伊朗，以反映該國的民族多樣性。他以帶領伊朗邁入二十世紀為使命，開始實施一連串的建設計畫，包括連接境內主要城市的跨國鐵路網。但巴勒維國王卻未能掌控盎格魯—波斯石油公司，而只要這間公司一直在英國手中，英國就能高度左右波斯內政。英國人還在阿巴丹港造了世上最大的煉油廠，為大英帝國提供源源不斷的廉價石油。

二戰期間，伊朗還是想保持中立，但卻再次成為各國角力下的犧牲品。英國和蘇聯以國王親納粹為由入侵伊朗，在迫使巴勒維退位後，紛紛取得油田，建造了通往俄羅斯的油管。之前巴勒維任內已經造了一套鐵路系統，而當英蘇入主後，也將建造鐵路納入考量。

巴勒維國王二十一歲的兒子穆罕默德·禮薩·沙赫·巴勒維（Mohammad Reza Shah Pahlavi）繼承父親王位。一九四六年，外國軍隊撤離後，這位年輕人開始著手延續父親的經濟改革，但在外交政策上他則選擇和英國和美國站在同一邊，成為他們在冷戰中的盟國。

但今非昔比。反殖民主義風吹起形成風暴，襲向盎格魯—伊朗石油公司。伊朗國內要求將該公司國有化的呼聲日益高漲，一九五一年，強烈支持國有化的穆罕默德·摩薩台（Mohammad Mossadegh）成為首相。他一就職很快就通過一項法案，實現將石油所得繳納國庫的承諾。

英方立刻有所動作。伊朗在英國各銀行的資產遭到凍結，運往伊朗的物資也遭扣留，駐阿巴丹煉油廠的技工則被召回英國。但英國此舉起不了作用：伊朗人堅守立場不肯退讓。一九五三年，倫敦當局和華府各派出軍情六處和中情局諜報員協助組織伊朗軍事政變，政變的導火線來自摩薩台解散了企圖推動伊朗成為法治國家、因而剝奪國王權力的國會。所以日後人們常說是英國和美國共同推翻了伊朗的民主制度，但更正確的說法應該是，是伊朗派系推翻了民選政府，而英美只是站在協助的角色。美國動機是出於擔心伊朗局勢的動盪會讓共產黨趁虛而入取得政權，至於英國能不能從伊朗石油中獲利，美國根本不在乎。於是原本逃往義大利的伊朗國王得以回國復位，如此一來看似天下太平了，可惜真相並非如此。

在某些人眼中這場政變似乎成功了，但卻種下了日後禍根。伊朗原本正要成形的民主制度，在國王越來越無所不用其極的鎮壓下被扼殺，但此舉很快就讓國王陷入各勢力的反對聲浪之中：當他允許非穆斯林投票時，保守的宗教團體怒不可遏；莫斯科出錢扶植的共產黨也不放過他；自由主義的知識份子要求真正的民主；而國族主義者則覺得被他深深打了一巴掌。這場政變讓伊朗人永遠忘不了國家受到外國勢力干預會有什麼下場。石油國有化雖讓伊朗國庫豐盈，百姓卻沒得到太多好處。這場政變讓伊朗面臨未來的十字路口，而伊朗則選擇加速走向一九七九年的革命。

當前的伊朗政府總喜歡編造一個神話，讓人相信當什葉派領袖接掌政權那天，虔誠的伊朗民眾是多麼的歡天喜地、大批走上街頭，渴望看到伊朗進入全新時代。但這與真實的情形有段距離。在伊朗國王被推翻前，示威的群眾中有非宗教團體、共產黨員、職業工會、以及以什葉派最高領導人何梅尼為中心的宗教團體。當何梅尼掌權後，這些宗教團體迅速屠殺了成千上萬的其他非宗教成員；而因為一同遊行示威的人全被殺了，宗教團體掌權出頭，所以故事才被包裝成這樣的。

何梅尼在當時非常有名。一九六四年時他就曾指責伊朗國王讓「伊朗人民還不如美國的狗」。因為他在伊朗國內惹了太多麻煩所以遭到流放，先是流亡伊拉克，之後又到法國。一九七八年，伊朗全國發生多起大規模示威行動。伊朗國王用非常蠻橫的方式鎮壓，伊朗秘密警察薩瓦克（SAVAK）成了伊朗人口中酷刑和謀殺的代名詞。同年年底，在數百名示威者遇害後，伊朗實施戒嚴。但這還是阻止不了示威者走上街頭，一九七九年一月，禮薩．巴勒維國王倉皇出逃。他成了伊朗最後一位國王，也是伊朗最後一位服從美國的領導人。這之後美國人很快就轉而支持伊拉克。

何梅尼在流亡期間可沒閒著。英國廣播公司（BBC）有波斯廣播台（Persian Service）經常播放他的談話，更有成千上萬盒錄音帶被偷運進伊朗，在清真寺中播放。在伊朗國王出亡兩週後，何梅尼在眾人熱烈擁戴下返抵國門，一百多萬人夾道向他致意。人們不知道的是，雖然他們趕走了專制的「王冠」，迎來的卻是宗教的「纏頭巾」（the turban）。

不瞭解伊斯蘭革命的人，往往誤以為老邁的宗教領袖何梅尼只是個被眾人推派的象徵性領導人，他將帶領伊朗迎向擺脫專制壓迫的未來，但事情的發展很快就讓他們發現自己錯了。一九六六年，在開羅遭到處決的埃及激進知識份子賽義德．庫特布（Sayyd Qutb）雖然是信奉遜尼派的穆斯林，但他的著作卻影響了伊朗境內虔誠信奉什葉派的革命份子。他極具影響力的著作《里程碑》（*Milestones*）在當時早已被譯成波斯語，讓伊朗什葉派革命份子更加相信，要解決穆斯林世界的答案就在伊斯蘭信仰。庫特布在阿拉伯國家的影響力，比在非阿拉伯的伊朗大的多，阿拉伯國家是因為前後經歷過王權、民族主義、社會主義和非宗教獨裁制度，卻全都未能改善人民的生活，所以只能寄情宗教，但當何梅尼說出「伊斯蘭就是政治，否則什麼都不是」時，他道出了穆斯林兄弟會（Muslim Brotherhood）中庫特布追隨者十多年來一直在提倡的理念。庫特布相信暴力聖戰（jihad）能夠擊潰「十字軍和猶太復國主義者（Zionist）」；這個觀點再加上伊朗什葉派文化中的殉道精神，正是伊朗革命前後虔誠信眾之所以會那麼狂熱的核心原因。

何梅尼那莊嚴中帶有魅力的特質，連伊朗不信教的知識份子都為之著迷，紛紛卸下了原本對於宗教體制的不屑，與其聯合起來推翻了伊朗國王。可惜的是，正如一般革命中常見的情形，伊朗自由派終歸未能明白，那些衷心相信革命的人嘴上的革命口號可不是隨便喊喊的。何梅尼在返回德黑蘭的當天就向人民宣告：「從今而起，政府由我任命。」眾人都還來不及質問：「你是由誰選派出來的？」時，伊朗的恐怖暴政就已經開始了。

在群眾夾道歡迎的簇擁下，何梅尼返回德黑蘭才十天，伊朗軍方就宣布中立。首相也逃之夭夭，他隨後轉往法國，最後在一九九一年遇刺身亡。伊朗國內一些少數宗教群體與共產黨則在一波接著一波的酷刑、處決和莫名失蹤中變成無聲的一群人。何梅尼為確保伊朗不會出現反革命運動，成立了伊斯蘭革命衛隊（Islamic Revolutionary Guard Corps, IRGC）。革命衛隊是殘暴的民兵組織，在恫嚇威逼反對者上很有一套。因此成為伊朗最令人聞風喪膽的軍事力量，可是其高級官員卻一路升官發財，靠著革命衛隊跨足建築業和其他產業賺大錢。

新政權急於反轉伊朗女性獲得解放的社會地位，開始禁止男女同校，也減少對婚姻中女性的法律保護、還設立「社區委員會」（Komitehs）集體在街頭巡邏要求婦女一律佩戴頭巾遮住頭臉。少數信仰族群如猶太人和基督徒的宗教自由雖在法律上依然保留，但卻名存實亡，巴哈伊（Baha'i）信徒更是受到嚴重的迫害。

有能力離開的自由派中產階級全都倉皇出走，造成伊朗數十萬人、大規模的人才流失。大約有六萬名猶太人在伊朗成為最仇視猶太人、最反猶的國家之後跟著出走。

伊朗新掌權的領導階級沒打算建立良好的國際形象，一意孤行的結果讓該國被國際社會排除在外。除了在國內壓迫人民，伊朗也在海外進行恐怖襲擊，甚至還對寫《魔鬼詩篇》（*The Satanic Verses*）的英國作家薩爾曼・魯西迪（Salman Rushdie）下達了臭名昭著的宗教追殺令（fatwa）。

新政府之所以這麼膽大妄為，其根據都來自何梅尼的「法基赫的監護」（Velayat-e faqih）的概念，也就是宗教法學家擁有國家監管權。這個想法源自什葉派相信最有知識的宗教領袖應同時擁有政治和宗教控制權。因為這個理由，何梅尼得以成為全國政教合一最高領袖，由憲法所保障。同樣的，他之後的伊朗領導人也要由高級教士組成的專家大會所選派。就某種層面上來說，這種選派教會最高領導人的制度與羅馬天主教選派教皇的方式並無二致，差別是現代天主教教皇既不是三軍統帥、也無權對外宣戰，而何梅尼可是在上台一年後就對他國宣戰了。

伊拉克海珊獨裁政權是非宗教政權，見到鄰國伊朗打著伊斯蘭什葉派宗教立國，感受威脅之餘卻也看到契機。何梅尼呼籲阿拉伯國家發起伊斯蘭革命一事，更讓他有所警覺，因此大舉鎮壓境內已身陷困境的多數什葉派族群。之後他更入侵伊朗，但正如我們在本章一開始所說，此舉實非明智之舉。

海珊打的如意算盤是趁著伊朗革命局勢動盪，佔領阿拉伯河東岸和主要定居者為阿拉伯人的產油省份胡齊斯坦（Khuzestan）。但他萬萬沒料到，此舉會讓伊拉克陷入一場長達八年的浴血戰役，到頭來雙方都佔到好處。根據現在解密的錄音，海珊及其顧問在戰爭前夕中顯然信心滿滿，自認雙方只會出現短暫武裝衝突，妄想著「伊朗反應不會大過我們預期，不會讓兩國都陷入難看的局面」。他滿心以為，「只要對著一些軍事目標轟炸，下點功夫逼他們就範，就可以生米煮成熟飯……但如果真的全面開戰，那就別怪我們不客氣，長臂一揮予取予求。」

結果卻是惹來一場慘烈的浴血廝殺。海珊原本預期的成功奇襲，卻釀成誤判的人禍，導致一百多萬人喪生。伊拉克軍隊沿著長達六百四十四公里前線推進，初期雖有所獲，拿下霍拉姆沙赫爾（Khorramshahr）市，還在這裡使用了芥子毒氣（mustard gas）對付伊朗守軍。但他們卻未能奪下阿巴丹油港，攻勢在入侵幾週後就遭遇阻力。因為伊拉克軍隊只挺進不到一百公里就遭遇札格洛斯山脈，這個天險他們是一定攻不過去的，也導致全軍士氣盡失。數月內伊朗的反攻武力就將伊拉克軍隊逼回到兩國邊境。當伊朗轉守為攻向伊拉克境內推進同時，兩伊首都同時遭到空襲轟炸，伊朗軍隊乘勝追擊想拿下伊拉克境內卡爾巴拉等什葉派大本營。一九八八年，伊拉克反攻部隊反守為攻，將伊朗軍隊推回伊朗國界，何梅尼這時意識到伊朗已經窮兵黷武耗盡國力，乃接受聯合國促成的停火協議。兩國各自回到戰前原來的地理位置。

隔年，何梅尼過世，最高領導人阿里・哈米尼（Ali Khamenei）繼位。他任內伊朗經濟成長有限，但社會整體仍牢牢掌控在什葉派教士手中，因為他們決意要將革命貫徹到生活的每個層面中。伊朗全國政治選舉制度充滿舞弊和操弄。參選國會要經過十二名成員組成的監選人委員會（Coucil of Guardians）批准，其中六名需交由最高領導人哈米尼決定。只消看看國會政黨名單就可以瞭解它們是怎麼入選的，其中不乏「戰鬥教士協會」（Militant Clerics Society）和「伊斯蘭革命先鋒協會」（Society of Pathseekers of the Islamic Revolution）之流。被這一大票宗教組織擋在前面，就知道為什麼像「泛改革者聯盟」（Pervasive Coalition of Reformists）擠破頭也無法進入國會了。國會通過法案後，還要再獲得該委員會多數同意才能生效。

正因如此，當一九九七年相對溫和的宗教學者穆罕默德．哈塔米（Mohammad Khatami）以壓倒性票數贏得伊朗總統大選時，國內強硬派大驚失色。哈塔米任內國會通過的法案有三分之一以上遭到教士們否決，而多數法案都是哈塔米及其支持者想要在伊朗實施的自由措施。伊朗國內這些極端保守派也持續提倡以恐怖行動消滅「反革命份子」的做法。自由派媒體機構全都遭其關閉，記者則遭到關押，有心改革的知識份子也遭到殺害。當學生們走上街頭抗議時被追打並一路驅趕，即使他們逃回到宿舍，也難逃再次遭到毆打。

此後十年伊朗的經濟沒有起色，宗教惡棍也還是在強迫社會大眾接受他們的信仰，而伊朗在國際上事事和人作對的態度更讓其在外交上被孤立。二〇〇五年，哈塔米總統大選敗給了前伊朗革命衛隊成員馬哈茂德．艾哈邁迪內賈德（Mahmoud Ahmadinejad），但二〇〇九年的總統大選中，另一位改革派人士米爾─海珊．穆薩維（Mir-Hossein Mousavi）參選。這次大選伊朗創下破紀錄的投票率，儘管大眾對當局在投票作業上不符常規的作法感到擔憂，但穆薩維卻率先宣布獲得內政部告知其勝選的消息；但差不多在同一時間，伊朗官媒頻道則推翻他的說法，並宣布艾哈邁迪內賈德勝選。街頭於是爆發暴力衝突。

那次大選我好不容易申請到罕見的記者簽證，成功入境伊朗報導。抵達隔天，我立刻和一名伊朗記者同業前往首都街頭採訪。走在大道上時，我注意到有幾個人和我們擦身而過時低聲喃喃自語。「發生什麼事了？」我問這名記者同業，他說大家嘴裡念著的是某條街的名稱及時間。而當我依照時間來到那條街時，就看到原本只是幾十個人的場面，一下子變成幾百個人。隨著人數增多，人們大膽起來，反政府口號響徹全場。不到幾分鐘，整條街上出現了成千上萬人。然後鎮暴警察和巴斯基（Basij）民兵組織的暴徒也來了。扭打變成了打群架、瓶子和石頭滿天飛，雙方拉開了戰線。

鎮暴員警採用的戰術很有效，他們兩人共騎一輛摩托車，後座的人持大根警棍。一看到有示威群眾聚集就加速衝上前去，人群見狀即迅速走避四散。我在一旁用電話進行現場直播，一不小心就置身鎮暴機車群和示威者之間，而警方機車正準備衝過來。見他們衝上前來，我趕忙跳上人行道，沒想到一輛警用摩托車也跟著騎上人行道，直朝我衝來。我躲都沒法躲。這時後座警察棍子已經舉到半空中了，我高舉雙手做出投降的動作。正當他拿起棍子揮向我頭部時，手卻停在半空中——大概是因為他注意到我是個不小心誤闖示威人群的外國人。我這輩子從未這麼慶幸自己臉上有雀斑。摩托車呼嘯而過，那名警察又繼續毆打其他臉上沒有雀斑的人，然後騎回警戒線後。

示威群眾開始攻擊伊朗銀行（Bank of Iran）等政權象徵時，我混了進去，這時伊朗銀行大樓窗戶被砸碎。當另一名警察衝過來時，我再次首當其衝。我轉身想逃，安全部隊投擲的一塊大石頭擊中我的後背，力量大到讓我跌進貫穿全城的狹窄水渠中，跌倒過程中一邊腿上的皮膚全被刮掉了。之後我被一群示威民眾把拉出來後，踉踉蹌蹌地躲進一旁小巷，決定今天的直播現場到此為止。「今後我再也不要背對員警了，」我暗自對自己發誓。沒想到五年後，我又在開羅被人用空氣彈擊中背部而身受輕傷。同樣是警察幹的，但這是後話了。

這場示威持續了好幾天，過程中有數十人被殺害；但該政權的鐵腕讓艾哈邁迪內賈德得以連任。然而政府與民間的裂痕並未就此弭平；事實上，隨著伊朗人口年輕化，渴求改變的年輕人日益增多，這道裂痕也一年比一年嚴重。二〇一三年總統大選結果反映了這個呼聲，溫和派教士哈桑．魯哈尼（Hassan Rouhani）以差距大到當權者自知無力回天的票數取得政權。

倒不是伊朗人都渴望自由，雖然這也算是原因之一。「笨蛋，問題出在經濟」這句話當年被翻成許多國語言，而伊朗人也看到其波斯語版本了，二〇一三年的大選同時也反應了對艾哈邁迪內賈德執政期間讓伊朗空轉的不滿，在他的統治下伊朗更加被國際所孤立，經濟也更加蕭條。

二〇一七年總統大選時魯哈尼再度當選，但二〇二〇年大選時舞弊事件卻早在投票數月前就開始。宗教監管人委員會的黑手伸向委員會候選成員，取消將近七千名候選人的參選資格，其中包含九十位現任伊朗國會議員。此舉讓數百萬伊朗人民絕望：「那選舉有何意義？」，結果總統大選投票日全都沒出門投票。這造成伊朗自從一九七九年以來最低的投票率，也讓強硬保守派獲得壓倒性勝利。保守派的訊息很清楚：明的不成我就來暗的，宗教最高領導人和革命衛隊說什麼都要拿到政權。

時序跳到當前。伊朗領導階層認為伊朗是被敵人封鎖的孤立國家。他們沒說錯。一些伊朗思想家宣稱這是「遜尼派圈子」包圍了伊朗，指的是包括沙烏地阿拉伯在內的國家，而他們是在美國人的慫恿下，竭盡全力想從內部和外部破壞伊朗。這話說的也不算太離譜，正因如此，當二〇〇三年美國入侵伊拉克，並拿下其西側領土時，伊朗宗教最高領導人和革命衛隊指揮官們幾乎不敢相信老天這麼眷顧他們，美國人竟然意外地幫伊朗實現古波斯帝國的這個夢想。

美國為伊朗清除了當初侵略他們的伊拉克遜尼派政權，如此一來，美索不達米亞平原再次成為伊朗面對西方強敵的緩衝地帶，既能遏制潛在的敵對勢力，同時又成為伊朗能夠將其武力往西擴張的延伸空間。布希政府單純地相信只要把遜尼派鏟除，民主就會在伊拉克茁壯起來，卻沒想到為伊拉克佔多數的什葉派領導階層創造了權力真空，得以左右體制，進而掌控伊拉克全國。而在掌權的過程中，每一步都有伊朗的扶持，伊朗在美軍入侵伊拉克後的內戰中支持多個什葉派民兵組織，幫助他們趕走了外國軍隊。當時造成大量美軍和英軍死亡的路邊炸彈往往是伊朗製造的，而伊拉克民兵也獲得德黑蘭當局資助、武裝和訓練。伊拉克雖稱不上是伊朗養的看門狗，但現在其領導人卻常和東邊隔鄰伊朗一個鼻孔出氣。

這個轉變是伊朗長久以來與許多阿拉伯國家未停止過的戰爭中的重要轉捩點。在經歷了長期的興衰交替，許多阿拉伯國家裡的什葉派信徒都成了小眾，儘管人數眾多，特別是在沙烏地阿拉伯、黎巴嫩和葉門三國，另外在敘利亞、科威特和阿拉伯聯合大公國都有相當規模的什葉派社群。這些阿拉伯國家中的什葉派信徒的社經條件往往不如佔多數的遜尼派信徒，許多人自認受到歧視。這給伊朗找到了在阿拉伯國家發揮影響力的著力點。比方說，在葉門內戰中，伊朗站在什葉派青年運動這方，共同

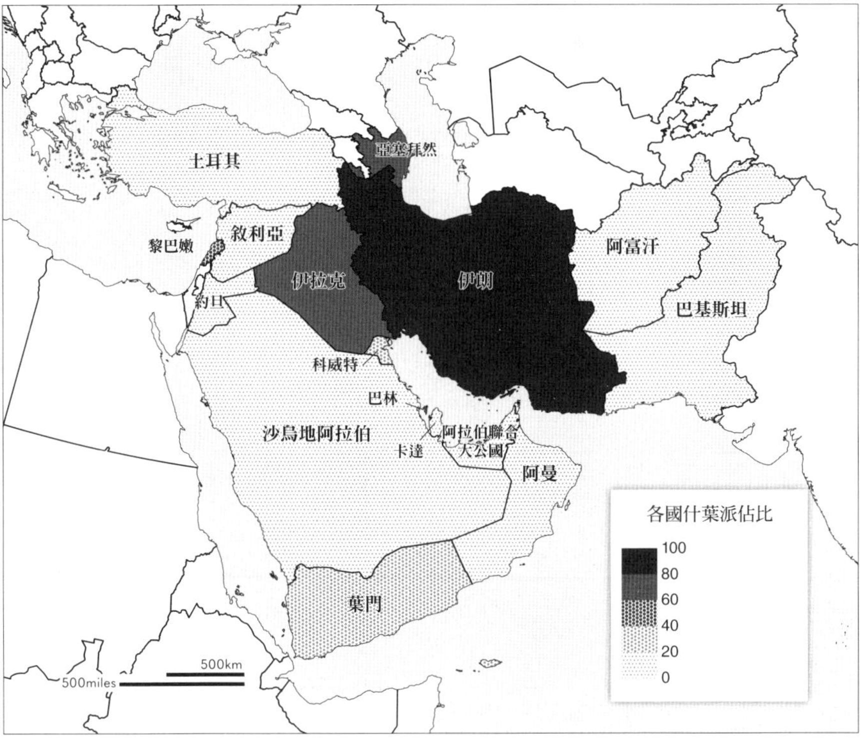

伊朗周邊大多數的穆斯林國家以遜尼派為主，但伊朗有時能在這些國家的什葉派少數群體中找到盟友。

對抗沙烏地阿拉伯在背後支持的遜尼派武力。德黑蘭當局還花了二十年的時間建立並維持通往地中海的通道，好讓它可以出海，並為其代理人——真主黨（Hezbollah）提供武器。同時，德黑蘭當局現在也在巴格達扶植什葉派主導的政府；而在大馬士革（Damascus），它更讓總統阿薩德對它唯命是從，因為他是什葉派伊斯蘭教分支阿拉維派（Alawite）少數民族。在敘利亞內戰中，伊朗對阿薩德出手相救，換來的是地中海通道的暢通。敘利亞一打通，要取得黎巴嫩就如探囊取物了，其首都貝魯特最強的軍事部隊不是黎巴嫩軍隊，而是伊朗資助的真主黨民兵部隊。真主黨民兵控制了貝卡谷地（Bekaa Valley）、貝魯特南部和黎巴嫩南部大部分的地區，一路直達以色列邊境。這是伊朗伊斯蘭共和國朝美索不達米亞和黎凡特（Levant）地區擴張勢力的方式，一如過去幾百年前的古波斯帝國。

伊朗雖然和遜尼派領導的國家都處不好，但它最仇視的國家卻是以色列。在一九七九年伊朗革命前，它和以色列的關係其實還算融洽，其反猶心態並不明顯。但革命成功後，伊朗不只針對以色列這個國家、也連帶對整體猶太人展開了長達四十年的仇恨運動。它不斷發表反猶太言論，「猶太復國主義者」之手的符號隨處可見，伊朗主流媒體更經常刊載漫畫，採用納粹德國時的刻板式嘲弄手法。在其媒體上更經常將世界各國領導人的袖子印上「大衛之星」的標誌，暗示這些人都是被猶太主人牽著鼻子走的狗。德黑蘭當局更派遣暗殺小隊前往阿根廷、保加利亞、泰國、印度、肯亞和其他許多國家去暗殺猶太人，其中最殘忍的一次是一九九四年在一個阿根廷猶太社區中心殺害八十七名阿根廷人。

把世上所有的問題都怪罪到以色列和猶太人頭上，這招有助於伊朗領導人規避自己的責任，但他們這麼痛恨以色列的原因似乎遠比政治目的還要深層。早在一九六〇年代最高宗教領袖何梅尼就曾妖魔化猶太人，稱他們是「不潔的物種」，還說他們「臉上就寫著墮落、貧窮、低賤、一無所有、饑餓和可憐兮兮……。這些不過是他們內心的窮酸味和卑賤的外在投射。」他也很愛有意無意地告訴伊朗人民伊朗國王就是猶太人。他的繼任者哈米尼也說過：「以色列是顆惡性腫瘤，得澈底移除。」這些侮辱猶太人的難聽語言，說明什葉派穆斯林對猶太人有一種病態的厭惡之情，那是植根於宗教的怨懟，而且非常危險，不只是因為這些話出自當權者，同時也在於儘管伊朗革命是由什葉派所帶領，但卻鼓勵了信奉遜尼派的阿拉伯世界，讓他們也跟著相信透過宗教暴力可以讓他們獲得權力。

在伊朗領導人心目中及他們的言談中，美國和以色列就是哥倆好，而且美國總是被以色列牽著鼻子走。伊朗國內強硬派認為，美國在中東地區的角色是要以其墮落的撒旦手段緊緊地勒住穆斯林世界的心臟，一方面竊取其財富，一方面則保護邪惡的猶太復國主義者，那每個卑鄙的陰謀詭計背後都有他們的身影。在伊朗的描述中，會稱美國為「大撒旦」，而以色列則是「小撒旦」，但有時也會倒過來。二〇〇七年，小布希總統也和他們一樣貼標籤，稱伊朗為「邪惡軸心」的一員，並指出伊朗所謂核能設施只是建造核武火藥庫的幌子。德黑蘭當局當時已有能命中五千多公里外目標的飛彈，而這些飛彈可能配備核彈頭這件事讓在伊朗射程內的每個國家都人人自危。

二〇〇二年，伊朗一個異議團體揭露德黑蘭當局正在建造濃縮鈾複合軍事措施以及重水設施，兩者皆可用於核武製造。伊朗政府堅稱這些都只是供和平目的使用。但國際社會沒有多少人相信，尤其是在國際原能總署（Atomic Energy Agency）的報告指出，從伊朗的濃縮鈾過程顯示伊朗正在製造武器層級原料。聯合國、歐盟和美國聯合對伊朗祭出制裁，限制了伊朗的石油和天然氣生產和銷售。

為了伊朗的核武計畫，魯哈尼的確盡力促成國際協議，並在二〇一五年終於和全球領導人達成了協定。他甚至主動連繫歐巴馬總統——這是近四十年來美伊兩國政治領導人之間首次直接對話，但此舉並不受國內伊斯蘭革命強硬派歡迎。伊朗與美國的外交關係早從一九八〇年就已中斷，美國駐德黑蘭大使館人質事件之後更讓兩國越走越遠、難以復交，是兩國關係惡化的起點。一九七九年十一月，一群暴徒攻進美國駐德黑蘭大使館，劫持了五十多名美國人質。整個挾持危機前後長達四百四十四天，不僅讓美國總統吉米．卡特聲望受挫，也讓挑戰總統寶座的雷根得以入主白宮。

伊朗和美國之間的緊張關係從未停過，但在伊拉克和敘利亞的伊斯蘭國崛起期間，伊朗與美國之間曾有過類似短暫「停火」，而其原因和二〇一五年的核武協定有關。德黑蘭當時意識到伊斯蘭國在該地區越強大，伊朗在該地區影響力受阻的風險也越大。要是讓伊斯蘭國打敗伊拉克什葉派政府，或敘利亞的阿薩德政府，那麼伊朗通往地中海的通道就會失守。美國人一定會利用伊朗這個弱點，逼伊朗協助美國在伊拉克和伊斯蘭國作戰。德黑蘭心知，同意核協議等於打開和美國人有條件合作的大門；當時的歐巴馬總統迫切想在外交政策上有所斬獲，而與伊朗談定核武協議就是他的外交成績單。因此，伊朗同意放棄九成八的高純度濃縮鈾。這是典型為解決短期問題，而讓雙方暫時放下歧見，舉行政治聯姻的例子。

伊斯蘭國落居下風後，美國和伊朗緊張情勢很快再度上升，尤其是在川普總統上台後，戰爭疑雲更囂塵上。川普讓美國撤出核協議，重啟對伊朗的制裁，還威嚇歐洲公司讓他們不敢與伊朗貿易。之後發生的一連串事件更讓美伊局勢再度升溫。兩艘油輪在荷姆茲海峽附近遭到水雷炸毀，德黑蘭立刻被懷疑是幕後黑手。雖然沒有確實的證據證明是誰所為，伊朗方面也透過外交界所謂「合理推諉」（plausible deniability）態度裝作事不關己。但誰也不希望荷姆茲海峽有戰火，因此事情就這麼不了了之。之後又發生飛彈擊中沙烏地阿拉伯煉油廠的事件，情況也是一樣，葉門的青年運動說飛彈是他們發射的，但證據卻顯示最有可能的嫌疑人是伊朗。伊朗似乎藉這些動作在試探美國的底線。但二〇一九年，他們差點就過頭了。當時一架美國間諜無人機被擊落，美國空軍於是準備空襲，但在最後一刻被取消。在川普上任後，一些分析家做了一些頗荒謬的預測，像是有人說川普沒有當總統的打算，所以不到幾個月就會辭職，也有人說他兩年內會遭到彈劾下台，又有人說他會發動戰爭。這些說法都有點言過其實，但在二〇一九年，距離美國總統大選還有一年時，認為川普想要發動一場可能引發全球經濟衰退的戰爭，這說法就真的太過離譜。

但美國和伊朗不會開戰的原因不只這樣。之前美國在伊拉克和阿富汗的兩次戰爭失利，讓美國大眾對美國在海外涉入戰爭不滿也是原因。伊朗算準這點，知道可以冒險測試美國在不打沒把握的戰的情況下之底限，同時也想測試能反制美國到什麼程度。德黑蘭當然也知道，如果踩到美國底線導致情勢一發不可控制，那麼伊朗可能會遭到美國空襲，但是美國人無法從伊拉克方面攻上札格洛斯山脈來，也沒辦法從波灣靠艦艇大舉登陸。伊朗軍備再怎麼不濟，靠著徵兵再加上十九萬革命衛隊在內的六十萬現役軍人，就可以用數百萬人應戰。

但伊朗做再多都無法改變國際制裁對伊朗的影響。伊朗經濟直線下滑，失業率和通貨膨脹升高，隨著二〇一九年末冬季來臨前伊朗政府提高了燃料價格，引起更多全國性大規模示威。之前的抗議活動已經讓伊朗政府疲於奔命了，這次的示威更讓他們感到震驚和緊張。

這次示威特別讓他們不安的地方在於，大部分的抗議者竟然都不再以學生和自由派階級人士為主。這次站出來反對他們的，反倒是當初一九七九年伊朗革命的主幹——工人階級。這些人高喊「哈米尼該死」，痛批伊朗外交政策的人群更高喊：「不管加薩，不管黎巴嫩，我的生命只獻給伊朗。」「從敘利亞撤軍！」示威人群反應出伊朗人民對於年輕人被派到阿拉伯內戰作戰犧牲生命的不滿。期間還出現一個現象，當伊朗當局在馬路和廣場上畫下巨大的美國國旗時，示威群眾竟然反而刻意避免踩到這些國旗，以表示尊重。

二〇二〇年初，伊朗革命衛隊菁英的聖城部隊（Quds Force）指揮官卡西姆．蘇萊曼尼（Qasem Soleimani）抵達巴格達準備會晤當地民兵領袖時，遭到美國暗殺，這之後美伊兩國情勢有和緩的跡象。蘇萊曼尼是伊朗家喻戶曉的人物，曾策劃伊朗介入敘利亞內戰行動。他死後數日，伊朗向駐紮美軍的伊拉克軍事基地發射飛彈進行報復；但同一天晚上，伊朗高度戒備提防美軍空襲時，竟意外擊落了一架從德黑蘭機場起飛的民航客機，造成機上一百七十六人全數罹難。事後伊朗政府一度否認涉及此事，但最後還是負起責任，此舉在伊朗國內再次引發了另一波抗議浪潮。伊朗當局讓全國團結起來為蘇萊曼尼之死復仇的結果，就是將其僅存的一點政治資本都揮霍掉了。

隨後新冠疫情爆發，伊朗人民對政府的信心再次受到重創。魯哈尼總統的政府不斷淡化病毒的威脅，等到病毒開始擴散後，又隱瞞真實病例數量並篡改公共衛生資訊。伊朗革命衛隊的作為更是幫了倒忙。其將領聲稱革命衛隊發明了一種設備，可以在百米外偵測出新冠病毒症狀。正當全國上下為此一片歡天喜地之際，伊朗物理學會則出面嘲笑這個想法比「科幻」電影還離譜。伊朗教士也同樣只會扯後腿。有學問的宗教領袖哈興．巴塔伊—戈爾培葛尼（Hashem Bathaei-Golpaygani）自稱檢測陽性，但他已用伊斯蘭藥方自癒。結果兩天後卻與世長辭。另一位宗教領袖則要信徒多吃洋蔥、多梳頭，以抵禦病毒。在伊朗「伊斯蘭藥方」市場很大，但更受伊朗人民普遍歡迎的是「笑能治百病」。伊朗教士在社交媒體上被人們用各式各樣的網路迷因、笑話和漫畫嘲笑的體無完膚，這些網路笑料散播速度比病毒還快。

這類事情對於政權的殺傷力極大，因為嘲笑革命份子本身就是一種革命，而身為政權則沒有權力規定人不能笑。但這並不表示伊朗政權就會垮台在即，更不表示這個政權垮台，新政權就會是開明的民主政體。儘管如此，必須說，伊朗做為一個人民教育程度高且思想有深度的國家，而且不曾受到歐洲國家的殖民，其實它比鄰近國家都更有機會成為道道地地的民主國家，只是還要一段時間才有可能實現。

要瞭解為什麼，就要知道伊朗政權所遭遇的國內問題，以及該政權解決這些問題的能力。伊朗的經濟就陷在死胡同裡，而且可能會越陷越深，但伊朗政府那些擁有博士文憑的官員似乎有辦法突破國際制裁，因此勉強讓其經濟撐下去。伊朗和中國經貿關係特別好，中國與俄國一樣，比許多國家更不把國際制裁當回事。即使伊朗國內的示威會越來越多，但該政權已經展現它為了鎮壓異議份子，不惜拿成千上萬伊朗人民作犧牲的鐵腕，而一旦一個政權做到這樣，那就很難收手了。

伊朗境內的庫德族過去也曾反抗過，但如今當權者控制的那麼嚴密，他們根本不敢妄動。伊朗西南部的胡齊斯坦省的阿拉伯少數民族，對於國家依賴石油致富卻未改善他們生活的現況感到憤怒。這些阿拉伯人是伊朗境內最貧困的少數族群，長期對政府的些許不滿逐漸累積，偶爾會以炸彈襲擊政府設施。伊朗東南邊是廣大的俾路支斯坦省（Baluchistan）。其一百五十萬人口多為遜尼派的窮人，這些人許多是比較認同鄰國巴基斯坦的俾路支人（Baluchi），而不認同伊朗。該省是從阿富汗和巴基斯坦通往歐洲繁忙的毒品和人口走私路線，過去曾發生過針對革命衛隊和政府官員的炸彈襲擊事件，但胡齊斯坦還是俾路支都對伊朗政權不構成威脅，只要沒有外國勢力在協助其組織叛亂就不成氣候。

伊朗的中產階級、知識份子和藝術界則採取了一種低調的抗爭方式，努力保留自己的世俗文化生活。畢竟數百年來他們就一直在向王室和宗教爭取權力。音樂和電影依然是思想和社會評論的出口，許多年輕人不再願意忍受生活受到不留情的干預，比如露出頭髮長度多少都要管等等。在近年一些反政府示威活動中，街頭出現了煽動性的口號：「伊朗國王啊，回到伊朗吧。」這口號的意思不是說人們渴望舊王室制度回歸——自由派的抗爭一直想擺脫王室和宗教控制——但這口號是伊朗人民對於當下不滿的一種跡象。這類抗議讓伊朗政府感到不安，雖然其權威一點點被削弱，但效果還是有限。我曾看到一名年輕的伊朗女性站上紀念碑頂，迎風揮舞取下的頭巾，無視警察的阻撓，這一幕無疑是一個令人震撼的場景。這段畫面被上傳到YouTube，引起了廣泛關注，雖然尚未促成真正的革命，但其影響不可忽視。但終有一天將出現取代當前政府的叛亂，不然就是這個體制自行枯萎凋零，不過目前這個政權仍佔上風。

我親眼目睹了伊朗年輕人挑戰壓迫他們的當權者時所展現的非凡勇氣，伊斯蘭先知殉道的觀念深植於他們的文化中，但願意站出來犧牲的人畢竟有限。如果有足夠多的年輕士兵和民兵不願意朝示威者開槍，局勢就會有所變化。目前伊朗支持政府的人，尤其是革命衛隊和巴斯基民兵部隊依然堅定不移。伊朗政權對武裝力量的監控非常嚴密，武裝部隊、秘密員警就潛伏在執法機構中，當軍隊部防時，革命衛隊都隨行在側。

最後則是體制內的改革者。過去二十年來，這些人以其人之道反治其人之身，把原本設置為製造民主假象的選舉制度，用來反制真正握有實權、剝奪民主權力的伊斯蘭教士和革命衛隊。改革者在加強保存國家濃厚的伊斯蘭傳統，同時也讓民主得以生根發芽。但這還需要努力，目前也沒見到進展。

二〇二〇年，一句新口號在伊朗開始流傳。這次不再是呼籲權力從「王冠流向頭巾」（王室流向平民），而是從「頭巾滲向靴子」。「靴子」意謂著軍隊，特別是指革命衛隊。伊朗國會中盡是前革命衛隊成員，另外一些大公司的董事會也是。公司高層知道在董事會中安插革命衛隊成員就比較能得到承包案件——畢竟，這支精英部隊中不僅有權傾一時的將領，它本身就是一家大型公司；其負責營造的公司名為戈爾博（Khatam al-Anbia）集團，該集團承包了德黑蘭地鐵（Tehro Metro）的一部分，而這只是其眾多項目之一。用英美比較熟悉的情形作比喻，這就好像英國皇家海軍陸戰隊（Royal Marines）去承包倫敦地鐵的北線（Northern Line）延長工程[i]；或是美國陸軍第八十二空降師（US 82nd Airborne

i 譯註：這項工程實際上是由Laing O'Rourke、Ferrovial Construction兩家公司集資承包。作者的意思是革命衛隊承包民間工程的行為，在西方自由國家不可能發生。

Division）進軍汽車製造產業一樣。革命衛士嘴上口口聲聲要革命，私底下卻是在搞錢。

伊朗革命衛隊甚至擁有自己的媒體支部，旗下經營數十家報社、電視台、廣播電台、社群媒體和電影製片公司。而在過去幾年間，這些媒體的內容幾乎都繞著三個主題在打轉：一是革命衛隊和伊斯蘭最高領導人都是非常了不起的大好人，不這麼認為的人肯定都是大壞蛋；二是當前伊朗所遭遇任何經濟、政治上的重大問題或是國家安全上的嚴厲措施，都該怪到從前改革派執政團隊的頭上；三是境外勢力無時無刻都在想方設法要消滅伊朗這個偉大的國家。

很多前往伊朗採訪的外國媒體，會找講英語的伊朗大學生，認為他們的意見就代表伊朗年輕人的看法。但真實的情形沒這麼簡單，因為我們看過很多伊朗年輕人志願加入巴斯基民兵部隊和革命衛隊。西方媒體的報導中同時應該指出儘管伊朗有這些年輕異議份子，但有更多受過教育的年輕人搶著要擠進革命衛隊旗下公司，去擔任平面設計師、編劇、影片編輯和電影製片等工作。這些工作薪資豐厚。如果沒讓外界看到伊朗這一面，西方觀眾可能就不能理解，為什麼那麼多伊朗年輕人渴望伊朗出現變局，卻始終等不到那一天的原因。這不表示只要在革命衛隊旗下公司上班的人，就認同他們的體制，但瞭解這點就可以知道，這個體制為了永續統治是如何盡可能收編所有的人。伊朗嫻熟科技年輕世代中一些人投入伊朗政府網路戰計畫的前線，一心為伊朗政府散播其觀點，或是協助政府侵入伊朗敵對勢力的軍方、商業和政界電腦系統。而且他們也真有兩把刷子。

西方的聯合政府應該向伊朗看齊：伊朗革命衛隊媒體支部聘用數千人，再用其所屬情報部門來監視這些員工。而這些媒體公司將其製作的節目賣給國家廣播公司，以散播其革命訊息。革命衛隊的媒體行動與巴斯基民兵部隊的行動聯結在一起。伊朗最大媒體公司的負責人「殉道者阿維尼」（Martyr Avini, 1947-1993）是伊斯蘭最高領導人在巴斯基的代表，而巴斯基聽命於伊朗革命衛隊。可謂得來不費功夫。

這不表示革命衛隊打算接掌政權，因為裝作自己不沾政治要有意思多了，但從這裡也可以看到革命衛隊與伊朗國政多麼密不可分，要是掌權的教士被逼下台，那麼還有革命衛隊這個替代選項可以上場，他們可是配了槍的。革命衛隊掌權就可以「導正」革命的「道路」，他們的名稱和工作正是為什麼伊朗政權四十年來面對國內外重重壓力，卻始終沒低過頭的原因。

而其實伊朗當局最重要的一個面相往往沒被外界當一回事。那就是這個政權不論過去、現在、將來也一定是革命神學政權。因此，它有自己的基本教義原則所在，一旦這些原則改變，就等於斷了命脈。想像一下，這事如果發生在西方國家，如果有一天法國總統宣布其立國精神格言「自由、平等、博愛」中的「平等」在其任內不予重視——這是不可能發生的。再想像一下，伊斯蘭最高領導人的意識形態是伊朗的伊斯蘭什葉派乃真主對人類宏大計畫的體現，但有一天卻忽然宣布要向「大撒旦」大幅妥協，並從此容忍性愛自由、允許人民改宗其他宗教以及真正的多元政治體制。而你自認是替真主行道之人，怎麼可能答應這種事。

打從一九七九年伊朗革命以來，每一屆美國總統都曾嘗試採用一手棒子、一手蘿蔔的賞罰策略，試圖與伊朗達成「大幅讓步」（grand bargain）協議。這種協議將要求雙方承諾很大的犧牲和妥協。對伊朗而言，這意味著接受聯合國的嚴格核武查證、限制彈道飛彈計畫、停止資助恐怖組織，終止美國視為破壞阿富汗、葉門、伊拉克、黎巴嫩和敘利亞穩定的行為，並且不再反對終止以色列－阿拉伯衝突的談判協議。這對伊朗可是「很大的不情之請」。因為伊朗以其革命情操自豪，並一直向它國輸出其革命原則，試圖成為與其志同道合的革命運動領導人。但若國內革命本身岌岌可危，那麼它就有可能願意放棄這個角色。而另一方面，美國則需要保證不謀求推翻伊朗政權，並停止對伊朗的單邊制裁；同時在美伊恢復外交關係後，在經濟上與伊朗合作，協助其能源產業現代化，並在外交方面確保中東地區的穩定。

乍聽似乎很不錯，但雙方摸索著要談出如何達成目標架構的過程中，卻不斷因為雙方強硬派和相互猜忌而無法獲得進一步共識。歐巴馬總統主政期間為伊朗放寬了幾項制裁，像他二〇一五年談成的核協議就因為其中一些缺失而遭到國內批評是放任伊朗製造核彈。另一方面伊朗總統魯哈尼在接受美方的放寬政策後，也遭到了鷹派的抨擊。

拜登總統上台後，美國和其他國家都不再懷抱「推翻伊朗政權」的想法，改而尋求「改變伊朗政權行事作風」。只要伊朗願意放棄擁核，並不再干預阿拉伯國家，那麼伊朗的宗教最高領導人要盤據伊朗政權多久都隨便他們。阿拉伯國家可能永遠也不會和德黑蘭政權走得多靠近，但只要德黑蘭當局不再干涉沙烏地阿拉伯、葉門、敘利亞、伊拉克和巴林（Bahrain）等國的事務，一切都好談。但是，要是伊朗顯露出有那麼一點想要擁核的企圖，阿拉伯國家一定會聯手對付它，並且尋求與美國更緊密的關係，若此路不通，那麼它們就會躲在未來即將擁有核武的沙烏地阿拉伯保護傘下求生。

在當前的制度下，伊朗伊斯蘭共和國其實陷入一個自相矛盾的困境。它既不能讓人民自由，以免破壞其在數百萬民眾中僅剩的合法性根基。但要是不自由化，隨著時間一年一年過去，會有越來越多的年輕人對一個明明該留在十六世紀，而不該出現在二十一世紀的制度感到不滿。

參與過一九七九年伊朗革命的那群人知道，時代和人口結構不利於他們，但他們手上仍有很多牌可以打。他們可以打核武這張牌，因為荷姆茲海峽仍夠狹窄。而且他們在該地區有一群不同集團的代理人，可幫助他們在政治界和恐怖主義領域出手。要對付來自內部和外部的顛覆活動，他們也握有殘酷且令人聞風喪膽的國安組織。更何況他們是在為真主行道。真主的道不容打折扣，任何退讓都是違抗真主旨意的罪，奮力抵抗才符合天道。宗教革命份子並沒打算放棄革命。

第三章　沙烏地阿拉伯

「只要妳大膽往前走下去，其他人就不得不跟上來。」

——瑞瑪・班達爾公主（Princess Reema bint Bandar Al Saud），沙烏第阿拉伯第一位女性大使

如果你想解決一個問題，得先界定問題是什麼。在沙烏地阿拉伯，這個問題可以用兩個詞來定義：「沙烏地」和「阿拉伯」。

一七四〇年，阿拉伯中部的內志（Najd）部分區域為當地酋長穆罕默德・伊本・沙烏德（Muhammad ibn Saud）所據。一九三〇年，在他的直系後裔大加推動下，該區被更名為「沙烏地阿拉伯」[i]。如果一個國家以家族為名，那不屬於這個家族的人算什麼？比如說巴西好了，巴西的公民都是巴西這個「大家族」的成員，法律之前人人平等，但沙烏地阿拉伯的公民並非都來自「沙烏德」這個家族，地位也不平等。假設我接管英國，並將其更名為「沼地國」（Marshland），有些人可能認為這

i　譯註：在阿拉伯語中，Saudi Arabia意思為：「屬於沙烏德（Saud）家族所擁有的阿拉伯王國」。

伊朗
達
波斯灣
達蘭
巴林
阿曼
科威特
夫得沙漠
德
阿拉伯
聯合大公國
阿拉伯
阿曼
魯卜哈利沙漠
（空漠）
阿拉伯海
葉門
印度洋
200miles
200km

以色列
蘇伊士運河
約旦
伊拉克
30°
40°
塔布克
納夫德沙漠
漢志山脈
埃及
麥地那
沙烏地
吉達
麥加
20°
紅海
阿西爾山脈
蘇丹
厄立垂亞
40°

能反映其地方風土而接受，但他們會效忠這個沼地國嗎？我可不敢保證——因為命名的人是我。（在這裡我要向大英國協元首兼信仰的捍衛者、蒙上帝恩典扶持之伊莉莎白女王二世陛下宣示忠誠，本人絕無叛國野心。ii）

這種把家族和國家劃上等號的做法引發了許多問題。因為就歷史而言，儘管沙烏德家族可以主張擁有內志部分地區，而應以其家族命名，但阿拉伯的其他地區呢？這可說不過去。沙國今日的大部分人口真正納入該國治下其實不滿百年。要是有人在一百二十年前對舍邁爾（Shammar）部落說，舍邁爾山大公國（Emirate of Shammar）不用多久就要成為沙烏德家族王國的一省，舍邁爾族可能就要抽出圓月彎刀，與他們拚個你死我活了。另外，沙國境內的什葉派多數住在波斯灣沿岸省份，如果當時他們知道未來會如此變化，肯定也會跳出來質疑：沙烏德家族作為遜尼派瓦哈比支系（Wahhabi）的基本教義派，憑什麼統治他們。數百年來，這兩個派系可是始終衝突不斷。

但這不表示現在的沙烏地阿拉伯已經走向分裂，而是解釋了其表面平靜下的暗潮洶湧。作為統治階級的沙烏德家族若想保有統治權，就必須看緊國內所有的環節。

現在沙國的人口達到三千四百萬人，但在一百年前該國人口不過兩百萬，而且多為遊牧民族。該國佔據了阿拉伯半島大部分的地區，但主要是沙漠，因此整個國家除了石油和沙子以外什麼都沒有。但正是化石能源讓沙烏地阿拉伯進入二十世紀的新局面，成為一個重要國家。石油也是該國與其主要盟友兼保護國——美國建立關係的基礎。石油帶給沙國巨額財富，而這些財富則讓它在這個渴求石油的世界走得下去，不過它權力架構內有些人用非常粗暴的方式詮釋伊斯蘭信仰基本教義中最極端的部分，並將之輸出到其他國家。近代最知名的沙烏地阿拉伯人不是其國王，也不是石油富翁，而是一名恐怖份子——歐薩瑪．賓．拉登（Osama Bin Laden）。

問題在於世界正逐漸禁絕對石油的需要。到時，在這片只有沙子和石油的荒漠土地上，人民又不聽話，執政合法性備受爭議，內外強敵環伺，統治家族要如何自處？它一定得現代化，利用科技來獲取再生能源，以適應二十一世紀。這條路不好走，但其成敗將會影響泛中東地區和外界。

沙烏地阿拉伯在二十世紀才以交通和通信技術建立成一個國家，但其自古以來就有的地理條件卻讓各地區存在明顯的差異，而這些差異即使依賴技術也無法抹滅。直到近年，該國仍有大片地區無法居住。畢竟這是全世界最大的無河國家，而且內陸地區又被兩座浩瀚沙漠所盤據。北部是納夫德（An-Nafud）沙漠，與「空漠」（Empty Quarter）之間靠著一條狹長的沙漠通道相連。「空漠」在阿拉伯的官方名稱是「魯卜哈利沙漠」（Rub' al-Khali），但當地少數遊牧民族貝都因人（Bedouin）則只是簡單稱其為「沙之地」（Al-Ramlah）。這裡是世上最大片的連續沙漠，總涵蓋面積大於法國，當中的沙丘高達兩百五十米，橫亙延伸到阿拉伯聯合大公國、阿曼和葉門等國。這些沙漠夏季氣溫即使在陰涼處都超過攝氏五十度，而且整個沙漠中像這樣的地方比比皆是。但是，要是你冬天夜裡到過這座沙漠，你就會知道有多冷。所以這座沙漠即使至今都少有人涉足，很多地方始終沒人探索過。雖然大家都知道這座沙漠底下蘊藏大量石油和天然氣，但最近油價低迷，全面開採並不划算。

ii 譯註：本書原版出版於二〇二一年，英國女王伊莉莎白二世還在世。

沙烏地阿拉伯與八個國家接壤。北面約旦、伊拉克和科威特；其東部海岸線向南接到巴林、卡達和阿拉伯聯合大公國，而這些國家都鄰接波斯灣。沙烏地阿拉伯的南面則緊鄰阿曼和葉門，是其最長且最多紛爭的國界地帶。所幸有「空漠」作為緩衝帶，讓沙烏地阿拉伯免於受到來自南邊的陸地威脅，但也讓它和南部鄰國的貿易受阻。人類穿越這片沙漠的難度被比喻為有如穿越南極，史上第一次有紀錄探險該沙漠的時間才不到百年。一九三一年十二月英國探險家貝特朗·湯瑪斯（Bertram Thomas）在貝都因族的陪同下從阿曼海岸出發，數週後出現在一千三百公里外的卡達。二〇一八年，第一條穿越沙漠、連接阿曼和沙國首都利雅德（Riyadh）的公路開通後，同一路程就容易多了。現在大家若想開車進入這沙漠，不用再像湯瑪斯一行人奮勇冒險了，但要記得沿途可沒有休息站。

氣候和依地理形成的古代貿易路線決定了沙國現今多數人口中心。沙國所有的高地都在國境西半部。紅海沿岸平原相當狹窄，一連串丘陵和山脈與海岸線平行由北到南幾乎覆蓋其內陸地區。吉達（Jeddah）地勢平坦，但麥加（Mecca）位於內陸六十公里處，地處海拔兩百七十七公尺高處，其後的一些山勢高聳達一千八百七十九公尺。眾山之間有一縫隙通往麥地那（Medina），古代商隊到此後，因無法再往前通過空漠，因此與非洲、紅海、波斯和印度等四方貿易貨品全都流向這三座城市。

沙國南方靠近葉門邊界處，從海岸到內陸座落了該國最高的幾座山脈。這裡溫度較低，長期以來一直吸引著人們定居。因此，沙國多數人口居住在國家的西部，許多人生活在麥加、麥地那、吉達及其周邊地區，但與葉門接壤的邊境山區是該國人口最稠密的地區。

往東走，越過如漢志（Hejaz）山脈等西北部山區後，就一路平坦直到東岸的波斯灣。沙烏地阿拉伯人口以遜尼派穆斯林為主，但也有相當多的什葉派少數，他們大多居住在沙國的東部省（Eastern Province），屬於巴哈爾納（Baharna）部落。這是最容易受到外國敵對勢力滲透的地區，又因為當地數以百計的石油和天然氣管線縱橫交錯，讓該區很容易遭人破壞。該省與什葉派佔多數的巴林之間有一條二十五公里長的公路相連，是沙國在一九八六年所建。這條公路表面上稱是通勤、觀光和貿易用途；未說出口的是，萬一當地對沙國遜尼派領導抗議失控，那麼沙國坦克車就可藉這條公路快速前來鎮壓。大批什葉派穆斯林也集中住在與葉門接壤的邊境地區，以及麥加和麥地那等地。

沙國中部的內志地區是首都利雅德所在地。儘管利雅德是該國最大城市和政治中心，但它卻遠離其他人口中心，這也讓人瞭解為什麼首都居民信奉著該國多數人口視為極端的伊斯蘭教派。儘管靠著「沙漠之舟」駱駝可以讓商人從沙烏德王室所在的內志地區往來遠處的綠洲城鎮如麥加和麥地那等地，但其周圍三座沙漠和山脈卻還是擋住它和漢志之間的往來。內志地區在過去是一滴水都沒有的窮鄉僻壤，除非從沙國東部前往麥加，否則不會有人經過，何況要從東部到麥加還有其他路線，所以內志地區數百年來一直無人聞問。

內志地區的命運大翻轉，開始於一七〇〇年代中葉。當時，一個名為「沙烏德」的小氏族、數百位野心勃勃的成員佔領了德拉伊耶（Ad Diriyah）綠洲附近的椰棗林。當地的酋長穆罕默德·伊本·沙烏德將該地經營成繁榮的市集小鎮以及地區政治中心。如果前往利雅德，不妨穿過二十五公里沙漠去看看沙國的誕生地。該城有一區被聯合國教科文組織指定為世界遺產，包括由泥磚砌成的古城牆以及城中半毀的建築。另外在迷宮般的巷弄之中，也有現代重建的黏土屋和四層樓高的宮殿。

隨著沙烏德家族益顯重要，他們與瓦哈卜氏族（Wahhab）建立了持續至今的戰略結盟。一七四四年，宗教學者穆罕默德．伊本．阿卜杜．勒─瓦哈卜（Muhammad ibn Abd al-Wahhab）向伊本．沙烏德宣誓效忠，阿拉伯文謂之「巴雅」（bayah），但交換的條件是，伊本．沙烏德作為領袖，必須依嚴格的伊斯蘭戒律來領導眾人。伊斯蘭教從來就不像基督宗教有一脈相傳的政治和宗教法統。瓦哈卜氏族和沙烏德氏族談定的協議，是由沙烏德氏族負責政治，但在政治和社會中的宗教事務則由瓦哈卜氏族來統領。自此以後，雙方大致上相安無事，但偶爾這兩根撐住沙烏地阿拉伯穩定的大柱卻也難免試圖凌駕對方意志。沙烏地阿拉伯人儘管多為遜尼教派，但卻不全然是瓦哈比支派。比方說即使在內志北部，過去曾被沙烏德勁敵舍邁爾族統治過的族群，就信奉較不苦行禁慾的遜尼教派。紅海沿岸地區情況也是如此，這裡的人以沙烏德氏族的標準來看，要更有世界觀和開放。也就是說，沙烏地阿拉伯雖然將自己打造成當今世上最多限制的社會，但它的作法並未獲得全體人民的同意。

為了鞏固沙烏德與瓦哈卜氏族聯盟，伊本．沙烏德讓長子娶了瓦哈卜家女兒。沙烏德家族公開接納了瓦哈比支派的遜尼派教義，而瓦哈卜氏族也接納了沙烏德家族，兩家共同邁向征服阿拉伯之路。一七六五年，他們控制了內志地區，並往四面八方擴張，包括麥加和麥地那，在這裡他們摧毀了多數聖殿，尤其針對什葉派少數的聖殿。瓦哈卜氏族稱什葉派為「拉菲達」（Rafida），意即「抗拒者」，這個充滿種族歧視的貶抑詞，瓦哈比派直到二十世紀仍在使用。

這次的擴張被稱為「第一沙烏地國」（First Saudi State）。當時該國所佔領的領土範圍，包括今日沙國大部分的地區，以及阿曼北部、卡達、巴林和阿拉伯聯合大公國部分領土。一八一八年，鄂圖曼帝

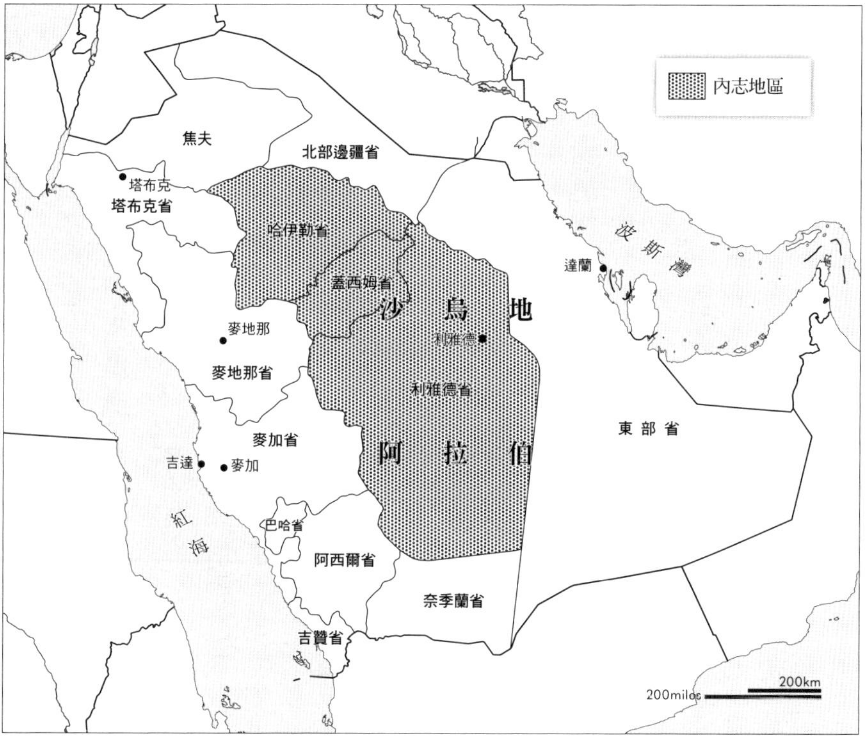

現代沙烏地阿拉伯分區地圖和古代內志地區。

國從埃及派遣一支軍隊奪回漢志地方，之後又挺進內志地區，在這裡拿下了德拉伊耶，夷平該城泰半建築。阿卜杜．阿拉．沙烏德國王（King Abd Allah al Saud）被俘，並被送往伊斯坦堡當眾斬首。

沙烏德王國滅亡了，當鄂圖曼帝國在兩年後撤離大部分的軍隊時，一位從這場大屠殺中倖存的土耳基．伊本．阿布杜拉（Turki ibn Abdullah）開始重建帝國和家族。一八二四年，隨著阿布杜拉收復利雅德，「第二沙烏地國」（Second Saudi State）於焉誕生，其國祚沿續到一八九一年，但期間不斷受到鄂圖曼帝國和內志舍邁爾山區拉希第（Rashidi）部落的侵略。

拉希第王朝是內志北部舍邁爾大公國的統治者。沙烏德氏族和拉希第族為了爭奪阿拉伯半島內陸的控制權交戰數十年，最後更在一八九〇年澈底擊敗沙烏德氏族，拿下利雅德，沙烏德族乃於次年逃往科威特。

沙烏德家族因此長期流亡，並一直處於貧窮狀態，家仇難忘。要不是後來出了一個名字冗長、但其姓氏成為國名的人物，這家人可能就此消失在歷史上。這位人物的全名是「阿布都爾．阿齊茲．賓．阿布都爾．拉赫曼．賓．費薩爾．賓．土耳基．賓．阿布都爾．賓．穆罕默德．阿－沙烏德」（Abdul Aziz bin Abdul Rahman bin Faisal bin Turki bin Abdullah bin Mohammed Al-Saud）。

外界多稱他為「伊本．沙烏德」，當沙烏德家族流亡時，他只有十五歲；其青少年時期在貧困中度過，顯赫的姓氏完全未讓他享受到半點王室尊貴。一九〇一年，二十五、六歲的他繼承父親王位成為沙烏德王朝的領袖，頭銜為「內志蘇丹」（Sultan of Najd）。但問題是，當時內志地區在拉希第族手中，而他自己則身在科威特。

這種小事可難不倒伊本・沙烏德，他一心要成為真正的蘇丹。一九〇二年一月，在一個看不到月亮的黑夜裡，他率領一支僅有二十人的戰士團殺進內志。一群人翻過利雅德的城牆，親手要了拉希第總督的命。年輕的沙烏德於是成為這座城的蘇丹，雖然這座小城只有一平方公里。

這裡是收復失土的一個極佳基地。在一九一四年第一次世界大戰爆發時，伊本・沙烏德所收復的失土已經多到讓他成為名符其實的「內志的蘇丹」了，他更放眼現在的敘利亞和約旦、漢志王國（Kingdom of Hejaz，其統治地區包括麥加和麥地那），以及波斯灣沿岸等尚未在他轄下的地區。然而，這些地區必然會讓他與英國及鄂圖曼帝國發生衝突，於是他將腦筋動到了拉希第族身上。由於拉希第族和鄂圖曼帝國結盟，因此他必然得和英國結盟，而靠著英方提供的金錢和武器，他才可以和拉希第族開戰。「非常感謝」，蘇丹這麼對英國人說，他收下英國人的錢，開始囤積武器打造軍火庫，然後靜靜等待第一次世界大戰結束，這時他才開始動手收拾伊本・拉希德（Ibn Rashid）；而其攻擊拉希德的主力仰賴「伊克萬」（Ikhwan），這是一支有著十萬名瓦哈比信仰士兵所組成的突擊部隊，他們會積極的尋求對抗任何非瓦哈比派穆斯林的機會。伊克萬部隊擁有的強烈信仰動機，最終迫使伊本・沙烏德不得不動用武力來進行鎮壓。

一九二〇年，伊本・沙烏德率領這支精銳部隊揮軍拉希第王朝，短短兩年內即大獲全勝，讓他的王國面積翻倍。他接著將矛頭轉向另一個宿敵，漢志王國的統治者哈希姆（Hashemites）王朝。他在一九二五年攻陷麥加和麥地那，原統治者哈希姆家族逃往伊拉克和約旦。一九二七年伊本・沙烏德又和英國談成一項條約；他讓英國承認他是內志和漢志的共同國王，條件是同意讓漢志北方部分地區交給約旦，並放棄東約旦部分地區。伊本．沙烏德並接受「兩座清真寺監管人」（Khadim al-Haramayn al-Sharifayn）頭銜，接管伊斯蘭聖城——麥地那，以及先知穆罕默德出生地——麥加。

這下伊本．沙烏德成了全境唯一真正獨立的阿拉伯領導人，沒有任何人能夠挑戰其地位。他透過和英國的協議，不僅讓他解除外患之憂，也讓沙烏德王室得以掌控阿拉伯半島大部分的地區。一九三二年，沙烏德再次改變頭銜，這次他直接將其姓氏冠上國名，成為了「沙烏地阿拉伯」的國王。

伊本．沙烏德用武力統一了沙烏地阿拉伯；而為了加強凝聚力，他迎娶戰敗各部和各宗教長老家族的女兒，前前後後娶了約二十名妻子。但根據伊斯蘭戒律，他同一時間只會有四名妻子。這些妻子為他先後生下一百個孩子，藉由這個龐大的家族網路，他得以掌控沙烏地阿拉伯的全國上下。

官方版本聲稱，伊本．沙烏德基於所有部族共同的利益而重建沙烏地王國，進而統一了阿拉伯。他用重新恢復國家統治權合理化自己的政權。在沙國是否有其他存在觀點，這不得而知，因為沙國人民不敢拿性命去開玩笑，對外國人講這些——這點我很清楚，因為我有試過。沙烏地阿拉伯教授馬達維．拉希德（Madawi Al-Rasheed）人在國外，他就提出不一樣的觀點，他主張沙烏地阿拉伯的誕生是「強迫沒有統一歷史記憶或沒有國家傳統的人民去接受這個國家，並要他們接受這就是他們被聚集在單一國家體制下的原因。」

這樣的異議有其必要，因為沙烏德王室的統治正當性的確來自其國內的共識。近幾十年來，王室透過豐富的能源供應所獲得的驚人財富，來改善沙烏地人民的生活，從而鞏固其統治的正當性。

在一九三二年之前的數十年間，伊朗、巴林和伊拉克先後發現石油。石油公司認為沙烏地阿拉伯境內應該有更多石油，於是捧著大把鈔票來和伊本．沙烏德談探勘，企圖前往現在沙國的東部省（Eastern Province）探油。沙國國王對英國公司有疑慮，擔心英國政府無法抗拒其想要殖民他國的本性，會在這方面施加過多政治壓力。所以在一九三三年，開發沙國石油的合約被美國加州美孚（標準）石油公司（Standard Oil Company of California, SOCAL）拿到。沙國人當然知道美國同樣會干涉沙國內政，但至少不會有倫敦當局的殖民心態。

美方從一九三五年開始鑽探，一九三八年發現石油；同年，達曼七號油井〔又稱「富饒油井」（Prosperity Well）〕抽出黑色原油，於是變化開始了。美孚石油在沙國造了一個新港、鑽水井供水、建醫院和蓋辦公大樓區，並引進外國工人，因為當時沙國人多半都沒見過機械設備，更別說會用了。沙國首都當時人口僅四萬，但在短短不到七十年後，已經成長到六百萬人。

石油和盈收起初多半流進美孚石油的口袋，但利雅德卻逐漸逼迫美孚讓步，並逐漸買下該公司的控股權，也就是日後的阿美石油（Aramco）。

二戰期間沙烏地阿拉伯保持中立，但向同盟國靠攏。這場大戰顯示現代世界沒有石油絕對不行，不僅工業和發達需要，連戰爭也需要石油。美國一個機械化的師單位（約有兩百五十輛坦克），每進軍一百六十公里就要消耗兩萬五千加侖的燃料。因此，伊本．沙烏德看懂了，小羅斯福（Franklin D. Roosevelt）總統也看懂了，這是雙方該見面的時候了。

這兩位都是務實不唱高調的人。一九四五年二月，他們選在蘇伊士運河（Suez Canal）上的一艘美國軍艦上會晤。他們年齡相近，都是國家元首且身有殘疾，[iii]因此似乎一見如故。伊本・沙烏德在戰鬥中受過傷，當時剛好舊傷復發讓他不良於行，而小羅斯福則需仰賴輪椅，生命僅剩幾週。兩人達成協議，美國保證輸入沙國的石油，但沙國則維持國界不變，並由美國人保證其安全。當時伊本・沙烏德周圍強敵環伺，尤其是統治伊拉克和約旦的哈希姆家族更是其大敵。二十年前伊本・沙烏德才將他們從麥加和麥地那趕走。如果哈希姆家族重新壯大並加上適當機會，難保他們不會試圖奪回漢志。如果真的有這一天，那麼沙烏地阿拉伯和伊本・沙烏德就大難臨頭了。因此，攏絡世界最強國家為友，總比讓他跑去和敵人拉關係有保障，何況哈希姆王室背後還有英國相挺。如今有了美國站沙國的一方，倫敦當局就不敢支持哈希姆王朝侵略沙國。

伊本・沙烏德很懂得抓時機。小羅斯福才啟程返美，不到數日，沙烏地阿拉伯就向德國和日本宣戰，因此該國在戰後得以在新成立的聯合國獲得一席之地。沙國如今站上了世界舞台，石油讓他們成為舉足輕重的國家，而其安全則由美國人來保障。

伊本・沙烏德在一九五三年以七十八歲之齡去世，他用一生澈底改變了家族命運。在他的眾多兒子中，由沙烏德王儲（Crown Prince Saud）繼位。沙烏德奢華成性且熱愛享受，導致國庫虧空，國家教育和衛生經費無以為繼。他的父親伊本・沙烏德在世時建造的第一座王宮，使用的是與平民建屋相同的日曬泥磚，但繼任者的作風卻截然不同，民怨因此日益高漲。

沙烏德在登基為王的頭幾年間，幾乎把國內外所有的人都得罪光了。一九六四年，終於連他的眾多兄弟也看不過去。他們去找資深教士，後者也對沙烏德的奢華行徑不以為然，於是對國王下達宗教裁判令（fatwa），「暗示」他該下台，並由他同父異母兄弟費薩爾（Faisal）取而代之登基。沙烏德於是下台前往希臘；費薩爾則啟程前往王宮。

在新王治下，沙國石油盈收增加十六倍以上，讓沙國得以興建通信和交通網絡並打造還富於民的福利制度。沙國也立法廢止奴隸制，但其許多移工條約卻宛如現代版的奴隸制。

在一九六七年的以阿戰爭中，費薩爾象徵性的派出一支部隊前往約旦，但並未參與實際戰鬥。當一九七三年再度爆發第二次以阿戰爭時，他也同樣限制沙國軍事直接介入。但因為戰爭中美國提供以色列援助，所以費薩爾同意阿拉伯聯盟（Arab League）要求，對美國進行石油禁運。沙國關閉阿美石油公司的油井的結果，造成世界原油價格翻漲三倍。美國總統尼克森於是暗示美國可能將出兵沙烏地阿拉伯。此話一出沙國可緊張了，馬上秘密供給美國海軍石油，並在隔年取消對美的石油禁運。沙國這次踩到美國底線，清楚揭示了兩國「夥伴關係」的現實面。

而在國內，一九六五年沙國引進電視，沒想到卻種下費薩爾殘酷倒台的禍根，也讓沙國走向宗教的極端主義。沙國境內的保守派擔心這種新玩意兒會讓人民迷失方向，乃在一九六五年沙國首次進行電視播放前舉行大型示威活動，但其實這次的廣播不過是要誦念《古蘭經》。示威活動中，國王的侄子還帶頭襲擊電視台錄影棚，但隨後在與維安部隊的槍戰中被擊斃。開槍的警察未遭到起訴，宗教團體因而忿忿不平。為了安撫這些人，費薩爾國王決定網開一面，讓過去逃往埃及和敘利亞非伊斯蘭國

iii 譯註：小羅斯福總統有小兒痲痺不良於行，伊本・沙烏德則遭到妻子下毒一眼幾乎失明，並曾於戰時負傷。

家的伊斯蘭極端份子得以進入沙國，並投入教育體制中。沙國原本就有不少仇外的宗教人物，而費薩爾此舉無意中讓他們變得更有勢力。許多二十一世紀的沙國聖戰組織成員，都曾受過那一輩的伊斯蘭極端主義學者調教。

一九七五年，費薩爾過去所做的事終於報應到自己身上。十年前在反電視示威活動中身亡侄子的兄弟槍殺了費薩爾國王。大家都認為這是報仇，但當局則稱凶手本身精神異常。王位於是由費薩爾的同父異母兄弟哈立德（Khalid）王子繼任。這位沙烏地阿拉伯史上的第四任國王，在上任之初就必須面對該國史上最令人震驚的事件。

一九七九年十一月二十日，數百名武裝異議份子衝進麥加大清真寺（Grand Mosque）。叛亂份子把好幾具棺材擺在中庭，平常這是為死者祈福的做法，但他們卻在棺材裡藏著步槍。麥加大清真寺是伊斯蘭信仰中非常神聖的地方，非穆斯林不得入城，更別說大清真寺了。麥加城外就有告示牌要非穆斯林不得靠近。城內不能殺生見血，違者會被釘上十字架。這場叛亂的領導人名為朱海曼・歐泰比（Juhayman al-Otaybi），是一九二〇年代曾為沙烏德作戰的伊克萬・瓦哈比族戰士之後。他出身內志地區最重要的家族之一，其祖父曾與伊本・沙烏德並肩作戰、馳騁沙場。

沙國高層驚慌失措。因為叛亂份子不僅玷污聖地，還透過麥加大清真寺的擴音器譴責沙烏德王室腐敗、允許外國人來到沙烏地阿拉伯，還讓他們用墮落的方式敗壞沙國民眾。王室清空全城居民，然後向宗教領袖申請宗教裁判令，允許他們得以在聖城麥加使用武力奪回大清真寺。

雙方交戰近一週後都損失慘重，於是官方向法國求援，法國多年來和沙國有穩定的情報共享關係，同時也出售沙國武器。於是法國總統瓦雷利．季斯卡．戴斯田（Valéry Giscard d'Estaing）以極機密的方式派出了三名法國菁英反恐部隊國家憲兵特勤隊（GIGN）來到沙國，協助訓練沙國特種部隊。於是在大清真寺動亂兩週後，佔領行動結束了。六十三名未在衝突中喪生的暴徒被送往全國各地城市，在廣場上斬首示眾。

此事造成嚴重的後續效應。伊朗革命領袖宗教最高領導人何梅尼將佔領大清真寺行動怪罪到「萬惡的美國帝國主義和國際猶太復國運動」頭上，此言一出造成多國暴動，美國駐利比亞和巴基斯坦大使館遭到縱火。何梅尼的發言素來不假思索，他很清楚數百萬穆斯林都輕易相信世上不會有穆斯林攻擊清真寺。因此，這麼一來他就可以把責任推到「幕後黑手」頭上，而狼狽不堪的沙國政府可能也是黑手的同謀。

該事件造成的長遠影響是，沙國高層從此草木皆兵。日後只要民間一出現推動國家現代化的想法，就立刻會被撲滅。哈立德國王心裡很清楚，那次事件中許多叛亂份子都來自國家衛隊（National Guard）主要兵源的部族。要如何解決這個問題呢？他想到的辦法是對宗教信仰下重手。

於是報紙上女性的照片消失了，電視節目裡也不再有女性播報員、宗教保守派獲得了額外政府撥款，電影院關門，全國各級學校都增加了宗教教育課程。沙國宗教警察在此後威風了四十年。學校和大學聘用更多教士，讓年輕人知道只有瓦哈比支派才是真正的伊斯蘭教。也難怪，在接下來的十年間，當蘇聯入侵阿富汗後，會有數以萬計的沙國青年前往阿富汗作戰，只為打倒不信真主的蘇聯共產黨。

而當戰爭結束，這些年輕人回到沙國後，還試圖運用他們的軍事技能投入國際聖戰。而他們之中就出了一位名為奧薩瑪・賓・拉登的人。

賓・拉登家族臭名遠颺的事距當時還有十年之久。這十年間，哈立德國王過世，王位由同父異母弟弟法赫德（Fahd）繼位。然後在一九九〇年伊拉克入侵科威特後，沙烏地阿拉伯的油田成為海珊下一個目標。這時在沙國境外的賓・拉登幾乎不為人知，他出面表示願把受阿富汗人訓練的聖戰者（mujahideen）提供給沙國以抵禦海珊入侵。法赫德沒把他的話當一回事，而是轉向美國求助。

但如此一來就表示身為兩大清真寺監管的沙國國王敞開大門讓成千上萬「異教」軍隊進入沙國，甚至連女性都來了！這可得有伊斯蘭宗教裁判令的背書才過得了關。最後宗教裁判令是下來了，但事情可沒這麼單純。

最終如沙國所願，美國人與沙國部隊聯手驅逐海珊軍隊，並奪回了科威特。但美軍也就此留在沙烏地阿拉伯，這對於那些極端伊斯蘭世界的眾多賓拉登們，是可忍孰不可忍。因此，沙國出現很多不滿聲浪，這些人紛紛質疑花費龐大預算、打造先進防禦系統的沙國政府，為什麼還需要異教美國人幫忙打仗。同時，美軍的來到也讓沙國改革者士氣一振，這麼一來王室就遭到兩股反對力量的夾擊。其中對其政權威脅最大的是伊斯蘭主義（Islamism）。這是因為沙烏地阿拉伯的國王，其統治王權部分來自其本身的宗教背景，但是，「國王」（king）和「王國」（kingdom）都不是伊斯蘭信仰中的概念，統治者本身更不是嫻熟宗教的神學家。但是這些沙國國王卻稱自己是根據伊斯蘭教法（sharia）統治信眾和人民，因此，一旦伊斯蘭主義份子跳出來表達反對意見，那就會撼動到現有權力體制的根基。

一九九五年，沙國的國民警衛隊美軍訓練中心總部發生爆炸，造成五名美國人和兩名印度人死亡。事發後四名沙國年輕人被捕，他們在電視上坦承受到賓·拉登的影響後即遭到處決。一九九六年，另一起針對美軍人員住宅區的爆炸案又造成十九人死亡。之後也還有其他襲擊事件，但沙國情報單位在瓦解數個叛亂組織後，就當此事從沒發生過一樣。二〇〇一年，賓·拉登卻硬是揭開傷疤，還狠戳美國痛處。逼得美國不得不開戰，撼動了沙國王室。

在美國九一一事件中的十九名恐怖攻擊者中，有十五人來自沙烏地阿拉伯，另外主謀賓·拉登也是。沙烏地阿拉伯當局私下坦承，未能妥善處理伊斯蘭激進運動是蓋達組織（Al-Qaeda）崛起的原因之一，但他們不願意公開承認這起國際恐怖事件他們責無旁貸。外界知道利雅德當局斥資數億美元在波士尼亞（Bosnia）和巴基斯坦等地建立受瓦哈比教派影響的清真寺，但說到底瓦哈比本質上並非恐怖主義，何況有錢能使鬼推磨，儘管這些獲得援助的清真寺在遏止宗教極端和暴力言論上成效有限。沙國大眾對美國發動的阿富汗戰爭意見分歧，但沙國政府終究默許美軍使用沙國空軍基地進行指揮和控制行動。美國這場歷時最長的戰爭中，沙國媒體始終不讓人民知道一件事，那就是美軍在阿富汗戰場上所俘的沙國戰士，在送往關塔納摩監獄（Guantanamo Bay）戰俘佔有最高比例。[iv]

蓋達組織中部分沙國士兵還想把這場戰爭帶回沙國。但沙國畢竟曾拒絕賓·拉登當初的援手，還協助其敵人美國。如今他本人和其黨羽不僅要攻擊駐紮於沙國的美軍，甚至也想對沙國下手。沙國王

iv 譯註：沙國戰俘共有134人。

室是養虎為患引狼入室，原先靠著拉攏瓦哈比支派取得天下、聽任其壯大，但直到九一一事件才讓它終於明白，部分瓦哈比成員竟然連沙國王室也不放過。

二〇〇三年，美軍宣布從阿富汗撤軍。他們已經將塔利班逐出喀布爾（Kabul），也攻進巴格達。但他們心知這場戰爭只會惡化原有的緊張局勢，現在既然阿富汗和伊拉克兩仗都已取得「勝利」，抽身撤軍還來得及。問題是賓・拉登可沒打算要收手。

同年五月，利雅德三處外籍工人居住的建築闖入一群槍手，他們挨家挨戶要搜出「十字架和牛的崇拜者」——意指基督徒和印度教徒。這次事件造成三十九人喪生、超過百人受傷。接著又發生了一連串攻擊事件：美國駐吉達領事館被炸、更多大樓遭到襲擊、還有一位美國人保羅・強生（Paul Johnson）被綁架並遭斬首，斬首畫面還被上傳到網路。這些事件前後造成一百多名外國人被殺，其中還包括英國廣播公司攝影師賽蒙・坎伯斯（Simon Cumbers）。

賽蒙人非常的好，是個滿面笑容，樂於助人，非常大方、健談的三十六歲愛爾蘭人。他過世前幾天，我們還在倫敦一個聚會上聊天；當時兩人都正要前往沙烏地阿拉伯採訪，所以為此交流了在那裡採訪的一些訣竅。事發當時，他和英國廣播公司通信記者法蘭克・加德納（Frank Gardner）正好在持槍歹徒現身的街上拍攝影片，加德納遭到槍擊，身受重傷，賽蒙則不幸罹難。事發數週後，我也曾來到同一條街上短暫停留，報導蓋達組織和賽蒙身亡的消息。我們報導事前曾要求警車隨同，但一到那一區時，警車卻突然失去蹤影。我們匆匆下車四分鐘左右，趕緊一口氣拍了段「短片」就立刻上路。幫我們開車的人就是當初載賽蒙的那位司機。他當時因家人過世正在服喪休假，賽蒙之死讓他深受震撼，但我打了幾通電話後找到了他，他知道後就堅持要來幫忙。他私下向我們說到事件經過時淚流滿面，儘管很緊張還是執意要幫我們忙。他想要藉由助人為榮的精神讓外國人知道阿拉伯人有多好客。沙國人口中信仰瓦哈比支派的不到四成，即使瓦哈比支派自己，大多數也不贊同目前這一代聖戰組織成員的暴行。

就在我這趟沙國採訪行程中，蓋達組織的戰略變得越發明顯：他們製造紛爭，並已取得成果。我們從英國和美國的消息來源得知，沙國境內的高級技術外籍工人已有兩成離境。幾月後，更多的人離境，英國航空公司（British Airways）也暫停飛往該國航班。要是再這樣下去，遲早沙國的高科技產業、尤其是能源領域產業，都會陷入停滯。沙國生活水準是靠這些產業稅收所換得的政府補助在支撐的，沒有了這些稅收，反對政府的聲浪就會擴大；合理推斷，這就有可能會讓國家倒台，讓蓋達組織得以取得政權。沙國當局因此反應過度，以超過一九九〇年代中葉的鎮壓強度在剿滅聖戰組織，其國內情報部門也再次大權在握。

沙烏地阿拉伯王國暫時逃過一劫，但當前領導階層心知挑戰並未結束。事實上，隨著新領導者的產生，新的挑戰也隨之而來。二〇一七年，沙爾曼國王（King Salman）任命他三十一歲兒子穆罕默德・賓・沙爾曼（Mohammed bin Salman）為王儲。先前國王其實已經指派後者接管沙國國防部部長職務，雖然當時後者的軍事經驗不足，而看在許多沙國人眼中，特別是在王室成員眼中，總覺得後者尚不足以挑大樑，當王儲還太年輕。沙國的王位繼承傳統，重視的是繼承排行順位和年齡。據估計沙國王室共有約一萬五千名成員，其中約兩千多人掌控大多數的財富和權力。在沙國王宮的走廊裡，有各種各樣的心機和手段企圖破壞王儲的繼承權，王儲顯然面臨著極大的挑戰。

但不論如何，他已經被指派為未來王位的接班人，手中也已握有許多權力可以呼風喚雨。放眼沙國，這位被外界簡稱為「MBS」的王儲能從各個角度看到沙國的問題，也已經採取行動著手處理。

要瞭解沙爾曼王儲的外交政策，就必須瞭解他所繼承的沙國政策，尤其是在進入二十一世紀後，沙國與伊朗之間的地區冷戰演變為代理人戰爭。美國人當年在伊拉克留下的亂局，造成了一個與由什葉派主導、與伊朗互通聲息的伊拉克政府，而且伊朗同時也提供伊拉克境內眾多什葉派的民兵武器。因此，利雅德當局拒絕承認伊拉克什葉派政府，並資助部分遜尼派民兵來抗衡什葉派組織。這個政策原先未能產生多少作用，但二〇一五年情勢逆轉，伊拉克和沙國恢復外交關係，並且沙國為了掣肘伊朗在伊拉克的影響，強化了與伊拉克的經濟聯繫。沙烏德王室想要取得國內和區域的主導地位，並且希望在盡可能穩定的氣氛下實現目標。

二〇一一年的阿拉伯之春革命讓沙國更不惜與伊朗一搏。沙國派兵協助鎮壓在巴林的示威活動，並指控此事件是由德黑蘭當局幕後策動。接下來，二〇一二年的敘利亞叛亂演變為教派內戰，利雅德當局則出手共同推翻伊朗支持的阿薩德總統。沙國給敘利亞自由軍（Free Syrian Army）叛軍聯盟中較溫和的部隊提供金錢和武器。在沙國眼中，敘利亞等於是德黑蘭當局通往巴格達和大馬士革、串連貝魯特什葉派真主黨民兵組織的陸橋，而該民兵組織則由伊朗資助。它的想法是，只要推翻阿薩德總統政權，就破壞了伊朗陸橋。問題是此役中美國人做壁上觀，而俄國和伊朗卻聯手支持阿薩德政權，結果陸橋紋風不動。沙烏地王國不僅擔心伊朗取得核武，它更恐懼伊朗會在中東地區發揮影響和散播暴力。如果伊朗真的成為擁核國家，那麼沙烏地阿拉伯將不排除跟進。

沙爾曼王儲身為沙國國防部長有其優勢。二〇一五年沙國對卡達進行經濟封鎖，因為卡達不僅被指與伊朗沆瀣一氣，還支持穆斯林兄弟會和哈瑪斯（Hamas）等伊斯蘭主義組織。卡達雖然只有三百萬人口，但它清楚自己有著天然氣供應帶來的財富，所以不會小於其他波斯灣國家。卡達可以越級挑戰，一搏成為中東領導人的地位。因此，卡達和沙國從一九九〇年代中葉以來就齟齬不斷，特別是在卡達成立半島電視台（Al Jazeera TV）這個被沙國認為對其懷有敵意的媒體以後，雙方更是處不來。雙方的不睦，成為了中東冷戰的關鍵因素。在遭到沙國經濟封鎖後，卡達的反應是向伊朗以及沙國另一個對手土耳其靠得更近。沙國向來反對伊斯蘭兄弟會，因為它試圖推翻王室政權。二〇一三年利雅德當局支持埃及國內的軍事政變，推翻了當選的穆斯林兄弟會領導人穆罕默德・莫爾西（Mohamed Morsi），並推舉塞西（Abdel Fattah el-Sisi）將軍擔任總統。

沙國還支持利比亞國民軍（Libyan National Army）和利比亞內戰中由土耳其支持的民族和解政府（Government of National Accord, GNA）唱反調。沙國和阿拉伯聯合大公國認為，民族和解政府是由受穆斯林兄弟會影響的伊斯蘭主義份子所主導，而土耳其總統艾爾段（Recep Tayyip Erdoğan）則與想推翻沙國的穆斯林兄弟會互通聲息。因此，利雅德一方面支持埃及政變以推翻穆斯林兄弟會支持的政府，另一方面則盡力阻擋利比亞的穆斯林兄弟會政府上台。沙國出錢資助利比亞國民軍，而土耳其則出錢和軍隊要讓利比亞國民軍無法拿下利比亞首都的黎波里（Tripoli）。

沙爾曼王儲與波斯灣多數國家組成聯盟，在「果斷風暴行動」（Operation Decisive Storm）中支持多國共同對葉門進行軍事干預。該聯盟打擊的對象是伊朗在背後支持的什葉派叛軍「青年運動」。由於青年運動受到德黑蘭支持，而且沙國曾在一九三四年與葉門交戰，並佔據葉門鄰接沙國邊界的幾個地區，因此沙國不想讓青年運動掌握葉門政權。此外，一九三四年沙國佔領葉門地區中的部分居民是什葉派，因此一些葉門人也企圖收復失土。

二〇一九年，「果斷風暴」行動證明失效。反倒是因為盟軍主要對城市地區無情轟炸造成傷亡慘重，而在全球引來抗議風暴，青年運動還朝沙烏地阿拉伯發射長程飛彈並派出無人機，襲擊石油設施、機場和平民區域。在該年的年底，沙國兩家大型石油加工廠遭到襲擊，導致該國半數石油生產作業短暫停擺。葉門的青年運動公開承認是其發動襲擊，但美國卻指出飛彈來自伊朗，而沙國對此也未加以反駁。

這時沙國有幾條路可走，其一是升高對伊朗的軍事行動，但川普政府卻明確表示，美國不願意為此出兵；而沙國則知道，即使自己想動武，也沒有這個能力。所以他們就放任危機自行煙消雲散，直到二〇二〇年才悄悄撤出這場沙爾曼王儲惹起的戰事。但這下子沙國就要設法說服青年運動不要再和伊朗往來，並接受沙國資金來重建這個深陷困境的國家。

沙爾曼王儲一路走來的外交政策被視為衝動且躁進。其中一個例子就是二〇一七年底一樁超現實事件，當時的黎巴嫩總理薩德·哈里里（Saad al-Hariri）在出訪利雅德期間突然「決定」宣布辭職。當時他以為自己是去和沙爾曼王儲露營，沒想到卻中了暗算硬是被人把他和保鏢隔離，手機也被取走，人則被沙國國安官員關進房間裡，並遞給他預寫好的辭職講稿。隨後他出現在電視上宣讀辭呈，口頭上給外界的說法，是將辭職決定怪在真主黨和伊朗頭上，可惜這反而讓外界看破沙爾曼王儲手腳，覺得他居心叵測又斧鑿斑斑。

外界猜測這件事是因為沙爾曼王儲希望藉由哈里里辭職，造成黎巴嫩聯合政府垮台，進而削弱在聯合政府有一席之地的黎國真主黨勢力。利雅德當局特別不想看到由伊朗控制的什葉派運動主導黎國政局。另外，還有一種傳言雖非全然可信、但也不無可能，那就是哈里里可能是被指使，要求在黎巴嫩巴勒斯坦難民營的民兵部隊起來反抗真主黨。問題是真主黨的軍事實力可是比黎巴嫩國軍強大，一介民兵部隊這麼做肯定要付出不少代價。

其後數日裡，黎巴嫩官員開始頻繁打電話給美國、埃及、法國和其他國家的對口單位，告狀說國家總理遭到拘禁，而且次數越來越頻繁。據《紐約時報》報導，數位西方大使指名求見哈里里，也獲得沙國許可，但都必須有兩名沙國警衛在場。又過了幾天，在外國政府私下表達極度不滿、進行干預後，哈里里才獲准搭機返國，一踏上黎國土地，哈里里旋即宣布，自己毫無辭職打算。

利雅德能夠左右黎巴嫩和哈里里，主要是因為哈里里家族事業要靠沙國的支持，何況沙國全國一共聘用了二十五萬名黎巴嫩移工；要是一舉將他們全都遣送回國將重創黎巴嫩原已苟延殘喘的經濟。沙國官員矢口否認脅迫哈里里，但對於他辭職後又收回成命一事卻說不出個道理來。

不過相較於外交圈針對沙國記者賈瑪爾·哈紹吉（Jamal Khashoggi）在沙國駐伊斯坦堡領事館遇害事件所引發的不滿，以及針對沙國王儲的指責，哈里里事件的鬧劇有如小巫見大巫。哈紹吉早在二〇一八年以前，就已經因為不滿這位沙國王儲的行為，而與沙國政權漸行漸遠。同年十月二日，有人看到哈紹吉進入伊斯坦堡沙國領事館後再也沒出來過，而他的未婚妻在當天稍晚則通報他失蹤。

沙國方面堅稱哈紹吉已離開領事館，卻提不出任何證據，就連領事館出入口遍布的閉路電視畫面都拿不出來。但真相很快就浮現了，哈紹吉在領事館內被殺，屍體還被肢解。土耳其政府的媒體記者會上說，哈紹吉之死肯定是沙國「最高層」授意。事後證實，當天早上有十五名沙國男性飛抵伊斯坦堡，並於同日夜裡快速離境。

沙國政府一直等到十月十九日才出面承認哈紹吉是在領事館內遇害，在此同時，沙國國家電視台卻又在新聞中宣稱那十五名出現在伊斯坦堡的沙國人只是單純的遊客。隨後，沙國官員又稱哈紹吉是在鬥毆中被失手殺害，非蓄意致死。最後官方口徑又變，這次改稱他死於「叛亂行動」，當局對此事深感震驚，王儲則對此事全然不知情。

要說在沙國這樣一個階級嚴明的國家，特務會在未獲得最高層授意的情況下，擅自到國外行刺知名人士，這實在令人難以置信。姑且不論真相為何，利雅德也很清楚，這事得有人出來承擔罪名——但這不會是政府高層。於是官方聲稱逮捕了罪嫌，但其中五人事後卻獲得身在沙國的哈紹吉家人「原諒」，因此死罪得免。二〇二〇年底，沙國法庭做出最終裁決，判處八名被告分別七到二十年不等的刑期。至於對於幾名最受矚目人物的指控則全遭到駁回，不過沙國政府還是表示此事是「一樁可怕的行動、可怕的罪行」。

沙國王儲剛上任時被外界視為改革者，但這次事件粉碎了這個形象。從此許多國家在私人層面上都對他敬而遠之，但若談起國事，大家卻又一如往常。在暗殺案發生數週後的二十大工業國（G20）

峰會上，有些世界領導人似乎躲著他，但俄羅斯總統普丁卻給了他擁抱。隔年二月，他更在巴基斯坦和印度受到熱烈歡迎，他還和中國談成價值兩百八十億美元的經濟協定。就連沙國在中東地區競爭對手的土耳其，也沒打算要在經濟上懲罰沙國，無視沙國官員明目張膽在土國境內殺害一名記者。而在哈紹吉遇害後的兩年間，沙國貿易量僅些微下降。石油即金錢，有錢能使鬼推磨，只要沙國手裡掌握世界需要的東西，不論在哪一國的國會中，它都擁有呼風喚雨的外交實力。不過，沙國畢竟不是無所不能。

沙國王儲就連在國內的作為都成為了國際頭條新聞。就在黎巴嫩總理被「邀請」，到沙國進行長期訪問的同一週，沙國王室一些高階成員也被「請到」利雅德的麗思卡爾頓（Ritz Carlton）酒店入住。這是非常高檔的飯店——說它「富麗堂皇」都是小看了它；誰手上有約八千英鎊的閒錢，打算過一晚的話，我推薦其王室套房，那可真的是人間天堂。不幸的是當週入住的這些王室成員可能以為上天堂也是服務項目之一。他們的房間是由沙國情報單位事先預訂，許多王室成員直到被帶進房間後才恍然大悟。王室肅清行動展開了。前後有十一位王子和數十位政要、軍事高層和商業精英都被帶進酒店，沙爾曼王儲的表親密特布．賓．阿布都拉（Miteb bin Abdullah）王子以及國民衛隊的指揮官也名列其中，在沙國，國民衛隊的地位等同於正規軍。

據可靠消息指出，沙爾曼王儲擔心，在多達一萬五千名成員的家族中，不見得人人都效忠王室。王室高層中有許多人見不得他成為實質上的沙國統治者，心裡多半盤算要在他登基為王前除掉他。結果是所有被捕的王室成員一律都被以貪污罪名遭到指控，這種罪名在沙國太容易羅織了，當權者要入一個人貪污罪全憑他一念之間，要的話隨便都可以找到罪證，不要的話則一點瑕疵也沒有。

整個肅清過程前後花了好幾週，最後終於達成目標，但被指控者在面對貪污證據後的自白都千篇一律：「真是要命，怎麼會我負責的政府帳戶中憑空少了好幾百萬美元！我會立即把這筆錢還給國家。」其中密特布王子是最早發現自己帳面出錯的人，為此他付了約十億美金來平息指控。沙國政府事後堅稱所有的逮捕行動全部是為了反貪腐。

沙爾曼王儲在國內面臨的問題，不只來自王室家族，同時還有全國性的挑戰，包括沙國境內最大宗的少數民族——什葉派逐漸升高的積怨。雖然多數什葉派穆斯林並不樂見沙國政府垮台，但近年來，當局未能明顯改善他們的生活條件，讓許多年輕人接受伊斯蘭主義份子的激化，後者視革命為實現改革的途徑。二〇一一年，東部省一次暴動遭到殘酷鎮壓，當局炮轟了阿瓦米亞鎮（Al Awamiyah），後來又夷平數十棟民宅。要緩解沙國政府和什葉派之間的緊張關係，要靠在經濟、社會和宗教方面平等對待什葉派，而這對瓦哈比支派來說是一大挑戰，因為他們視什葉派為叛教者，有些瓦哈比成員甚至認為什葉派不是穆斯林。這種歧視由來已久。即使在二十一世紀，高階伊斯蘭教士都還是譴責什葉派是不信教者，還允許信徒殺害什葉派。

但不論被指控專制或更難聽的罪名，穆罕默德王儲其實是位銳意革新的改革者。他身邊用的都是年輕顧問，許多人顯然都與他同樣意氣用事；但更重要的是，正因為他們年輕，他們更願意改革。沙爾曼王儲給了沙國婦女開車權，也重新開放電影院，使宗教裁決現代化，並改造沙國經濟。這可能與他是女權主義者、又是藝術的熱情支持者、宗教自由主義者和市場經濟的信仰者有關，也可能是因為他覺得，再不改革，沙國經濟會萬劫不復，造成動亂失控，國家崩潰，他不僅會失去王位，甚至可能連小命都保不住。

二〇一四到二〇二〇年間，國際油價跌了一半，沙國的外匯存底也從七千三百七十億美元跌至四千七百五十億美元，儘管沙國政府力挽狂瀾也無力回天。油價暴跌和化石燃料能源前景有限的情形逼使沙國不得不做出改變。從這角度來看，沙國會想要肅貪，儘管只是做為清除政敵和把急用錢放回國庫的目的而編出來的謊言，倒也不是說不過去。不過光這樣是不夠的，還要有長遠之計——也就是沙國端出來的「願景二〇三〇」（Vision 2030）。

「願景二〇三〇」計畫正視沙國經濟必須多元化的現實，並著重於科技和服務業。為了此計畫所規劃的預算，預計在未來幾年間會穩定消耗沙國外匯存底和主權財富基金。沙國有一套國家出大錢支應的福利制度。但隨著石油和天然氣收入急劇下跌，這套福利制度將難以為繼；但若沒有福利制度，再加上高失業率，社會動亂幾乎在所難免。為了在政府改革期間依然讓國庫飽滿，沙國王室準備出售其家族財富的百分之五——也就是沙烏地阿美石油公司（Saudi Aram）的股份。該公司市值約在兩兆美元，但從當前石油市場來看，公司市值只剩一半多。公司市值一定會受市場因素影響，但除了沙國以外，外界很少有人會同意沙國的原始出價。

隨著「願景二〇三〇」而來的成本撙節已經開始，儘管這會造成其中大項目進展變慢，更因此不得不裁減其中一些較次要的項目。沙國同時也在加速進行勞動力的「沙國化」，此舉與沙國允許女性開車息息相關。沙國許多家庭不允許女性在沒有監護人陪同的情況下外出，因此沙國女性常常要和家人一起搭乘由移工駕駛的計程車或私家車，但這些移工賺到的薪水都會匯往海外。允許婦女開車，就能省下聘用司機的錢，增加家庭可支用收入，也讓更多的婦女可以進入職場，取代移工。

沙國境內外籍人口的確切數字並不清楚，但依各國大使館的估計顯示，沙國三千四百萬居民中，超過一千兩百萬是外來人口，包括兩百萬孟加拉人、一百五十萬菲律賓人和一百萬埃及人。整體人口成長、外國人的移入和城市化都是新近才出現的情形，其速度之快未見於全球其他國家。有次前往吉達時我曾和港邊眾多漁民訪談；這些人以孟加拉人為多數，沒有半個是沙國本地人，其實也難以想見沙國人會想要重拾這種老祖先的古老捕魚技術。沙國國內二十四歲以下人口的失業率雖然高達二成八，但卻不表示沙國年輕人願意蹲在吉達港邊補漁網。

讓沙國人取代這些移工，並以科技取代石油，對沙國執政者頗為冒險，該國保守派並不希望該國以這麼快的速度迎向未來；因為這樣的未來將會凌駕宗教和部落認同之上。該計畫也可能會讓中東地區緊張情勢惡化。在改革之前，沙國的投資就已經集中在十三個行政區域中的兩個——即利雅德和吉達所在兩區。但改革後若這種情況未改變，那麼什葉派多數的省份如東部省和與葉門接壤的邊境省份可能就會問：「改革能給我們有什麼好處？」它們也會因此與中央政權越離越遠。

目前這項大型計畫已經進度落後。沙爾曼王子聲勢浩大地宣告要在紅海沿岸建造一座耗資五千億美元的城市「新未來城」（Neom），城中所有的交通工具都是無人駕駛，一般的工作則都交給機器人去處理，並採用永續能源來提供一切動力，男女沒有分界自由交融。這構想很棒，但要如期完工卻是希望渺茫，隨著預定完工的二〇三〇年一步步逼近，當局的臉上就越發掛不住。

新冠疫情讓願景二〇三〇經費受到延宕。二〇二〇年沙國只允許少數沙國人民前往麥加朝聖，外國朝聖者更完全不得前往，這造成沙國經濟上少了一百二十億美元的收入。

但沙國的經濟情勢並非這麼不樂觀。即使目前全球工業景氣回溫、對石油的需求增加只是短暫現象，但這已經讓原油價格上漲，就中期而言，沙國應該還是有辦法在能源市場上保持其領先地位。而這種情形將能讓沙國在以戒除化石能源為終極目標過程中，減輕所遭遇到的損失衝擊。

雖然全球正逐漸減少石油需求，但沙國國內對石油的需求量卻持續上升。該國的石油產量有四分之一都供內需使用，這部分也花掉了沙國政府大筆收入。沙國提供給大眾的汽油和電力價格，遠低於多數已開發國家最低價格。對於缺乏環保意識者而言，這表示可以毫無顧忌地開著笨重耗油的休旅車在高速公路上狂飆，等週末結束回到家時，可能整個週末都沒關閉家裡的空調，等著他們回來享受冷氣。沙國是世界第六大石油消費國，其空調耗電量佔其全國耗電量的七成。一點提示：如果在盛夏前往沙國，別忘記帶上夾克——旅館裡可是很冷的。

短期內，沙國人還是得仰賴石油，不僅是為了照明和空調供電，也為了飲用水。沙國擁有全球最大型海水淡化設施，足以供給沙國國內大部分淡水的需求。問題是，大型海水淡化廠耗電量極大，而電力則來自石油。在沙國這個沒有任何河流的國家，海水淡化是取得淡水唯一選擇，儘管這很昂貴且會造成環境汙染。

一開始，為了不想朝海水動腦筋，他們找上了這方面的專家——阿美石油公司。這家石油巨頭用其專業在沙國北方和東方的沙漠下找到巨型的地下淡水層。在二十世紀，這些地下水的儲量可以輕易注滿美國的伊利湖（Lake Erie）[v]，但密集耕作方式造成供水量持續減少，再加上缺少降雨，地下水也無法得到補充。有灌溉的耕地用來種植農作物和飼養牲畜，但其銷往沙國國內外市場的價格之所以能夠這麼低，還是因為獲得政府補貼水費。沙國農民對水資源素來不加珍惜。因為他們以為淡水價格便宜，但其實都是國家花大錢換來的。水利專家擔心，沙國地下水蘊含量已用掉五分之四，到二〇三〇年代時終將耗盡。農民的用水補助則來自石油收入，但要是享有政府補助的水所剩無幾，農產品價格就壓不下來，也就無法在海外市場與人競爭。如此一來，就會造成沙國人不滿食品價格上漲。沙國政府正在想辦法大幅減少小麥種植量，因為小麥是一種耗水量大的作物，其政府也正在打算要使用部分主權財富基金去外國購買土地以便在他國種植農產品。

但因為沙國政府出錢補助水電，所以電用的越多，政府的負擔就越大。為了終止惡性循環，沙國政府把資金投入再生能源。目前沙國的能源多樣化工作已經展開。例如，沙國擁有特斯拉（Tesla）百分之五的股份，並大量投資通用汽車（General Motor）助其轉型生產電動汽車，同時還在全球推行數十個相關計畫。在國內，利雅德政府希望能在再生能源產業創造七十五萬個就業機會，並在二〇三〇年前，至少讓國內電力有百分之七是來自以太陽能為大宗的再生能源。沙國本身就有生產太陽能板的工廠，也有架設太陽能板的位置，更有著讓太陽能板轉換光能為電的陽光。而且該國的陽光正好是最「適合」太陽能發電的類型，因為沙國的太陽輻射量居世界之冠。該國政府甚至不排除到二〇三〇年前，其太陽能供電量可達全國總供電量兩成。套句商業術語，這可是「非常有野心的目標」。

當初沙國政府宣布要展開太陽能計畫時，總是一副這是「歷史重要時刻」的口吻，結果卻證實他們所訂的目標超過執行能力。官僚體系的互相牽制再加上技術上的問題，讓他們到頭來要不是無法協調所有的計畫同時進行，就是因此延宕時程，但沙國政府也很清楚不能因為這樣就放著什麼都不做。因為他們沒太多時間了。

就經濟上而言，還有另一個方式可以平衡：即在石化業外讓盈收多樣化，藉此填補停止石油補貼的財政空缺，從而避免影響民生。再生能源、海外投資、觀光業和開發紅海沿岸港口等基礎設施項目都將有助於此，但這麼大的變革，就像是讓出海的大型油輪調頭一樣，是一項重大的挑戰。

就戰略而言，沙國還得和美國人並肩作戰好多年，不過那也得美國人願意才行。美國若沒提供沙國安全保障，沙國沿海就不得安寧，因為波灣和紅海都很窄，而且兩者都有戰略隘口。若無強大海軍坐鎮，任何敵國都可以輕易阻斷沙國的出口，讓其無法進入印度洋或蘇伊士運河。

但沙國雖在國防上依賴美國，在經濟上卻還是無可避免會和中國越走越近。中國不只對沙國出售中程彈道飛彈，過去數年間中國從沙國進口的石油量也快速成長，而華為在中東地區搶下的十二個5G網路合約中，也包含沙國在內。不過中國不同於美國，它無意要求與其作生意的國家改善人權。中東最重要的政治分析家米娜．歐拉伊比（Mina Al-Oraibi）對我說：「中國的『國家資本主義』模式很能吸引多數阿拉伯主政者。中東地區許多國家想要的是『經濟自由主義』與政治自由主義脫鉤，而在過去二十年間，中國模式被視為這方面的成功模式。」

v 譯註：伊利湖是美國五大湖之一，世界第十三大湖。

到了這幾年，沙國再次嗅到未來風向，所以過去對以色列的口頭上攻擊突然消聲匿跡，沙以之間開始悄悄在商業上進行接觸，為日後兩國關係正常化做準備。沙國此舉表示其不再受制於巴勒斯坦是否建國，因為沙爾曼王儲是阿拉伯國家領袖中最早對巴勒斯坦一再拒絕和以色列妥協而失去耐心的人；不過對沙國與以國建交一事，他倒是不介意被別人拔得頭籌。沙爾曼王儲與阿拉伯聯合大公國實質統治者穆罕默德·賓·札耶德（Mohammed bin Zayed）關係很好，而阿國就在二〇二〇年和以色列建立正常化外交關係，而巴林也同樣與以色列建立正常化關係。此事雖遭沙爾曼國王反對，但據說沙爾曼王儲倒覺得沙國多數年輕人不像老一輩人那麼在意這件事。以色列所擁有的國防能力和科技，正是波灣國家需要的，而以國也樂意和各國協商。以色列的鐵穹（Iron Dome）飛彈防禦系統是波灣國家求之不得的國防力量，特別在面對伊朗威脅時更是重要，而以國能「讓沙漠遍地開花」的科技則能嘉惠農業。以國與數個阿拉伯國家建立邦交，是這區域重大的政策轉變，也讓多數中東專家看走了眼，過去他們總說，若不讓巴勒斯坦建國，阿拉伯國家永遠不會同意與以色列建交。這些專家只著眼於巴勒斯坦那一小片土地的問題，卻不知道世界大勢風向已變。即使美國白宮易主、拜登主政也不會改變這個新局。拜登可能會對巴勒斯坦約旦河西岸的屯墾區採取強硬態度，但對於中東新局，我看不出他有任何走回頭路的理由。

阿拉伯聯合大公國與以色列談成協定的過程，沙爾曼王儲完全知情（但他父親卻被蒙在鼓裡）。沙爾曼王儲之所以同意以阿協議，是因為他一眼看著日常政事以便大權在握，另一眼則著眼未來。

同樣的，沙國對於泛阿拉伯國家的民族主義也同樣冷靜務實。沙國從來不曾懷有建立橫跨阿拉伯半島單一阿拉伯國家的野心。一九六〇和一九七〇年代，當埃及、敘利亞和其他地區的阿拉伯知識份子和政治家提出這個想法時，沙國統治階級卻反而鼓勵人民應效忠王室。沙國也無心民主制度，對它而言，人民選出來的領導人可能不適合這個國家。它比較想要的是在阿拉伯國家之間建立不需綁定成員國的經濟和政治論壇，正是因為這個原因讓沙國在一九八一年成為「波斯灣合作理事會」（Gulf Cooperation Council）主要創始國，促成該會六個成員國得以藉此組織、精簡貿易過程。

這一切加總起來，讓沙爾曼王儲預計在二〇三〇達成的國家大計無法全然樂觀以對。在內政方面，他在改革派與保守派、相對自由派與壓迫人民之間很難取捨。身為統治階層他不能讓區域主義坐大，但他也知道區域認同畢竟不容否認，而這些認同對於很多事都有它們自己的意見。這些區域認同見不得什葉派分離主義在東部省邊緣地區和葉門邊境站穩腳跟，因為該區域不穩定不僅有損經濟，還可能造成其他區域跟著不穩定。不滿情緒日漸高漲，只要發生一點事，就有可能會引發新的暴力衝突，讓人一刻不得安寧。

藉此沙爾曼王儲想請人民考慮一下未來沙國的新社會契約。這個新契約中，政府會較不官僚、較少貪腐、且在石油時代結束後還享有健全的經濟，而這樣的社會中，人民也能自由享受多數現代社會習慣的休閒活動。但相對的，沙國人民也要開始勤奮工作，並瞭解到過去的政府補貼將不再。宗教保守團體則要接受政府可以讓他們享受宗教自由，但國家的現代化，必須要求他們放鬆對社會的控制。另外瓦哈比支派也不能再肆無忌憚地向他國輸出意識形態和暴力。因為一旦沙國對全球經濟不再那麼重要，那麼其他國家對於會催生賓拉登之流、以及蘊釀伊斯蘭國的意識型態將不會再那麼客氣。

但這項社會契約卻打破了近三百年前沙烏德氏族與瓦哈布氏族結盟時的默契。早些年沙爾曼王儲的祖父伊本・沙烏德執政時與人民談好的條件是，只要人民服從他的治理，他就會用石油的收入讓大家過上好日子。但沙爾曼王儲的新契約是二十一世紀的新模式，其中石油收入佔比越來越少。

然而，若再不改革，一旦世界不再需要石油，將來沙國還剩什麼可與世界其他國家打交道，難道是沙子嗎？

沙國領導層勢必要建立全新的社會、全新的經濟以及一支能保家衛國的軍隊。當前，美國還願意為沙國出兵，以保持石油供應正常，維護全球經濟命脈，但不可能期待石油不再被需要時，只靠太陽能板發電的沙國，還能獲得美國軍隊的保護。

第四章　英國

「英國人要來了！英國人要來了！」

——保羅・里維爾（Paul Revere）（據信）

「英國人要來了」過去數百年來，這句話可能在世界上許多地方都有人喊過。而在這幾百年間，英國建立了統治全球四分之一面積的帝國。如今，這句話可能又會再次出現，只是意思卻不一樣了。二〇一六年，英國透過脫歐公投決定脫歐後，開始四處結盟，但其實他們從二十世紀中葉起，就一直在尋找自己的全球定位。在全球去殖民化的浪潮下，隨著其版圖變化，英國小了很多。現在，在大英帝國已是遙遠記憶的新世界中，英國必須重新找到方向和定位。

因此，儘管英國並不確定向外發展會遇到什麼事，甚至連要向哪發展都還不知道，但在這個新時代裡，英國作為北歐平原西端島國的地理環境，依然會左右其命運。英國在歷史上有一大段時間，都是一個寒冷、多風、又落後的地方，但日後卻成為世上最雄偉帝國的核心所在。而之所以能這樣，也多少與它的地理有關——特別是它能直通大海。

環繞英國的汪洋大海，在其文化和民族心理繼續扮演著重要的角色。近幾百年來，英國靠著這片

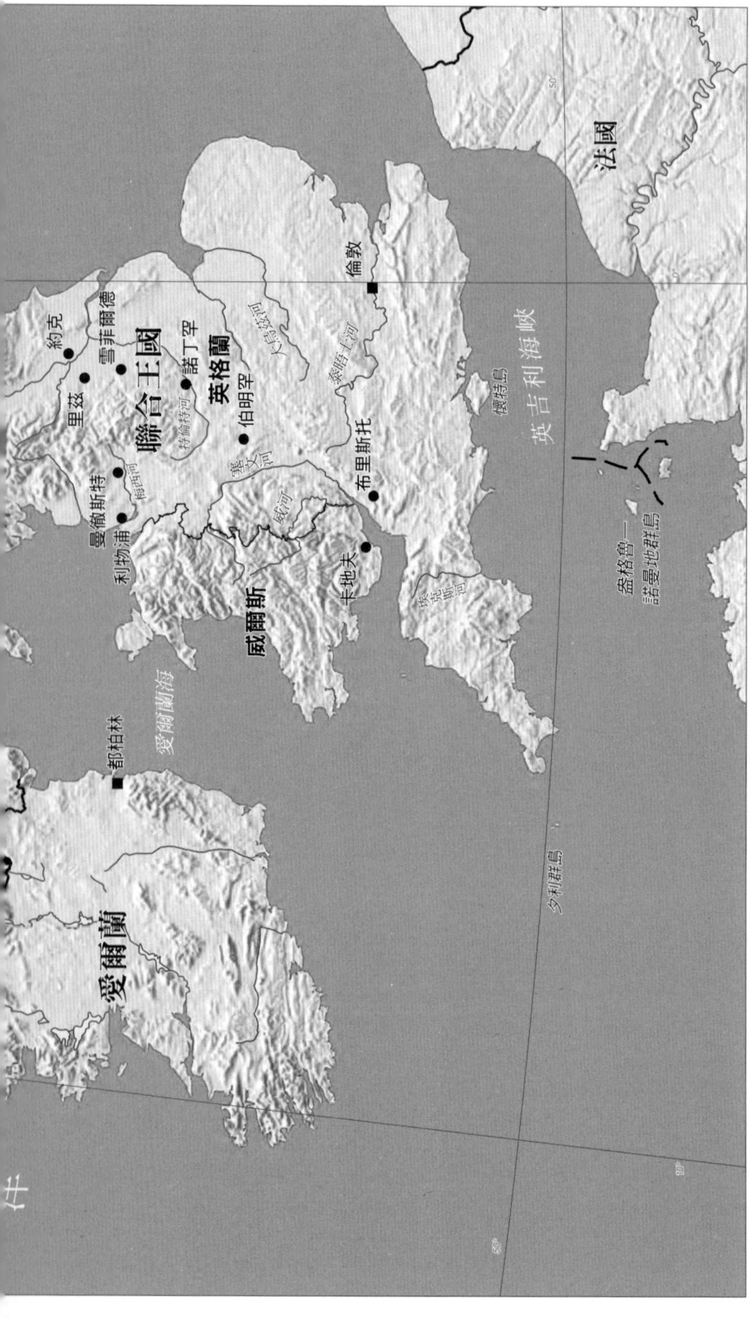
法國
倫敦
英吉利海峽
懷特島
泰晤士河
大烏茲河
聯合王國
英格蘭
約克
里茲
雪菲爾德
諾丁罕
伯明罕
特倫特河
曼徹斯特
利物浦
梅西河
塞文河
布里斯托
威河
卡地夫
威爾斯
埃克斯河
盎格魯—
諾曼地群島
都柏林
愛爾蘭海
愛爾蘭
夕利群島

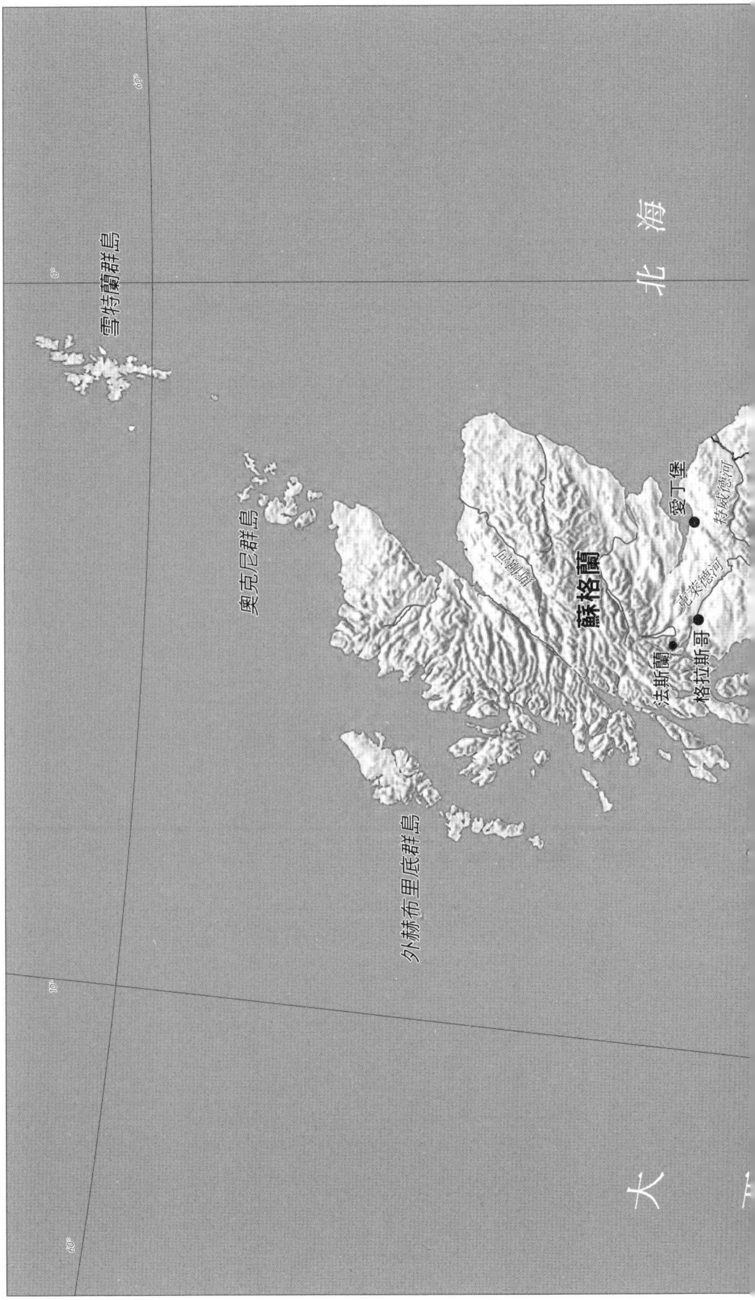
北海
雪特蘭群島
奧克尼群島
外赫布里底群島
蘇格蘭
愛丁堡
特威德河
克萊德河
法斯蘭
格拉斯哥

汪洋得以免受歐陸政治和戰爭的紛紛擾擾。這多少也說明了為什麼英國不像其他歐盟國家，那麼強烈感到自己是屬於歐洲一部分的原因；兩次世界大戰的殺戮，對英國的影響也不如歐陸國家。心理上的隔離感對英國脫歐公投終究有其效應，雖然不盡然能以票數計算。

近年來，英國一直是歐洲跨越大西洋到美國的橋梁。日後依然是如此，只是會逐漸隨著時間過去和國家利益改變而減少。不過，儘管當前有種種不確定性，英國在歐洲仍有巨大的潛在消費市場，也擁有能直通各大洋的航道，以及悠久的創新、高水準教育和商業實力，讓它得以依然名列世界前十大經濟體。但要保持此一地位，就必須在日新月異的世界中為未來做出正確決定，同時可能也需要眾人的團結。

英國的經濟和軍事實力，是在一七〇七年《聯合法令》（*Acts of Union*）將蘇格蘭和英格蘭合為一體後才飛快發展的。這是英國史上第一次該島由單一權力機構所掌管。英國因而不再需要擔心蘇格蘭揮軍南下，其被歐洲強國侵入的後門也基本上被封住。三百年後，英國脫歐公投危及聯合法令的力量，儘管倫敦當局不需如過去擔心法國入侵，它卻需轉而擔心蘇格蘭獨立後，對經濟和政治的影響。

早在一七〇七年透過政治力促成的聯合之前，英國在四億多年前就有過一次大自然的聯合。當時英國是從大西洋一路向北移動，最後連接到一個名為阿瓦隆尼亞（Avalonia）的小型大陸。與此同時，數千公里外的蘇格蘭則附在羅倫提亞（Laurentia）大陸上一起向南漂移。這兩個陸塊緩慢撞擊在一起的地方，大約是西元前一二二年古羅馬皇帝哈德良（Hadrian）在英國建羅馬城牆的地方。這兩個陸塊的碰撞並沒有隆起形成山脈，但卻形成了謝維厄特丘陵（Cheviot Hills），沿著英格蘭和蘇格蘭的邊界橫亙而去。接著我們將時間快轉，掠過英國史上曾經歷過的雨林、恐龍和猛　象，然後大約在八十萬年前人類來到這裡。但隨即英國氣候回冷、人類於是離開，之後又回來，然後又再離開，就這樣來來去去，直到氣候足夠溫暖後，人類才終於定居下來。

西元前一萬年左右，隨著海平面上升，愛爾蘭與英國之間有了一海之隔，連結英國和歐洲大陸之間的陸地也淹沒在大海中，英國成為孤島。說的更精確點，英國其實是「列島」，如果依漲潮時露出水面的陸地大小來看的話，共有數千座之多；但這裡面有住人的島嶼只有兩百座左右。由大不列顛和北愛爾蘭所組成的聯合王國（the United Kingdom），還包括赫布里底群島（the Hebrides）、奧克尼群島（Orkney Islands）和最北部的雪特蘭群島（Shetland Islands）、以及南方相距一千公里處的夕利群島（Isles of Scilly）和懷特島（Isle of Wight）、以及西邊威爾斯（Welsh）海岸外的安格爾西島（Anglesey）。英國擁有英吉利海峽（English Channel）、北海（North Sea）、愛爾蘭海（Irish Sea）和大西洋的直接出口。全英各處陸地距海兩端最寬只有五百公里，而且由於其海岸線凹凸錯落，因此任何地方距離海邊都不會超過一百二十公里。

史書上第一次提到英國，是在西元前三三〇年左右，希臘探險家皮西亞斯（Pytheas）乘船北航的驚人發現。他的足跡最遠可能到達冰島，途中他可能就繞行了現代的英國。他的敘述未能說服所有的人，但主要原因是他敘述中提到自己看到白熊坐在冰帽上以及半夜都還陽光普照，而招致懷疑。

北海波濤洶湧又寒冷的天候不適合我，所以當我在數年前想要一探歐洲最大島時，我就選擇騎腳踏車，踏上被稱為「LEJOG」的路線，從蘭茲角（Land's End）到約翰岬角（John O'Groats）探索整座島。

這條路線全長一千六百公里，通常會由南向北騎，因為這樣順風機會比較大。全程我騎了十二天，每天都是又辛苦又滿足。但讓我印象最深刻的卻是，每過一天，聽到的口音、方言和地名的類型就會不同。即使只是前後短短五十公里距離，就會出現明顯差異，而這是因為地理和歷史的影響。島上各地區的發展相對孤立，之後又受到羅馬人、盎格魯—撒克遜人、維京人和諾曼人（Normans）的影響。比如說，北歐人定居在現在的東英吉利（East Anglia）後；英語中「-by」據信是丹麥語中指「城鎮」的後綴，這也是為什麼惠特比（Whitby）鎮和格里斯比（Grimsby）鎮這類地名集中在英格蘭東海岸的原因。而即使到現代，在約克郡（Yorkshire）的人都還在使用英國南部人可能完全不懂意思的字，像是「bairn」指「小孩」、「beck」指「小溪」。雖然多數國家的方言用語都會有地區差異，但很少像英國這樣一個小地方就有這麼大的差異。

英國的地理分野並非一般以為的南北差異，而是東西差異；造成這種差異的原因是高地和低地的分布。如果從東北方的蒂斯河（River Tees）往下劃一條線到德文郡（Devon）的埃克斯河（River Exe），就會看到英格蘭和威爾斯之間的高低分野。這條線往西盡是堅硬的岩石和湖區（Lake District）、坎布里亞山脈（Cambrian Mountains）和達特穆爾（Dartmoor）等沼澤地所構成的高地區域；往東是地勢平坦，岩石質地較鬆軟、白堊較多的地形——多佛的白色懸崖（White Cliffs of Dover）即是。而正是這個地理分野使得英國西部比東部溫暖多雨。來自加勒比海（Caribbean）的墨西哥灣暖流（Gulf Stream）由大西洋西岸一路流到東岸，來到英國的西海岸。墨西哥灣暖流上方的風帶著濕氣，吹到英國東邊高地，濕潤了該區。這樣的地理環境讓英國成不了熱帶天堂，卻享有比許多同緯度地區（如俄羅斯和加拿大）還要暖和的天候，這對英國農業大有裨益。

另外，英國也存在著南北分野。英格蘭島山脈其實都分布在主島的西半部，但越往北走這些山就越高。在蘇格蘭這裡也是一樣，高地都分布在西北邊。而因為建設平地比較容易，所以高低差異就造成了基礎設施發展不均。英格蘭西北部、約克郡和東北部地區都是受惠於工業革命而知名的城鎮，如里茲、謝菲爾德（Sheffield）、曼徹斯特（Manchester）、利物浦（Liverpool）和新堡（Newcastle）。當棉花產業、採煤和重工業衰落後，這些地區也受傷最重。南方享有較暖和的氣候、平緩的河流，造就有利耕作的土地，再加上鄰近首都倫敦的影響讓南方比北部發達，這是為什麼英格蘭只佔國土面積一半多，卻擁有全英八成四人口的原因。蘇格蘭多數人和多數工業發展都分布在南邊，靠近英格蘭交界處，但其人口總數卻比英格蘭少得多，只有五百五十萬，英格蘭卻有五千六百萬人口，另外威爾斯有三百萬、而北愛爾蘭則不到兩百萬。透過倫敦多座大型車站以及希斯洛（Heathrow）機場和蓋威克（Gatwick）機場，讓英格蘭南部成為國際和國內鐵路網及航空旅遊的樞紐。英格蘭南部還擁有數座全英進出最頻繁的港口和英吉利海峽隧道（Channel Tunnel）。倫敦位於英格蘭東南部中心位置，也是該地區高速公路系統的樞紐，可以四通八達朝各方向輻射而往。首都倫敦是英國國會所在，也是英國許多大型企業的總部，金融業更是如此。但這情形是現代才出現的，中間歷經了漫長歲月和浴血犧牲的累積。

這漫長歲月該從何時說起呢？西元前四十三年，羅馬人拿下英格蘭似乎是個不錯的起點。因為這區分了過去，以及其後為時數百年的影響，至今英國許多方面依然未曾擺脫其留下的印記。

在這群懂得釀酒、建造浴室和制定法律的羅馬友人跨越英吉利海峽來到英格蘭之前，不列顛僅僅是一座大型、冰冷、潮濕的島嶼，史書上的種種都與它擦身而過，沒有它的痕跡。當時這座島上都是些不識字的野蠻部落，他們非但沒向這些外來人學習，反而成天都在打仗。

對於英格蘭島上這群把臉塗成藍色的野蠻人，羅馬人只能從百年前凱撒大帝（Julius Caesar）的紀錄中獲得模糊的印象。對於即將遇到的狀況，羅馬人心裡有底，因此克勞狄皇帝（Emperor Claudius）特別派遣四萬名精銳部隊前去入侵。真的沒有這支部隊不行。雖然卡通《高盧英雄歷險記》（*Asterix the Gaul*）的虛構主角靠著保衛現在法國那一小塊領土搶盡了風頭，但比起凱爾特不列顛人（Celtic Britons）可差遠了。

羅馬人花了好幾十年時間才逐一征服英格蘭南部的眾多部落，但即使在二十年後，羅馬軍團都還遭遇艾西尼族的布迪卡女王（Queen Boudicca of Iceni）率領的大規模叛亂。歷史學家將這個時代簡稱為「羅馬不列顛」，但其實羅馬軍團從未拿下現在的威爾斯和蘇格蘭，因此這兩地人民至今保留著自外於英格蘭的身分認同。羅馬的統治大致沿著英格蘭的東西分野，從一些他們所修建的道路規劃上也可看出這一點；而現代英國許多高速公路都沿著羅馬人所遺留的古老路線而建。

羅馬的佔領在英國留下了長遠的影響——最明顯的莫過於泰晤士河（River Thames）出海口。羅馬人知道自己需要一個渡口來連接這塊他們所要佔領土地的南北兩邊，而這個渡口要離出海口夠近以利羅馬船隻進出，但必須是狹窄地帶。所以他們在北岸兩座小丘之間找到泰晤士河河道變窄、且兩岸土壤紮實的地方。羅馬號稱建在七座山丘之上，但當他們初到不列顛時則只靠勒德蓋山（Ludgate Hill）和康山（Cornhill）兩座小山就立足了，就這樣他們建立了倫蒂尼恩（Londinium）——也就是倫敦。他們也造了第一座「倫敦橋」，由此可以前往他們口中「不列顛行省」（Britannia）的據點。倫蒂尼恩這座新城市就此繁榮發展，條條羅馬道路都通往這裡，而英倫貨物也從這裡運往羅馬帝國。到了西元第一世紀末，倫敦已達數萬人口。

三百年後，羅馬軍團匆匆離開，回到家鄉解決比多雨不列顛更迫切的問題——拯救羅馬帝國。當他們一走，原本由其扶植的不列顛經濟就崩潰了，都會地區很快不再有人住，人們又變回文盲。儘管不列顛氣候不佳，但羅馬離開後，分裂成數個部族、互相征戰的不列顛還是引來外人覬覦。沒有了「羅馬治世」（Pax Romana）的保護，不列顛成了一波接一波入侵者唾手可得的戰利品。首先是來自丹麥和德國北部的盎格魯人（Angles）、撒克遜人（Saxons）和朱特人（Jutes）。他們征服的地區大致上與羅馬人相近：同樣的東西分野再次出現，也同樣在蘇格蘭、威爾斯和康瓦耳（Cornwall）等地遭到當地部落的強烈反抗。當不列顛島南半部新名稱「盎格蘭」（Angleland）出現的同時，現代英格蘭邊界的模糊輪廓也逐漸形成。凱爾特語逐漸消失，取而代之的是日爾曼古英語（Germanic Old English），這成了大多數現代英語的源頭。

西元六百年，盎格魯—撒克遜人已經在不列顛建立數個王國，不過愛爾蘭的蘇格蘭族（Scotti）部落入侵本島，並定居在蘇格蘭西部地區，這也是英國北部三分之一地區會被稱為蘇格蘭（Scotland）的

原因。[i]

在這之後的歷史，就沒什麼值得大書特書的地方。在不列顛南方，一開始是國王來來去去、一個換過一個。來的人不是叫愛德華（Edward）就是叫埃格伯特（Egbert）[ii]，或其他以「e」發音開頭的國王名，像是Æthelred（艾索雷），他們都與入侵的維京人有過節。不過有一位艾弗雷德（Alfred）國王不太一樣。他統一了威塞克斯王國（Wessex）和麥西亞王國（Mercia），並於八八六年從維京人手中奪回了倫敦。他兒子愛德華和女兒埃索芙蕾（Æthelflæd）又擴張他的領土，將維京人的首都約克（York）也拿下，一路直至諾桑比亞（Northumbria），逼近威爾斯。愛德華在歷史上被稱為「英格蘭人之王」（King of the English）；有些人甚至說他是「不列顛國王」（King of Britain），但這有些言過其實。而且事實上，這可是幾百公里的領土，要等好多年後才能真的這麼稱呼。之後分別出現好多叫艾德蒙（Edmund）、埃德雷德（Eadred）甚至埃德維格（Eadwig）的國王，最後則出現「維和之王」愛德加國王（King Edgar the Peaceful, 959-975）。[iii]除了他的執政舉措外，在歷史上，愛德加國王最大的貢獻在於劃分了縣（shire，或譯為「郡」），這些他命名的郡縣名稱至今依然沿用。到此，一個擁有獨特文化、具特色且擁有自我身分認同的英格蘭已經成形，而在其邊界以北的蘇格蘭王國（Kingdom of Scotland）也開始脫離原本部族間彼此交戰的狀況，形成一個國家。

然後諾曼人來了，入侵年份成為英國人最熟悉的數字：一〇六六年。

諾曼族的領袖征服者威廉（William the Conqueror）從英吉利海峽對岸跨海來到英格蘭在南岸登陸，贏得黑斯廷斯戰役（Battle of Hastings）後揮軍倫敦，並自命為王。倫敦雖然還要再等將近一百年才會成為首都，但在威廉統治下，已經開始快速發展。他還建造倫敦塔，並將倫敦打造成他統治下的諾曼和英格蘭兩邊領土的集散處。

諾曼人入侵是英國史上自羅馬人離開後影響最大的事件。這切斷了英格蘭與北歐的連結而使其轉向西歐。法語開始進入英語，大型教堂開始出現，隨著新來的領主要保護自己不受充滿敵意的百姓侵擾，城堡也開始林立於全國。

因為有顯貴者愛德格〔Edgar Ætheling，他是流亡者愛德華（Edward the Exile）之子〕等人領導的叛亂，這樣的緊張情勢持續了好幾十年，但這塊剛被諾曼人征服的領土還是牢牢控制在他們手中。威廉之後由法國的金雀花王朝（Plantagenets）這個法國王室跨海治理英國，前後從一一五四年到一四八五年。其中約翰國王（King John）為了避免內戰，同意削弱英國君主的權力，並於一二一五年簽署了《大憲章》（*Magna Carta*）。該憲章形成現代英國法律體系一部分的基礎。在當時，該憲章對促進平凡百姓權力著墨不多，但如今它已成為一份具有代表性的文獻，也是自由的象徵，每當英國政壇有相關爭論時就會被人提起。大憲章同時也對美國憲法有重大影響。英國二十世紀最受尊敬的法官丹寧勳爵（Lord Denning）就稱其是「史上最偉大的憲法文獻」。

i　譯註：Scotti在拉丁文原指蓋爾（Gaels），原是羅馬人以拉丁語稱呼入侵北英格蘭島Gael族為「海盜」的意思，因為他們。

ii　譯註：西元九百年以前，英國各地至少有過五位Egbert國王。

iii　譯註：the peaceful是坊間的英譯，正式典籍上以拉丁文稱之為Pacificus。他在位時並不是真的不開戰和平之王，而是不惜動武以維護和平。

之後的百年間，英格蘭人不只與蘇格蘭王國、法國交戰，也和自己人內戰。金雀花王朝在一四八五年為都鐸王朝（Tudor）所取代。都鐸王朝最為人所知的國王亨利八世（Henry VIII，一五〇九至一五四七年在位），一手把有實無名的英國政治現實簽署成法律條文。當時英格蘭事實上已經控制威爾斯，但一直到亨利八世通過《聯合法令》（*Acts of Union*），才讓英格蘭的法律及於威爾斯，同時也確立法院一律使用英語。因為當時威爾斯大多數的人只講威爾斯語，這項法令產生了幾種影響：法庭通譯工作量增加；威爾斯語在接下來幾百年間幾乎消失，但也從此種下威爾斯對倫敦執政者的恨意；因此英國又朝著聯合王國（United Kingdom）邁進一大步。

大家對亨利八世的印象主要停留在他娶過六個老婆。一五三三年，他取消與凱薩琳（Catherine）的婚約，並在迎娶安．寶琳（Anne Boleyn）後，倆人生下取名為「伊莉莎白」的女兒。之後亨利八世被天主教教廷逐出教會，導致英國宗教改革，他因此創建英格蘭教會（Church of England），關閉八百座修道院，並宣布這些修道院所屬的土地和財寶歸他所有。

他的女兒伊莉莎白一世（Elizabeth I，一五五八至一六〇三年間在位）面對歐洲大陸和蘇格蘭天主教勢力的陰謀和反對，更加義無反顧地將英國推向新教信仰。她甚至還在一五八七年以謀反罪名處死她的表妹——蘇格蘭的瑪麗女王。伊莉莎白一世帶領英格蘭走向輝煌。這是法蘭西斯．德雷克（Francis Drake）和華爾特．雷利（Walter Raleigh）的航海大發現（也是海盜行為）、擊敗西班牙無敵艦隊（Armada），以及莎士比亞大作誕生等英國的盛世年代。而詹姆斯一世（James I）的到來則憑著他同時也是蘇格蘭詹姆斯六世（James VI）的雙重身分，帶領著大英聯合王國走向下一步，但在這之前，英國人還要再面對國王（查理一世）被斬首、內戰（一六四二至一六五一年）、克倫威爾（Cromwell）的軍事獨裁以及王室復辟，才在一七〇七年迎來英格蘭和威爾斯與蘇格蘭三地的統一。這是一把鑰匙，打開了通往新局的大門，從此改變英格蘭和蘇格蘭兩國面臨外在威脅的地理條件。

數百年來，英國人一向知道歐陸人口數量遠勝於英國，因此所能集結的軍隊規模也能凌駕於己。這種情況過去在古羅馬人、維京人和諾曼人的征服史上都出現過。這種征服勢力若出現一支擁有優勢的部隊能夠逼使另一支部隊加入時，那就更可怕了，而萬一又有蘇格蘭當內應，對英格蘭情勢就會更加兇險。因為如此一來，敵軍就可以在沒有遭遇抵抗的情況下從不列顛島最北方登陸，甚至還可以同時從北方和南方入侵。

為了對付這樣的入侵，英格蘭想出多種戰略。英國人一直想讓歐洲各國之間達成勢均力敵的狀態，以免出現一支凌駕他國的強大軍隊，或者當有國家想這樣時，就與其對手結盟。而在追求「島外勢力均衡」戰略的同時，它也希望能控制不列顛全島。

但蘇格蘭想的則和英格蘭截然不同。蘇格蘭人口少，資源有限，所以從來不存打敗英格蘭、或統治英格蘭的念頭。反之為了自保，它會去和英格蘭的敵人，尤其是法國結盟。

早在一二九五年，蘇格蘭與法國就簽訂了第一份條約，當中蘇格蘭同意一旦英格蘭入侵法國，蘇格蘭就入侵英格蘭，讓英格蘭腹背受敵。英格蘭得知此事後立即入侵蘇格蘭，但無功而返。這之後的蘇格蘭和法國領袖除了路易十一世（Louis XI）外，幾乎每一任都簽了此協議，直到一五六〇年時開始有「老盟友」（Auld Alliance）的稱號。蘇格蘭總會派出數千名蘇格蘭士兵去和法國士兵並肩作戰，而法國則為蘇格蘭軍隊提供資金，並慫恿他們入侵英格蘭。

但這情形到一七〇七年時，一連串因素促成了《聯合法令》的誕生。因為英格蘭和蘇格蘭王室早在一個世紀前就已統一，不僅雙方緊張局勢已見緩解，兩國貿易也見增長。再加上英格蘭於上個世紀在北美洲、西印度群島、印度和非洲都建立了殖民地和屯墾區，財力越來越壯大，甚至連工業革命的最初跡象都呼之欲出。相形之下，蘇格蘭沒有殖民地，到了一六九〇年代，更連遭農損歉收，導致成千上萬人餓死。因此蘇格蘭無力迎接新世紀的到來。

蘇格蘭一度興起帝國主義的想法，沒想到卻出師不利。一六九八年，蘇格蘭派出五艘船艦組成的艦隊，希望能在巴拿馬（Panama）建立殖民地。艦隊資金來自為民族主義熱忱所驅使的公眾募捐。然而，數百名拓荒者中只有少數幾人存活下來，許多人死於疾病，最後在遭到西班牙海軍的圍攻下，其他人也棄此而去。此行原意是要為蘇格蘭帶來財富，好讓它能與西班牙、葡萄牙和英格蘭一較長短。沒想到它卻帶來死亡，更終止了蘇格蘭獨立的希望。在現今巴拿馬地圖上就能找到這樁憾事的殘跡：地圖上有個埃斯科塞斯角（Punta Escocés），意為「蘇格蘭岬」。

此海外殖民拓展失利造成的財務損失究竟多少，歷史學家說法不一，但據說蘇格蘭國庫因此縮減至少五分之一，有些學者的估計更高。不論如何，到了一七〇七年時，蘇格蘭已經國庫虛空到需要與英格蘭合作，以便透過其海外市場盈利，另一方面，英格蘭則因意識到法國人口二倍於英國，因此就戰略上的觀點，需要確保蘇格蘭不會延續與法國的「老盟友」關係。之後英格蘭與蘇格蘭又簽訂條約，由英格蘭提供蘇格蘭資金償還國債，雙方國會於是通過了《聯合法令》，於是不列顛島終於第一次全島只有一個政府，寫下歷史新頁。

英國會在接下來的兩百年間國力達到巔峰絕非偶然。在這之前蘇格蘭和英格蘭兩國政府都須耗費預算，組織常備軍鎮守兩國邊疆，互相提防以防對方來犯，而統一後這筆多出來的預算就可以用來保護不列顛全島，共同抵禦來自歐洲大陸的外侮；這筆預算同時還能用來擴張聯合王國。而統一後也讓人口更多，可以用來組成更強大的軍隊，而原本用來在島內互相提防的資源、精力和時間就能一致向外——對英國人而言，「向外」指的是全世界。

大英帝國迅速成長，國家越強大，別人就越難以與之對抗。而海上實力正是其成長的關鍵，只有富裕的國家才有辦法建立一支可以控制海上航道或挑戰當前控制海上航道國家的海軍。英國採用國內橡樹造出適於遠洋航行的船隻。橡樹材質足以抵擋炮彈，也不畏在探險大船從未去過的未知新世界時觸礁。橡樹還能抗蟲蛀和抗腐蝕，因此英國海軍艦艇就能花更長時間在海上，而不是耗在陸地船塢中。納爾遜勳爵（Lord Nelson）的「勝利號」（HMS Victory）和庫克船長（Captain Cook）的「奮進號」（HMS Endeavour）都是用橡木造的，而英國皇家海軍（Royal Navy）官方進行曲的曲名是《橡樹之心》（*Heart of Oak*）。英國的海岸線凹凸錯落有致，因此可以建造深水港，有利遠洋貿易。要與英國競逐霸業，那麼對手就必須具備以下這幾個條件：政局穩定、龐大海軍、許多深水港口、大量木材和先進技術。

具備這種條件的有兩個國家：法國和西班牙，但他們卻因為身陷歐陸內地戰禍而讓他們的資產和注意力難以集中海上。而且在工業上它們也比英國發展慢。早在一七八〇年，英國就已經有兩萬台棉花紡織機、但法國卻只有九百台。法國和西班牙的國土面積都是英國的兩倍，而導致它們運輸成本增加。而英國卻享有島嶼狹長、內陸河流和運河眾多的優勢，得以輕鬆將原物料運往城鎮，也方便將成品運往國內外市場。英國豐富的煤礦蘊含地點多半靠近工業城市，等到一八三〇年代鐵路網開始發展，運輸速度也隨之加快。

一八〇一年，依據《聯合法令》，愛爾蘭正式成為英國領土。但實際上，愛爾蘭成為英國一部分已兩百五十多年，而這次是「大不列顛及愛爾蘭聯合王國」（United Kingdom of Great Britain and Ireland）的正式成形。在歐洲永無休止的戰爭過程中，聯合王國英國想盡辦法置身事外，樂見其對手互相殘殺，但若感到威脅上門，它也會加以介入；而最令它感到不安的一次，就是拿破崙的崛起，但後者終究被英國那套與歐陸最強敵人結盟的政策所擊潰。英國在對付拿破崙時，所選擇結盟對象的可以說是所有被拿破崙得罪的歐陸國家。一八〇三年，拿破崙把美國於路易斯安那購置案（Louisiana Purchase）中所付給法國的錢拿來用在入侵英國，此舉激起英國前所未見的大規模軍民動員。

拿破崙可以說是英國人噩夢的化身，他在歐洲所向披靡，企圖以法國主導的政治、經濟和軍事體系來治理歐洲，藉此他有把握能夠擊敗英國，或者至少讓英國聽命於法國。因此早在拿破崙正式揮軍入侵之前，倫敦當局就已經認為此仗在所難免。

這次入侵和防禦計畫的地理條件與第二次世界大戰初期驚人相似。法軍穿越英吉利海峽的駁船集結在布洛涅（Boulogne）兩側。拿破崙打算要在施爾尼斯（Sheerness）和查坦（Chatham）登陸，然後直攻倫敦，前後只用四天完成。大部分的英國軍隊和民兵則沿著肯特郡（Kent）和蘇塞克斯郡（Sussex）海岸線上新建要塞後的一道防線部署；當時所建炮台和堡壘有些依然保存至今。但沒想到雷聲大雨點小，拿破崙取消了入侵，隨後慘遭「滑鐵盧」（Waterloo），歐洲各國大軍精疲力盡，英國再次可以回頭專注於擴展帝國的大業上。

英國無與倫比的海上實力讓它可以在全球貫徹其意志。在一百年前，英國已經拿下直布羅陀（Gibraltar），掌握地中海通往大西洋命脈。到了十九世紀，這裡就被當作前往非洲西海岸各港的中繼站，最後則在好望角（Cape of Good Hope）進港維修。從好望角，則沿非洲東海岸一路上到英國海外最大殖民地——印度。然後，有了馬來西亞讓英國人得以掌握麻六甲海峽，成為前往中國的海上門戶。英國這樣無人能及的地理優勢，在一八六九年蘇伊士運河開通後更上一層樓。這樣一來，英國船隻就能通過運河從大西洋到達印度，大英帝國國力不可一世。

別的國家不說，對英國本身而言，這算是利滾利：財富增加帶來軍力提升和政治力量強大。英國躲過了歐洲大部分的戰爭和革命，把軍力用在其他方面：南非、緬甸、克里米亞（Crimea）和印度這些遙遠的殖民地，英國本土國民所知甚少，但這些地方卻帶給英國莫大好處。這些地方生產的原物料流入英國工廠，為業主創造財富，為工人創造就業機會。

英國用海上實力撐起的帝國，所仰賴的不僅是所有的國家常見的建軍項目，同時也仰賴殖民主義的種族歧視心態。然而，海軍在其中卻扮演著道德的明燈，維繫其道德良知不致完全淹沒於殖民主義的種族偏見。一八〇七年，原本在奴隸買賣產業中扮演重要角色的英國立法禁止買賣奴隸。之後數十年間，皇家海軍強力追捕奴隸販子，解放了約十五萬奴隸，同時政府也給非洲酋長補貼，勸他們結束奴隸買賣。但奴隸制本身仍然程度上算是「合法」（儘管它在英國本土從未合法過），但一八三三年英國修法廢奴後，在英國統治的各殖民地蓄奴不再合法。

過去人們總說，英國是永不落日帝國。事實上這情形至今依然如此，目前在它所剩的十四個海外領土中，還是輪流有一個是在白天狀態。開曼群島（Cayman Islands）午夜晚上時，南太平洋的皮特凱恩群島（Pitcairn Islands）還是白天。但人無千日好、花無百日紅。隨著兩個強國崛起，大英帝國末日開始了，這兩個強國就是德國和美國。

一八七一年，分裂的日爾曼諸國終於厭倦了相互爭戰，統一成為西歐最大、人口最多的國家。沒多久，它也成為經濟上最有活力的國家，造船業和軍火工業都蒸蒸日上。看在英國人眼中，這是自拿破崙之後，第一次出現可能稱霸歐洲大陸的強國。另一方面，美國的工業革命也加快了腳步。這不僅讓美國產出與世界主要大國市場競爭的商品，也催生了一支戰力可及於全球的遠洋海軍。

於是英德軍備競賽展開，中間更加進無數因素，如今看來，都讓第一次世界大戰難以避免。一戰對所有的參戰國都是一場災難。史書上雖稱英國是戰勝國，但事實上所有的國家都是戰敗國，而且因為戰敗得太嚴重才導致第二次世界大戰爆發。一戰削弱了英國，也削弱了一心想雪恥的法國；戰後德國仍是最大國，但其國民紛紛覺得被其戰時領袖所背叛，也被其一九一八年所簽投降條件背叛。

二十一年後，歐洲再次來到大戰地獄的邊緣，並跌入萬劫不復的二戰深淵。這場戰爭的野蠻程度更勝上一次大戰，更把大英帝國澈底打到永無翻身之日的谷底。

到了一九四〇年，英國再次遭遇與一八〇三年相似的情形。一個征服了全歐的大國迫使英軍在敦克爾克（Dunkirk）忍辱撤退。這個大國隨後更兵臨英國本島，虎視眈眈。儘管侵略並未成真，但這次進攻和防禦計畫都讓人更明白，英國的地理和經濟是如何和其軍事戰略緊緊相繫。雖然這樣的侵略威脅在今日不太可能發生，但若再次發生，那麼其思考的方向還是不會相差太多。

原本德國的「海獅作戰行動」（Operation Sea Lion）打算從荷蘭鹿特丹（Rotterdam）和法國加萊（Calais）出發，在肯特郡和蘇塞克斯郡海岸以兩棲部隊登陸發動攻擊。同時間傘兵則會攻佔布萊頓（Brighton）和多佛港（Dover）的高地。第二波進攻從法國瑟堡（Cherbourg）出發，在多塞特郡／德文郡（Dorset/Devon）海岸登陸。建立前進基地後，部隊分兩頭從西面和西南面逼近倫敦。同時還會聲東擊西假意朝蘇格蘭入侵，以誘使英軍北移。

英國人並不知道德軍有此計畫，但他們熟悉不列顛島地形條件，並據此推測德軍可能的戰略。他們猜想兩軍對峙前線應該是在本島南部的海灘，因此在許多可能的登陸點都埋設了地雷，再於後方建立小型掩體，掩體之間則架設了長長的有刺鐵絲網。同時英方也將碼頭拆除，羅姆尼濕地（Romney Marsh）的部分地區則刻意引水淹覆。這是「海岸防護盾」（coastal crust），但在其背後是保護首都、英國中部地區和北部工業要地的「拒止線」（stop lines），以防德軍一旦從橋頭堡挺進內地。這些防線旨在延緩敵人，讓其攻勢不致直搗工業中心。關鍵是要阻止德國坦克，因為德國坦克先前曾在比利時和法國的閃電戰中造成重大破壞。

這個戰略的核心是指揮總部防線（General Headquarters Line）。該防線由布里斯托（Bristol）向東延伸至倫敦南部，繞倫敦一圈後朝北經過劍橋（Cambridge）、中部地區和約克郡的工業城市如里茲，最後來到蘇格蘭。該防線將樹林、河流、運河和鐵路堤壩等可以阻止坦克的天險路障連接起來，同時橋梁上也捆上炸彈，隨時準備炸橋，而機場和加油站也做好隨時被炸毀的準備。數十萬平民則被從可能被入侵的地區疏散，而留下來的平民則組成了國民自衛隊（Home Guard）。

不過英國政府之後改變戰略，著重在防止敵軍登陸或從橋頭堡挺進。那年夏天英國空軍贏得「不列顛戰役」（Battle of Britain），更因此拿下了入侵區的制空權，而皇家海軍也維持制海權。希特勒因此延後攻勢，之後他入侵俄羅斯後，德軍部隊在歐陸疲於奔命。這場大戰中真正的兩棲部隊攻擊，發生在四年後，而這時情勢已經逆轉。發動攻擊的換成是同盟國（Allies），登陸後他們一路打到德國，俄軍則由東向西挺進，再一次，一個大國崛起後，妄想雄霸歐洲的野心再次鎩羽而歸。

二戰讓英國付出不少代價，其中之一是它的帝國。二戰不僅讓英國經濟陷入谷底；還讓它把全球大部分的基地拱手讓給了美國以換取戰艦。華府何樂而不為，它本來就不愁艦艇數量，現在又賺到一堆海外基地。但如此一來，大西洋兩岸實力霸主的地位就易主了，英國維持帝國的能力也面臨崩潰。

接下來該怎麼辦？

如此一來，英國可得給自己重新定義身分了，原來想要繼續當日不落帝國中心的計畫如今沒著落了。英國或許以為只要繼續與美國當至交，就可以永保帝國不墜，但美國的打算可不是如此。美國對大英帝國從來就不抱太大好感，冷戰開打後，全世界各地掀起革命運動，而英國的殖民黑歷史老是被蘇聯拿來說嘴，對美國更沒好處。因此，即使戰後英國一直追隨美國腳步、加入北約等美國擘劃的國際組織，但是當英國在一九五六年為蘇伊士運河主權之爭出兵攻佔當地，美國也毫不客氣地讓英國知道它的帝國時代已經結束。這次英國出兵，做了一連串錯誤判斷，更完全沒知會美方，自己想奪取運河並逼使埃及政府改變運河國有化的決定。此舉完全惹怒了艾森豪總統，因此他馬上出手讓英國撤軍。

既然第一志願沒望了，那就只能選第二志願了：還是繼續當美國至交，這步棋可不能少，因為這能發揮影響力，但下半段的帝國夢沒了，不能再想著維持大英帝國。沒想到這招也行不通，至少一開始行不通。一九六二年，甘迺迪總統特別顧問迪恩．艾奇遜（Dean Acheson）說了一段話廣為人知：「英國失去了帝國卻找不到自己的角色」。這話可說中了英國痛處。

於是英國只好選擇第三志願，而這個志願是艾奇遜在說完以上那句話後才接著說：「英國想要扮演獨行俠，自外於歐洲，依靠與美國的『特殊關係』、繼續在沒有政治結構、或是統一性或實權的情形下當它的『大英國協』（Commonwealth）之主，這樣的日子已經過去了。」艾奇遜認為，英國該認清事實，開始和歐洲大陸相互依存了。

因此，英國展開了新身分——一個什麼都摻一腳的身分，一方面它加入美國陣營，另一方面它也加入歐盟，就這樣維持這個身分長達四十多年。即使在轉而參與日後的歐盟後，英國也還是堅持維持武力，在北約中除了美國之外，它要在其他國家之上。而且重要的是，一旦美國吆喝動武，英國必定第一個響應。（只有越戰例外，因為當時英國輿論反對，再加上執政工黨內部也反對。）另外，英國也在情報資源和外交上大量且頻繁地支援美國。長期以來，反對英國此舉的人，總是不屑地嘲弄美英這種「特殊關係」；但這層關係是真的，不論是初始或現在。當然這不表示英美兩方的務實主義者存在任何美好的幻想。任何頭腦清楚的人都知道：一、目前誰是老大；二、說什麼美國和英國的關係，就像古羅馬和古希臘的傳承，這種鬼話美國可不買單。但雙方確實因為語言、歷史和政治文化相同，而不同於美國與其他歐陸國家的關係，這的確很特殊。但英國與歐洲的關係也很特殊，只是特殊的地方不一樣而已。

對於英國加入歐洲經濟共同體（European Economic Community, EEC），不只英國自己心存疑慮、法國也同樣抱著不信任的心態。一九六〇年代法國曾兩度否決英國入會，當時法國主政的是戴高樂將軍（General Charles de Gaulle）。戴高樂想讓法國主導歐洲經濟共同體，英國加入有可能壞了他的大事。他同時也認為盎格魯—撒克遜人處事態度和「歐洲經濟共同體」格格不入。一九六三年法國首度否決英國入會時，戴高樂表示：「實際上英國是個島國，她靠海吃海，也依靠與最多樣也最遙遠國家的互動、海外市場和供應鏈，這才是她的連結；她主要從事工業和商業活動，只有少量農業活動。不管她做什麼，都有她自己一套明顯不同的習慣和傳統。」

戴高樂深信英國即使進入歐洲經濟共同體，也會依循其數百年來的政策，繼續在共同體中用合縱連橫的方式結盟制衡主導國家，而剛好法國就會是那個主導國。他不希望在歐洲經濟共同體中出現一個既有影響力、又對經濟事務有不同意見的國家。英國經濟由私人金融主導，國家退居幕後；法國則反其道而行。戴高樂還擔心英國會成為美國在歐洲經濟共同體的特洛伊木馬，充當美國的耳目。他的疑慮沒有一樣是錯的。

好不容易等到一九七三年，戴高樂終於下台，英國也才有機會獲准入會。算是吧。因為英國從來不像其成員國那樣支持歐洲經濟共同體的決議。這部分和其古老的歷史有關，部分則肇因於近期發生的事。儘管二戰讓英國同樣吃盡了苦頭，但它畢竟不像其歐陸國家經歷過那些恐怖的遭遇，更何況它也不像那些歐陸國家有「國界」這種地理環境。歐洲經濟共同體的幾大創始國深信這樣的組織是永遠終結歐洲數百年爭戰之途，但英國加入卻是基於經濟上「怕慢人一步」的心態，尤其是眼看著歐陸市場日漸成長生怕錯失良機。但英國在接下來的四十三年間，卻一直抗拒融入歐洲大陸，不願接受該組織的許多法律規範，並寧可與一些小國結盟，以求制衡日後以法德為主力推動的歐盟。之後每當歐盟想深化與英國的政治關係時，英國卻只想著要藉歐盟擴大其經濟觸角，巴不得讓更多國家加入歐盟，以稀釋幾個大國在其中的影響力。英國和這些小國並不是異數，其他歐盟國家也對日益緊密的聯盟心存疑慮，只願意支持歐洲單一市場（Single Market）所帶來的繁榮，卻還想同時保有各國在財務和政治上主權。

對英國而言，最後這種作法在過去數十年間對它很有用，一方面讓英國恢復經濟穩定，另一方面也讓它與華府靠近。而美國也同樣歡迎，因為這樣英國就能扮演地緣政治環結，將美國主導的北約和歐盟緊扣在一起。不過到了二十一世紀時，有些因素已不同以往，而使得英國的輿論也跟著風向轉變。

歐元匯率的啟用，是歐洲邁向單一政治體路上的又一里程碑。但英國卻選擇和瑞典和丹麥一樣，不採用歐元。而要不要與歐盟合組軍隊的爭論更讓倫敦政界鬧得很不愉快，雖然相關爭辯很少外溢成為公眾議題。比起貨幣或建軍來，對二〇一六年英國脫歐公投影響更大的則是經濟問題。

二〇〇八年的金融海嘯讓全球化和國際性組織的必要性遭到質疑。對大多數的國家而言，加入歐盟的條件——僅次於維持和平——就是以主權換取繁榮。但在許多英國人眼中，沒讓他們嚐到繁榮滋味，休談什麼放棄主權。就因這點造成英國國內民意極為不滿和分裂，而脫歐公投的結果持續撕裂英國社會，讓正反雙方吵得不可開交，沒有共識。

當然英國脫歐的原因遠比上述要複雜的多，但二〇〇八金融海嘯的後續效應的確不無關係。另外，對歐盟必要性的存疑，以及英國長期以來與歐陸若即若離的關係，都是個中原因。

英國脫歐後，有許多新戰略不斷推陳出新，但這些戰略本身也不斷變化，因為隨著二戰後所形成的世界秩序逐漸失色，其他國家自己都不知如何自處，正在摸索新方向。

二〇一六年脫歐後，英國下意識的本能反應是靠向美國。畢竟以美國政治實力和經濟實力而言，英國這樣做很合理；但這樣的盤算是二十世紀的思維，所以英國另有打算。若在冷戰時期，那麼和俄羅斯談大型貿易協定不僅不為時勢所容，經濟上也不實惠。但二十一世紀的中國可非昔日蘇聯，中國可是與歐盟並列當世三大進口實體。因此，英國就需要另一種混合戰略，一方面守住與華府關係，但又不能讓北京當局吃閉門羹，得留條路和它建立良好的政治和經濟關係。套句英國外交及國協事務部（Foreign Office）外交官們愛說的話，這一路上將是「挑戰不斷」，但說挑戰還是客氣的。

只要歐洲、中東和非洲局勢穩定，美國對這些地區依然不會放棄耕耘，但它想要轉向太平洋地區深耕卻也是事實，若想吸引華府注意並以優惠條件進入其消費市場，就得在上述四個地區都與美國站在同一邊。美國希望歐洲各國都能在國防以及鄰近地區穩定上出更多的力，好讓它可以專注於太平洋地區。要維持一支能在海外作戰的軍隊費用相當龐大，但這也是想和世界超級強國結盟所付出的代

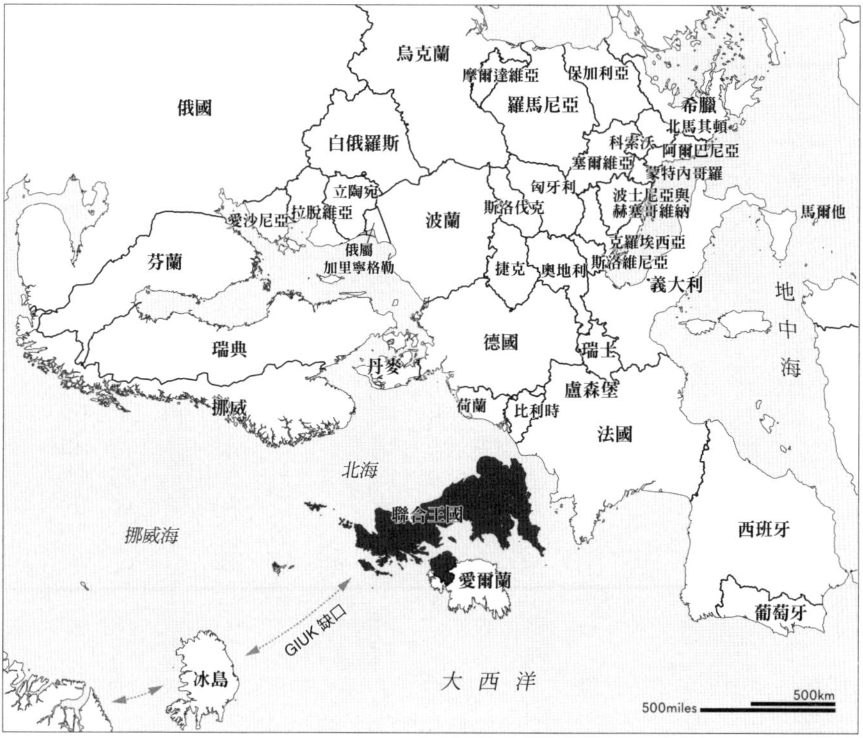

傳統地圖上的英國似乎遠離歐洲，但從另一角度看，英國在戰略上與周邊歐洲國家密切相關。

價。

英國應該會繼續努力、延緩倫敦當局與華府切斷關連的時程，甚或扭轉這個情勢。隨著美國的人口結構轉變，時間越久，就越少美國人和包括英國在內的歐陸有親緣關係。英美兩國那種可以攀親帶故的連結越來越少了，同時，美國心目中地緣政治的優先順位也在改變成為以太平洋地區優先。這種情形早在歐巴馬主政時期就露出苗頭。所以，英國若還想在美國心中有那麼一點重要性，那就得三不五時支持一下這個超級強國的長遠戰略，不論在經濟、外交或軍事上。

但就像當初在伊拉克戰爭的發展，事情並不總如人意。用西洋棋概念來解釋，國王仍然是美國，而皇后是美國的外交政策，可以走遍整個棋盤。英國可以當騎士、能自己做決定，但重大的決定則要交給國王和皇后參照美國的棋局戰略來做決定。一九五六年蘇伊士運河戰爭一事，足證華府隨時可以犧牲盟友。但這畢竟是少數極端特例，何況英國有一些與生俱來的優勢——其地理優勢和過去三百年來的政治積累都不容抹滅，讓它始終是重要一角。英國是美國、加拿大、澳洲、紐西蘭所結成的「五眼聯盟」情報共享組織的成員。其範圍和能力當今世上無人能出其右，該組織的成員無分軒輊可共享這些情報資訊以助決策。

英國有意將五眼聯盟納入其更全面經濟政策的一部分，讓其成為一種鬆散的貿易夥伴關係，互以優惠條件進行貿易。英國國內支持此議題的人視其為歐盟的替代品。但這個主張有一個瑕疵，那就是距離。五眼聯盟總人口數雖勝於歐盟，經濟也更有活力，但卻不如歐盟只距離英國南部海岸三十三公里。但這個想法的確有吸引這五個國家的亮眼之處，比如市場有保障、達成貿易的標準也較有效、且交易國家的貪腐程度較低。

脫歐後英國現在可以自由找任何國家和對方談個別貿易協定，而像日本等地的成功也證明了英國可以獨力談成這類協定。英國在二〇二一年底與歐盟達成協議，並以單一集團的身分與歐盟進行談判，同時也與墨西哥和加拿大等數十個國家談成協定。但遇到中國、美國和歐盟時，英國就處於弱勢。英國雖是歐洲第二大經濟體，但在這三個二十一世紀的經濟巨頭面前，它真的是小巫見大巫，未來在談貿易協定時，若不做大幅度的政治讓步，是很難獲得對方經濟優惠的。舉幾個假設性的狀況來看好了，比如說歐盟可以在未來的協議中附加但書，要求英國以協同地位加入歐盟軍隊，但同時美國卻會堅持英國不要加入。又比如中國，它是完全反對西藏獨立的，但如果英國首相不識相邀請達賴喇嘛到唐寧街喝下午茶，那麼中國就不和英國簽貿易協議了。英相大衛・卡麥隆（David Cameron）在二〇一二年就正好做了這件事，而隔年四月當他準備出訪北京時，才發現北京沒有一位高層有空見他。他只好取消出訪，之後唐寧街即宣布英國與達賴喇嘛的關係「洗心革面」，結果卡麥隆先生於十一月再訪北京時，就談成了中國對英國核電廠的投資案。

在政治方面，倫敦現在對歐盟內部的影響力沒從前大了；但這並不表示倫敦在歐盟內沒有和個別國家當朋友。其中之一是波蘭。波蘭似乎注定要成為東歐的「領導者」，在歐盟和北約的觀點它也與英國相近，比如它也認同歐盟的架構應該要將德國限制在一個成功的貿易壁壘之中，而不是視它為單一個體，同時波蘭也和英國一樣，認為北約應該確保俄國不會西進。英國還是歐盟成員國時，英波兩國經常對同一政策同樣投贊同票或反對票；它們共同的價值觀並沒有因為英國脫歐而改變。

除了波蘭以外，英國也還有其他盟友。歐盟不代表整個歐洲，歐洲也不是歐盟。在軍事和政治方面，英國不僅與波蘭同一鼻孔出氣，也和法國沆瀣一氣。

英國和法國擁有歐洲最強大軍事力量。兩國都對俄羅斯在很多方面的活動感到憂慮，兩國都擔心北非撒亥爾和撒哈拉地區的不穩定局勢，以及其所連動的人口大規模北移的影響。兩國簽有「共同安全暨防衛政策」（Common Security and Defence Policy），只要不會因此削弱北約，英國不排除對它寄予厚望。英法也有好多時候在非歐盟和北約架構外進行聯合軍事行動。它們共同參與了利比亞的軍事行動，目前也還活躍於敘利亞，最近，英國還出兵支援在撒亥爾地區作戰的六千名法軍。

另外還有德法英三國組成的E3集團，這個已經頗具規模的外交組織讓這三國得以達成共同目標，其中最成功的就是伊朗核協議。另外英國與北歐諸國——包括挪威、丹麥、芬蘭、冰島和瑞典，也在大範圍的議題上有值得合作的共同利益。這六國中只有三個是歐盟成員，這顯示英國或許能建立跳脫歐盟的跨國陣營。如果那些同時是歐盟及北歐成員的國家在面對俄國可預見的侵略行為時，不肯採取強硬態度，那麼波羅的海三小國、波蘭、羅馬尼亞以及影響程度較小的北歐國家肯定都會歡迎英國的支持。在過去十年間，柏林和巴黎當局都提出「後大西洋主義」（post-Atlanticist），這樣的思維讓許多鄰國感到緊張。法國總統馬克宏（Emmanuel Macron）稱北約「腦死」之語無助維護對二戰同盟國之間的信心，反倒引發了辯論，討論歐洲是否必須與美國脫鉤、並籌組一支歐洲自己的有力軍隊。但問題在於，大多數的歐洲國家既不願花自己的錢投入國防，做起決定也都牛步，馬克宏此等言論只會加深柏林以東歐盟和北約國家的憂慮。

英國在一海之隔外小心地看著歐洲情勢演變、並評估自己能有哪些選擇。歐盟解體對英國無益。一個強大的歐盟有助於維持歐陸市場繁榮以及歐陸穩定，英國商品才有處銷售。對那些新近才脫離獨裁統治不久的國家，若讓他們的自由和法治原則解體，那麼可能會讓他們又走回到從前獨裁的路上。就在不久前，希臘、葡萄牙、西班牙、波蘭、匈牙利、克羅埃西亞、德國部分地區和其他許多歐洲國家都還在獨裁者治下。所以要是歐盟失敗，英國倒可以籌組新機構來制衡到時候取代歐盟出現的勢力。但如果歐盟成功了，英國便可與之合作，只是關係保持忽遠忽近。歐洲打造的伽利略（Galileo）衛星導航系統，是為了與美國全球衛星定位系統GPS分庭抗禮；然而英國於二〇一八年申請使用安全層級[iv]，卻遭到布魯塞爾（Brussels）投票反對而無法使用。這迫使倫敦不得不另尋出路以求達成衛星領域上的「戰略自主」，但這目標尚待完成。

隨著世界各國適應後冷戰多元世界的情勢，英國所面臨的機會和挑戰也會隨之改變，到時候我們就知道英國是否已然成功揮別帝國時代，讓自己站穩腳跟善用這些變化了。

在經濟、政治和軍事方面，英國仍然在第二線國家中居領先地位。同時它也列席聯合國五大常任理事國，也是北約、七國集團（G7）和大英國協的資深成員國。倫敦位居全球金融重鎮，光是倫敦，就能排名世界第二十大經濟體，比阿根廷全國還強。而倫敦所在的英國則持續在軟實力上居於領導地位，其令人驚豔的文化輸出更持續吸引全球注意。

iv 譯註：伽利略衛星定位系統分成四個不同服務層級，英國申請的是第三高階的PRS層級（只有獲得授權政府機構才能使用）。

這個優勢部分得自英語本身。全球有超過五億人以英語為第一語言，十億人以英語為第二語言。而且英語仍然是商業和國際法律合約的主要語言。英國的高等教育體系持續吸引全球最聰明、最優秀（也是最富有）的學生。英國擁有三所全球排名前十的大學——牛津、劍橋和倫敦帝國學院（Imperial College London）。這為英國帶來財富，也有助其未來軟實力，因為這些留學生畢業後回國紛紛投入各國的政治高層。

英國廣播公司的影響力雖不如往昔，廣播電視傳媒界不再由英國當道，但世界各地仍然在收聽和收看它製作的節目。英國許多原本紙本媒體集團，如《經濟學人》（*Economist*）、《衛報》（*Guardian*）和《每日郵報》（*Daily Mail*）等現在都對全球發行，後兩者在美國更擁有廣大讀者。

運動賽事依然是英國賺取外匯的重要來源，特別是英格蘭超級足球聯賽（English Premier League）以及音樂產業，而即使新冠疫情期間，英國國內旅遊業也依然興盛。觀光客仍然絡繹不絕，有些人是因為受英國王室吸引，其他人則受到電視戲劇中的「王室」吸引前來；北愛爾蘭旅遊局在二〇一九年的報告中指出，該年有三百五十萬名遊客前往北愛爾蘭的蒙恩山脈（Mourne Mountains）、凱恩堡（Cairncastle）等《權力遊戲》（*Game of Thrones*）電視影集拍攝地點朝聖。

英國軟實力的水準一部分源自其強大的經濟實力，而維持如此水準則可使英國維持其作為二線政治和軍事強國的地位。至於是什麼樣的二線強國，則要靠它自己決定。

當前英國面臨著許多挑戰。其政治上分歧之巨大讓人民一時難以適應，而其對自己的外交和軍事角色定位也不明確，有待探索。在所有它可能扮演的角色中，捍衛國土算是較明確的，但以下我們會再提及，若牽涉蘇格蘭獨立的議題，連帶這部分也會變得不那麼明朗。一七二〇年代，《聯合法令》促成蘇格蘭和英格蘭統一為全島帶來可見優勢。但到了二〇二〇年代，英國迎來了新時代，只是其地理條件並沒有改變。

當前英國並沒有直接的軍事威脅。俄羅斯儘管並不友好，但它的軍隊並無法大批橫越北歐平原，直抵歐洲西岸。德法是盟國，而且近期應該都還會是如此。而歷史也讓我們看到，特定情況下英法也是有可能會結為歐洲最強軍事同盟。

即使威脅來襲，以英國當前的地理條件來看，暫時還是對其有利，這從英格蘭和蘇格蘭合併三百年來都未曾改變。有辦法對英國發動侵略的國家屈指可數：中國以外俄國勉強算在內。至於其他國家，若沒有航母艦隊的話，就得在鄰近英國的地方擁有基地，才能掌握制空權；如此一來，它就得先入侵鄰近國家，或者花一段時間慢慢佔領這些國家。但英國就能趁那期間升級防禦系統，這些鄰國變成敵國同時必然也會如此。而不論入侵國家的條件為何，若想讓部隊登陸英土，就得先通過兩百架英國戰鬥機和皇家海軍這一關。

英國海軍規模雖不如前，但還是一支讓敵軍望之卻步的無敵艦隊，它擁有兩艘全新航母和六艘驅逐艦，都是世上最先進的艦種。要攻入英國，也同樣得過它們這一關。而英國的潛艦艦隊中則有四艘配備核子飛彈的「先鋒」級（Vanguard-class）潛艦。兩艘核潛艦一定會保持至少一艘在服役，而且不露聲色。若遇敵軍兩棲攻擊，英軍一向佔有先天優勢，即使敵軍上得了岸，也得拿下全島才能算數——在過去，不論羅馬人、維京人、諾曼人都未能成功。

這樣的國防條件雖然不容人懈怠，卻沒有到令人坐立難安。英國的國安單位，要擔心的是造成大規模傷亡的恐怖主義、核武和網路威脅，以及蘇格蘭的躁動不安。

蘇格蘭獨立會發生什麼事？蘇格蘭一定會把屬於它的戰鬥機、直升機、坦克和軍艦帶走的，到時候怎麼辦？還不只這麼簡單。蘇格蘭若堅持要英國皇家海軍核潛艦撤離蘇格蘭西岸法斯蘭（Faslane）軍事基地，並關閉附近柯爾港（Coulport）儲存和維修基地呢？法斯蘭是完美的潛艦基地：擁有深水區並能快速通往北海，從那裡可以南下英吉利海峽，北上到GIUK缺口（指格陵蘭、冰島、英國）、這裡正是過去冷戰時期因應蘇聯海軍攻擊設下的「埋伏殺陣」。不過還不只是法斯蘭基地而已。隨之而來的還有更多問題：北約成員國還保得住嗎？北方空軍基地怎麼辦？五眼聯盟呢？一連串問題會接踵而至。

蘇格蘭和英格蘭在分家後要分軍備的話，坦克、艦艇怎麼分還算簡單，只要依雙方人口、經濟和國防需求就可決定。但法斯蘭基地的問題可大多了。不是說讓皇家海軍增兵、開到別處就可以的。沒有法斯蘭，潛艇以後要停到哪？如此一來，英國所具備「始終在海上」的核武恫嚇力就蕩然無存。要重建該基地得花上好多年時間和數十億英鎊。為了此事英國國防部有擬定預防之計，但沒有到確實可執行程度。在二〇一三年對國會的聽證會上，海軍少將馬丁・阿拉巴斯特（Martin Alabaster）指出：「沒有法斯蘭和柯爾港，要在英國其他地方重建必要的戰略嚇阻設施會非常困難。事實上，幾乎可以用「無法想像」來形容。」而若是失去蘇格蘭的洛西茅斯（Lossiemouth）和盧查斯（Leuchars）空軍基地也會讓英國皇家空軍頭痛。因為俄國在測試英國空域防禦能力時，經常攔截的地點就在蘇格蘭北部的空域。而若要與蘇格蘭商談臨時基地使用權，英格蘭就得做出巨幅讓步，屆時一定會引起邊境兩邊民眾的不滿。

蘇格蘭申請加入北約需要數年的時間，過程中愛丁堡政府的核武態度將使問題更加複雜。北約希望蘇格蘭同意讓核動力、甚至配備核武艦艇可以使用蘇格蘭各處港口。至於五眼聯盟，該組織基本上是要求無私的分享情報，但蘇格蘭剛起步的情報搜集能力能分享的並不多，所以不太可能受邀加入。當然，蘇格蘭獨立後會有自己的軍事部隊，也可能和英國有一定程度的合作；但即使兩邊切割得再乾淨，日後這座島上很難再擁有作為單一國家的戰略和地緣政治優勢。

簡單來說，蘇格蘭獨立後的聯合王國（國名和國旗也會更動）將失去百分之八的人口、三成二的陸地面積和超過一萬八千公里的海岸線（根據蘇格蘭政府的數字）。國安將面臨威脅：其軍力會下降，隨著早期預警系統從蘇格蘭回撤，預警的時間也會縮短，蘇格蘭距離俄國戰鬥機從挪威海（Norwegian Sea）來襲的威脅更近。英國以潛艇組成的核武拒阻力在失去蘇格蘭諸港新港待建之際，可以暫停美國，但這樣後勤運送問題肯定不是其首長所樂見。至於聯合王國為什麼需要這樣的拒止軍力，支持者認為俄國、北韓和伊朗都具有威脅。伊朗裝載核彈頭的飛彈雖不太可能對準倫敦，但國家戰略不能心存僥倖。世界局勢瞬息萬變，想當初在一九三二年時，威瑪共和國時期德國國力凋敝，其軍力還受《凡爾賽條約》約束。但在短短九年後，納粹德國卻能兵臨莫斯科城下。

蘇格蘭獨立還不是聯合王國分裂的終站。原本就慢慢蓄積能量的愛爾蘭因而獲得鼓舞，加速北愛爾蘭和愛爾蘭共和國統一。愛爾蘭共和國是一九二二年在一場暴力運動後獨立的，這其實正是日後垂死的大英帝國一連串漫長獨立運動中最早開槍的代表。

這些聯合王國前殖民地和區域的獨立運動其實都直接連動到後來的英國脫歐。二〇一四年蘇格蘭獨立公投中，有五成五的人贊成留在聯合王國，但那是因為當時聯合王國還在歐盟。後續的英國脫歐公投中，蘇格蘭和北愛爾蘭贊成留在歐盟的票數遠比英格蘭高。而他們若想留在歐盟，有個辦法是脫離聯合王國。

在這裡不是要表達贊成或反對蘇格蘭獨立，也不是從經濟角度去支持或反對它，這都不是我們在意的點；但必須承認，一旦蘇格蘭獨立出去，對英國國際地位的傷害會遠勝於脫歐。蘇格蘭獨立，俄羅斯肯定會拍手叫好，因為如此一來歐洲兩大軍事強國之一就自斷手腳。其他國家或許不見得樂見其成，但巴黎和柏林兩國政府不會不看在眼裡，它們會想：長久以來每當籌組歐陸團結力量時，那個老是從中作梗的國家，已經經濟實力大減這件事。

目前這些都只是臆測，但卻是英國要面對的抉擇。這並不容易，而且這次英國再度重返拓展新世界航道的過程，一定不會一帆風順、風平浪靜。

一九〇二年，英國最知名的地緣政治分析家赫佛・麥肯德爵士（Halford Mackinder）寫道：「英國地理形勢，描述起來很簡單：由群島組成，孤懸海上，離歐陸一洋之隔，兩邊的海岸都凹凸錯落。但影響卻很深遠。」

有些人不喜歡麥肯德這種說法，因為他是帝國主義者，看重地理在戰略方面的重要性。但他也是支持民主和以國際聯盟（League of Nations）緩解強國之間緊張情勢的人，而且他對納粹崛起感到極為不安，只是納粹高層許多人受他影響，儘管非他所願。麥肯德的想法雖遭人誤用，但以上節錄那段話並沒問題。英國作為歐陸外海的島嶼此一條件如昔；兩側海岸也同樣凹凸錯落，有利深水港進行遠洋貿易也都正確。正確看待麥金德作品書寫的方法需接受地理現實，而不以此為侵略的藉口。

美國獨立戰爭爆發兩百五十年後，英國人又來了，也一樣能去的地方都去了。帝國崩解、脫歐之後的英國，會儘量以友好和平等之姿前來。但實質上當然不可能總是友好或平等。

第五章　希臘

「讓光明照亮一切！自由女神說，一如朝陽升起於海上，雅典於是崛起！」i

——珀西・比希・雪萊，引自〈海倫〉

夏天來到地中海東部地區，或者愛琴海上？感覺就很美好，但近年來，這個地區的局勢變得有些過於紛亂，讓人難以好好度假。這個地區好不容易平靜了數十年，近年又再次成為一觸即發、地緣政治兵家交鋒的最前線。該區發現海底天然氣田讓希臘和土耳其之間的新仇舊恨重新被喚醒，還把其他許多國家也扯了進來。早在天然氣田發現之前，這片水域是兩國爭端不斷的根源，發現天然氣田後讓雙方更有的吵了。

在許多研究地緣政治的學生心目中，希臘有著獨特的地位。希臘正是地緣政治研究的發源地。在

i 譯注：海倫（Hellas）是希臘古名，古希臘人自稱海倫人（Hellene），因為他們是Hellen（赫倫神）的子孫。這首詩劇是雪萊加入希臘獨立戰爭時在希臘的Pisa寫下的，是為希臘獨立戰爭募款而作，也是雪萊生前最後一首出版的詩作。完成隔年他就意外遇到海上風暴過世，享年三十歲。

黑　海
博斯普魯斯海峽
伊斯坦堡
馬爾馬拉海
土耳其
安 納 托 利 亞 高 原
伊茲密爾
薩摩斯島
卡林諾斯島
科斯島
多德卡尼斯群島
羅德島
海
喀帕蘇斯島
30°
40°

史高比耶
保加
北馬其頓
洛多皮山
地拉那
斯特魯馬河
阿爾巴尼亞
阿克西奧斯河
馬其頓
色薩洛尼卡港
薩
薩莫色
哈爾基季基半島
利姆諾斯島
愛琴海
科孚島
色薩利
平多斯山脈
愛奧尼亞群島
派克索斯島
希臘
萊夫卡扎島
伊薩卡島
尤比亞島
愛奧
尼亞海
凱法利尼亞島
雅典
凱阿島
札金索斯島
伯羅奔尼薩斯半島
基克拉澤斯
帕羅斯
米洛斯島
基西拉島
克
100miles
100km
克里
地

西方經典中的修昔底德（Thucydides，約西元前四六〇年至前四〇〇年）是西方地緣政治學之父，他的《伯羅奔尼薩斯戰爭史》（*History of the Peloponnesian War*）過去數千年來給了國際關係學者許多的靈感。在討論當今局勢時，大家還是會提及他的著作〔「修昔底德陷阱」（Thucydides Trap）這個詞，一開始就描述雅典勢力的增長造成斯巴達（Sparta）不安的心態，如今被引用到中國崛起及其所造成美國的不安〕。

修昔底德當年的這條鐵律至今依然有效：希臘內陸北方的山脈讓它往該方向貿易受阻，但也形成希臘抵禦北方陸地威脅的天然屏障。但若想獲得安全感且繁榮，希臘必須成為愛琴海（Aegean）上的航海大國。兩個地理因素——山與水，是瞭解希臘過去、現在和未來的關鍵。

現代的雅典是希臘的首都，希臘擁有六千多座島嶼。不論希臘在哪裡，離海邊的距離都不超過一百公里。希臘位於巴爾幹半島（Balkans）的東南端，北鄰阿爾巴尼亞（Albania）、馬其頓（Macedonia）和保加利亞（Bulgaria），東北則有土耳其。這條北邊國界總長一千一百八十公里，不過希臘主要的國界是在海上。

希臘三面環海，分別為愛琴海、地中海和愛奧尼亞海（Ionian Seas）所環繞。愛琴海座落於希臘和土耳其之間，經馬爾馬拉海（Marmara）可進入博斯普魯斯海峽（Bosphorus Strait），由此進入俄國雄霸的海域——黑海（Black Sea）。愛琴海因此對希臘的安全至關重要，但同時也對土耳其、北約、美國和俄國一樣重要。愛琴海上最大的島嶼，是屬於希臘領土的克里特島（Crete），另外還有包含羅德島（Rhodes）在內的多德卡尼斯群島（Dodecanese），這些島嶼離土耳其海岸很近。正因如此，愛琴海也被稱稱為「希臘湖」。根據國際海事法，每個國家由海岸線往外推，享有兩百海浬的專屬經濟區（Exclusive Economic Zone, EEZ，如果這兩百海浬內有其他國家，則雙方共有）。因此，克里特島、羅德島和萊斯博斯島（Lesbos）等島周邊的海域屬於希臘一事，意味著愛琴海大部分的地區屬於希臘領土，但土耳其可不接受這樣的說法。

希臘其他大島則多座落於西北方的愛奧尼亞海上，鄰近義大利和阿爾巴尼亞。這包括了科孚島（Corfu）和派克索斯島（Paxos）。克里特島的東南方落在地中海東方，鄰近土耳其、敘利亞、黎巴嫩、以色列、埃及和利比亞。這個海域中還有賽普勒斯島（Cyprus），希臘與該島有特殊關係，但該島部分被土耳其佔領。

在古代，這些海域通往古希臘人已知的世界各地，將其中各文明連繫在一起，並且透過貿易讓新思想、財富以及紛爭紛紛找上門。如今，這片海域的存在則代表希臘必須同時留神中東和北非，以及歐洲三地。打從古希臘時代以來，地理位置既限制著希臘，也讓它淪為大國博弈的對象。地處歐洲東南角的希臘，隔著愛琴海和它對峙的是比它大的鄰國和宿敵，希臘因此置身歐盟、俄國、北約、中東的動盪局勢，以及持續移民危機的交叉口。

傳說中，希臘起源於上帝用篩子向世界篩選分發土壤，祂的篩子應該很大一把。當上帝篩完後，祂發現手邊還剩很多岩石和石子，就順手拿來建造了希臘。不論從任何角度來靠近希臘本土，都能看到上帝的匠心獨運：除了一些沿海平原外，希臘境內大多數的山脈從海中升起。希臘共和國有五分之四的領土，是顛簸山頂的山脈以及特別深的山坳。希臘內陸中心是平多斯（Pindos）山脈，由阿爾巴尼亞和北馬其頓邊境一路向南。這座山脈從東到西最寬處有八十公里，有些地區無法橫越。其多石的山頂非常的陡峭，頂多只容人放牧山羊為生，想進行大規模耕種是絕對不可能的。該山脈東側鄰海岸線，在希臘鄰馬其頓和色薩利（Thessaly）地區，則遍布狹窄而肥沃的平原，足以進行密集農耕。也難怪這塊能給大批人口提供足夠糧食的大地，也正好是亞歷山大大帝帝國的誕生地。但除此之外，希臘大部分的國土要不是山勢綿延，就是密林成蔭，要不然就是土壤貧瘠。

古希臘眾城邦成形時，各自都被後方的山丘所包圍，因此都沒有擴展疆域的可能，更難發展農業以因應人口成長。當時各城邦中心彼此也聯繫不易，阻礙半島內的貿易、溝通和人口成長，也讓中央統一控制變得困難。多少也是因為這樣，造成現代希臘雖然在政治上看似一個統一的民族國家，但各地區事實上都有著明顯的差異。

正是天然環境對於大規模農耕的限制，讓今日希臘農業產值僅佔國民生產毛額的百分之四，而單靠希臘狹窄的平原地區是再怎樣也難以增產的，正因如此希臘糧食進口量遠勝於出口量。即使到現代，要在希臘各地區建公路和鐵路都有其難度。同時，希臘內陸也欠缺良好的河道可以進入巴爾幹半島和前往歐盟其他國家。例如艾克西歐斯河（Axios River）從北馬其頓流入希臘，最後注入愛琴海，但全程最深不過四米。這種條件不利航運。同樣的情形還有從保加利亞向南流入希臘境內的史特魯瑪河（Struma River）。

但也是因為這樣，讓不論古今試圖入侵的無數外敵發現，入侵希臘是一件無比艱難的差事。這算是另類的戰略縱深。所謂的「戰略縱深」，在傳統上指的是敵軍入侵後，來到被入侵國產業重鎮等重要核心地帶的距離。戰略縱深距離越遠，該國的防禦越有勝算。俄國是最佳範例：入侵俄國的部隊不僅要長途跋涉來到俄國重要核心地帶，而且俄國腹地很深，因此防禦部隊可以後撤到離核心地帶大後方很遠的地方。

希臘可不像俄國幅員如此遼闊，但它的替代作法是，防禦部隊可以退回高地繼續戰鬥。當然那還要外侮可以打到其要塞再說。為了不走到這一步，希臘可不只有北方天險可靠，它還有三面環海的大洋。

正是巴爾幹半島不利交通的地形迫使希臘人成為熟練的海上民族。不論在過去或現在，陸路和內陸貿易都不容易，於是商賈改走水路，沿著海岸線作生意，其貿易路線必須獲得防衛，如此一來就得組建海軍，所以至今希臘海軍依然驍勇。

雅典城邦便是在這樣的地理條件下誕生的。在希臘所有的城邦中，雅典是許多人眼中古希臘的代名詞，是當時西方世界最先進文明的所在地。雅典環繞著現在衛城（Acropolis）所在的高地發展而成。選擇在此處建城正是因為這是可以環顧四周直通到六點五公里外愛琴海平原的制高點，易守難攻。事實上，「衛城」一詞指的是「高處的城市」。約西元前四千年，人類開始來此定居，之後包括宮殿在內的主要建築就在西元前一千五百年左右，於衛城上和四周林立，有紀錄顯示，該地大約在西元前一千兩百年出現了防禦城牆。

居高臨下、擁有海路以及一心成為海上強國的堅定意志，讓雅典城邦比斯巴達等同類城邦更具優勢。到了西元前六世紀時，雅典已成為地區強國，但卻還不夠強大到無法抵禦遠道而來、實力雄厚大敵的攻勢——這個大國就是波斯。

西元前四百八十年，波斯人從距雅典一百三十五公里遠的地方發動大軍、遠征而來。數萬波斯軍人推進了幾百公尺後來到一條狹窄的海岸小徑，以為通往內陸征服希臘只有這條路可走。接著發生的溫泉關戰役（Battle of Thermopylae）是古代歐洲最知名的戰役，還被後人依史書改編成好萊塢賣座片《三百壯士》（300，二〇〇六年）。

斯巴達城邦所領導的希臘士兵聯軍，在列奧尼達國王（king Leonidas）率領下來到隘口，企圖阻擋波斯軍隊前進。希臘軍隊寡不敵眾，卻能給予波斯大軍迎頭痛擊、使其傷亡慘重，卻不幸被波斯大軍找到牧羊人用的小路，藉此繞到希臘人防線後方。列奧尼達下令撤退，但他的最後三百名士兵上演了壯烈的最後一搏。實際上，最後剩下的希臘士兵應該有兩千多，其中有三百名是斯巴達人，只是「兩千多名」當電影標題畢竟沒那麼具吸引力。

結果是雅典被波斯攻佔，第二年波斯人就被擊退了。此役後雅典人才想到只要將城牆建成兩百公尺寬的走廊，一路延伸到六點五公里外的比雷埃斯（Piraeus）港，就可以讓雅典城堅不可摧。再加上一支強大的海軍，如此一來，即使雅典被外敵圍城，也能照樣得到補給。而關鍵就在海上實力，希臘人不敢忘記這慘痛的教訓。

從波斯戰爭結束（西元前四四九年），到伯羅奔尼薩斯戰爭開戰（西元前四三一年），雅典一直是希臘的頂尖強國，尤其是在知識發展上，其各家思想和思想家影響力一直持續了兩千五百多年。這是人類文明史上風雲薈萃的一段時期，教育、建築、科學、辯論、藝術和民主制度的實驗，都在這段承平繁盛時期進行。作家艾瑞克・韋納（Eric Weiner）在他《天才的地理學》（*The Geography of Genius*）一書中就指出，「其他希臘城邦有的比它更大〔敘拉古（Syracuse）〕、有的比它更富裕〔科林斯（Corinth）〕、有的更強大（斯巴達）。但是，從蘇格拉底到亞里斯多德，雅典卻孕育出比世界上任何地方都要多的偉大思想家。」

雅典人愛前往國外旅遊，向其他文化學習。哲學家柏拉圖就說得很直接，「希臘人借鑑外國人的東西，在希臘人手中臻於完美。」而古希臘人手中臻於完美的事物，則嘉惠後人許多，比如城市規劃之父希波達摩斯（Hippodamus）；亞里斯多德等偉大的哲學家；醫學上，希波克拉底（Hippocrates）；數學上，畢達哥拉斯（Pythagoras）；以及世上第一位女數學家赫帕蒂亞（Hypatia）。據估計有十五萬個英語單字源自希臘語，像民主（democracy）、雜技演員（acrobat）和諷刺（sarcasm）等，古希臘還留給我們hippopotomonstrosesquipedalian這個字。[ii]

雅典和斯巴達之間長達三十年的伯羅奔尼薩斯戰爭，讓蒼生受苦，但最終讓是雅典獲得了大片土地的控制權，包括隔著愛琴海相望、現屬土耳其的安那托利亞（Anatolia）西岸部分地區。這些地區在日後數百年間一直是摩擦和衝突的來源，至今依然。一百年後，雅典再次與鄰國開戰，這次是馬其頓的菲力普二世（Philip II），在他的領導下，馬其頓統一了希臘。在古希臘城邦眼中，馬其頓簡直是落後地區，但馬其頓有一樣希臘沒有的東西：其境內有足夠河流以灌溉農田，讓其人口不斷成長，無需

ii 譯註：這其實是三個字組成：河馬、驚人的、多音節的，直譯的意思是「河馬般驚人多音節的超長字」。

仰賴海上貿易。菲力普二世和繼位的兒子亞歷山大大帝在這個基礎上，建立了一個龐大的帝國。

但希臘內陸土地畢竟不夠養活龐大的人口，相對之下，在愛奧尼亞海對岸，有個國家正在崛起，其境內有阿諾河（River Arno）、台伯河（Tibor）和波河（Po）等流過，其廣闊肥沃的河谷提供水源生產大量糧食。那個國家就是羅馬，它步步進逼鄰近的希臘，先拿下在義大利長靴般半島對面的科孚島。該島守著進入希臘本土的西部通道，一旦該通道落到如此強敵手中，就成了入侵希臘的絕佳跳板。羅馬在西元前二九九年佔領該島，果然也就這樣順勢入侵了希臘。

古希臘就此覆滅。在羅馬治下，希臘諸城邦擁有相當高的自治權，雅典的典章制度大幅影響了羅馬人的想法，而希臘併入羅馬帝國則讓希臘語得以傳遍整個地中海地區，讓希臘文化得以保存下來。至於希臘的實力——它的時代已經過去了，眼看著其他大國爭相躍上史冊留名青史，希臘卻成了落後的地方。美國幽默作家大衛・塞達里斯（David Sedaris）打趣說，希臘人「發明了民主制度、建好了衛城，然後就休息了」。這麼說有點不留情，畢竟在其後兩千年間，不論是羅馬、拜占庭、鄂圖曼、英國和俄羅斯等帝國，都想盡辦法不讓希臘掌握自己的命運，不讓它重回大國地緣政治角力的舞台。這些帝國都想控制愛琴海和東地中海，只有希臘一蹶不振才能滿足他們的心願。

西元前四世紀，羅馬帝國分裂，東羅馬帝國以說希臘語的拜占庭為中心（日後更名為君士坦丁堡（Constantinople），即現在的伊斯坦堡（Istanbul））。該城和該地區的文化是希臘式的，數百年來一向如此。一千年來，它一直是拜占庭帝國的首都，希臘則在其轄下；雖然實際上帝國只控制了希臘的沿海平原、大城市和多數島嶼，至於山區往往是在部落掌控之下。隨後的歲月裡，發生了一連串不幸的事件，讓希臘部分地區落入法蘭克族（Frank）、塞爾維亞人（Serb）和威尼斯人（Venetian）手中，但直到一四五三年前為止，拜占庭帝國一直是其主要統治者。

一四五三年，君士坦丁堡為鄂圖曼土耳其人所攻陷。在這個新興強大勢力的崛起期間，希臘雖已淪為邊緣，卻仍能守住君士坦丁堡。但君士坦丁堡一陷落，從此與信奉基督教的歐洲不再交流，只是多數城內居民依然信奉基督宗教。之後長達兩百年裡，鄂圖曼土耳其人統治了附近的島嶼、歐亞大陸附近的海域和周遭陸地，讓希臘持續被邊緣化下去；而歐亞大陸內地多山，因此部分地區始終沒受到土耳其人的控制。土耳其人眼中最重要的是控制愛琴海。之後土耳其人在征服巴爾幹半島諸國後，遠征到維也納。但在一六八三年，他們在維也納遭逢重大挫敗，從此開啟鄂圖曼帝國漫長的頹勢，也為希臘獨立之路清除了路障。

在接下來的一百年間，逐漸擴張的奧匈帝國和俄羅斯帝國削弱了鄂圖曼帝國在巴爾幹半島的掌控權，並在十九世紀的希臘引發多起叛亂。這開啟了在這塊古希臘諸城邦的土地上，建立一個現代希臘國家認同的漫漫長路。一八三二年，列強承認了希臘主權，雖然一開始的狀態並不理想：希臘本身未能參與主權協議的討論中；而且在新的希臘國內，真正能講希臘語的人口也不到三分之一。因此，希臘在之後的一百一十五年間費了偌大力氣推動「偉大理想」（Megali Idea），以期統一國內所有的人民，並打出「歲月飛逝，再一次，它們將再次為我們所有」這樣的口號。其中一些較激進的希臘建國擁護者，則將此視為重建拜占庭帝國的大業，他們將黑海、君士坦丁堡和中安那托利亞——也就是從前鄂圖曼帝國中部的領土（以及日後的土耳其）——都涵蓋進來。

但歐洲列強可不許，他們說：「做你的千秋大夢」，並要求希臘只能是幅員有限的君主國家。列強扶植十七歲的巴伐利亞貴族——威特斯巴赫的奧圖（Otto of Wittelsbach）出任國王，就連軍隊也清一色是巴伐利亞軍隊。但這計畫並不順利。不過奧圖一世的希臘國王寶座還是一路坐到一八六二年才遭到罷黜。而為了解決王位爭端，列強又推舉同樣只有十七歲的外國人，丹麥王子威廉（Prince William of Denmark）成為希臘國王喬治一世（King George I of the Hellenes）。希臘人原想要擁立英國人為王，藉此能挾歐洲列強之勢幫助希臘拓展王國，但沒想到維多利亞女王不放兒子奧佛列（Alfred）遠行，還好她送了喬治一世一個大禮，作為希臘人失望之餘的補償。她將原是英國保護領土的愛奧尼亞群島（Ionian Islands）給了希臘，該群島中就包含了科孚島，這是兩千兩百年前羅馬人用來征服古希臘的跳板。

喬治一世任內運用自己與俄羅斯和英國王室的關係，為希臘贏得了更多領土，包括吞併色薩利大部分地區，算是成果斐然的一項政策。一八九六年，在中斷一千六百年後，奧運會重返雅典，此舉被視為希臘恢復主權的象徵。比賽過程中一名雅典牧人史匹里登．路易斯（Spyridon Louis）贏得馬拉松項目冠軍，更是為此事錦上添花，在路易斯最後衝刺時，喬治一世國王還起立為他鼓掌。

但即使在希臘從鄂圖曼帝國獨立後，還是遭到其他大國的覬覦。一八四一年，英國駐希臘公使艾德蒙．里昂爵士（Sir Edmund Lyons）曾說：「要說這是希臘真正的獨立，也太可笑。希臘要麼是英國人的，要麼是俄國人的。既然她不能是俄國人的，那當然是英國人的。」在十九世紀的大國角力局勢下，各國主要目標是阻止俄國人染指地中海水域。在一八七〇年間，英俄兩大帝國為了阿富汗問題爭執不休，導致雙方關係惡化，英方擔心莫斯科當局會將阿富汗作為通往其帝國勢力最大肥肉——即印度的後門。英國人也不想讓俄羅斯封鎖地中海通往蘇伊士運河的門戶，危及其前往印度的棧道。從當時一直到二十世紀的過程中，英國人都視自己為希臘的「監國攝政人」。但背地裡真正的原因卻不在保護希臘，而是在保護英國自己的帝國。

到了十九世紀末，被冠上「歐洲病夫」（Sick Man of Europe）別稱的鄂圖曼帝國差不多已經奄奄一息了。奧國國內不斷發生民族主義衝突，過去不斷併吞他國領土如今都遭到反噬，這樣的國界爭議在巴爾幹半島諸國埋下了禍根，至今依然危害該區。對於西歐各國多數人而言，第一次世界大戰只是從一九一四年打到一九一八年；但對希臘人而言，他們國土上的戰爭是一口氣從一九一二年打到一九二二年。

一九一二年，第一次巴爾幹戰爭（First Balkan War）爆發，蒙特內哥羅（Montenegro）與鄂圖曼土耳其開戰，並鼓勵希臘人、塞爾維亞人和保加利亞人加入戰事、一同反奧。在二十世紀的首個十年，希臘人組建一支訓練有素的軍隊，在不到幾個週就進軍色薩洛尼卡港〔Thessalonika，又稱薩隆尼卡（Salonika）〕，更在短短不到幾個小時內擊敗保加利亞人、攻佔該城。數日後喬治國王率領閱兵隊伍走過該市，而該市也在隔年被列強承認為希臘所有，因此成為希臘第二大城。但此時喬治已逝，被人近距離朝背部開槍身亡。倫敦的《泰晤士報》（*Times*）標題是：「希臘國王遇刺，他在薩隆尼卡死於瘋人手中」。這名凶手亞歷山卓斯．史濟納（Alexandros Schinas）隨後被捕，六週後據稱失心瘋，從警局窗戶墜樓身亡。

第二次巴爾幹戰爭始於一九一三年。第一次巴爾幹戰爭時是所有的人都反對土耳其；第二次戰爭則變成所有的人反對保加利亞，而保加利亞還對色薩洛尼卡被希臘人先馳得點耿耿於懷。保加利亞軍隊攻擊希臘和塞爾維亞兩軍陣地，但很快遭到擊退。羅馬尼亞人隨後加入戰局，土耳其人也緊隨其後，當羅馬尼亞軍隊逼近索菲亞（Sofia），保加利亞人意識到他們犯下大錯、轉而求和，也因此被這四個對手割去了領土。

希臘在這兩場戰役中損失九千五百人，卻換得國土面積擴大七成，人口增加兩百萬、達到四百八十萬總人口數。希臘的「偉大理想」成真就在眼前。然而，第一次世界大戰的到來，卻讓希臘陷入兩難，要作壁上觀並厚積實力，或是要賭一把參戰，戰勝的話就能分點好處。

一九一四年開始，希臘在前三年都是作壁上觀，卻因為國內對是否參戰意見分歧，而造成政局緊張。最後在第四年時，希臘加入協約國，並派全軍前往馬其頓前線，與英、法和塞爾維亞等軍並肩作戰，協助他們突破保加利亞防線。此舉為它在巴黎和會（Paris Peace Conference）上贏得了一席之地，它則利用會議作為外交跳板以獲取更多土地，包括海港城市士麥那（Smyrna），亦即現今土耳其的伊茲密爾（Izmir）。一九一九年，希臘軍隊拔赴士麥那，該地區已作為希臘投入協約國的獎勵而割讓給雅典。那時的士麥那沿海和內陸地區有大量講希臘語的人口。隨著協約國部隊佔領君士坦丁堡，希臘的民族主義者將士麥那視為佔領鄂圖曼帝國首都及復興拜占庭帝國的踏腳石。

但是，相對於希臘的民族主義者，土耳其的民族主義者卻視希臘軍隊的到來為土耳其獨立戰爭的第一槍，到了一九二二年夏天，希臘人已經推進到土耳其內陸，土軍在穆斯塔法．凱末爾〔Mustafa

Kemal，又稱「阿塔圖克」（Atatürk）」率領下將希臘軍隊打得節節敗退、來到岸邊。一等凱末爾軍隊進入被大火吞噬的士麥那，雙方就已分出了勝負，這場大火導致數萬人喪生，整座城市化為灰燼，而希臘人重建拜占庭帝國的夢想也隨之灰飛煙滅。

這時住在土耳其境內的希臘人無須坐等政治人物決定自己的未來。因為土國在境內大規模屠殺平民和毀村滅莊的慘劇，不用等到《洛桑條約》（*Treaty of Lausanne*, 1923）簽訂，早幾個月就至少有一百萬希臘人逃離了土耳其，《洛桑條約》原是土、希兩國在會議上約定，表示雙方既然對彼此境內少數民族的安全沒有信心，因此同意強制交換人口。這表示有一百五十萬希臘東正教徒必須被迫離鄉背井從土耳其遷往希臘，另有四十萬穆斯林則同樣要拋棄故土前往異鄉土耳其。二十世紀前二十年的這幾樁悲劇是歷史共業，卻為希臘和土耳其今日的對立埋下伏筆。

對希臘而言，這些人口的湧入產生了深遠的政治影響。色薩洛尼卡是巴爾幹半島上最大的猶太城市，但隨著難民的到來，就業競爭加劇，引發了反猶情緒，導致對猶太復國運動，以及猶太人移居巴勒斯坦英國託管地（Palestinian Mandate）的關注度提高。許多新移民被安置在生活條件惡劣的所謂「新希臘」地區，這是前十年才被併入希臘的地區。後來，許多人又開始支持共產黨，最終導致了軍事政變和獨裁政權的興起。

一九二〇和三〇年代希臘的持續遭遇分裂、動盪不安，軍事統治、甚至還向法西斯主義招手。希臘在獨裁者伊奧尼斯・麥塔克薩斯將軍（General Ioannis Metaxas）領導下，投入二次大戰。他原希望希臘能保持中立，但在義大利兩度入侵希臘失敗後，希臘向德國投降，並先後被德國、義大利和保加利亞部隊的殘酷佔領。多虧希臘地理上的優勢，佔領部隊從未能完全掌控內陸地區，因此給了令人聞風喪膽的希臘反抗軍好機會，得以利用山勢進行持久性的遊擊戰。但由於糧食被徵用，讓成千上萬的人挨餓，佔領軍又為了懲罰希臘反抗軍的攻擊，因此處決了七萬人，並毀滅數百座村莊。過程中前後約有六萬名希臘猶太人被殺害、許多人後來死在奧斯威辛（Auschwitz）；而色薩洛尼卡地區的猶太人戰後只剩百分之九倖存。

一九四四年十月，德軍從希臘撤退，英軍在一片喧嘩慶賀聲中開抵雅典。但喜悅和欣慰只持續了幾週。十二月間，雅典街頭再聞槍響，揭開了希臘內戰的序幕。希臘內戰的根源至少可以追溯到二十世紀初，以及希臘國內保皇派與反君主制派的分歧。這兩派儘管在戰時偶爾會合作，但其中兩個主要的反抗組織，信奉共產主義的民族解放陣線（EAM-ELAS）和右翼的共和派（EDES）可都不樂意在德軍撤離後，見到對方取得希臘政權。

一九四六年希臘大選，保皇派贏得多數票，但棄權的共產黨人拒絕接受選舉結果。於是一場全面的內戰爆發了，要不是國際和希臘情勢正好走到一起，尤其是西方各國政府開始擔心蘇聯勢力要伸向巴爾幹北部地區，共產黨可能就贏了。

一九四七年，英國接受了自己無力捍衛希臘的事實，便將這份工作交到美國人手中。美國開始援助希臘軍隊，讓獲得強化的希臘軍隊得以肅清山區的共軍據點。這樣一來，前幾個世紀的舊戲碼再次上演，由外部勢力主導希臘國內情勢，其目的與十九世紀相同，主要是阻擋俄國人（現為蘇聯）在地中海區域的擴張。

南斯拉夫與蘇聯決裂後，貝爾格勒停止對希臘境內反叛份子的支持，並於一九四九年禁止希臘共軍進入南斯拉夫。同年十月，大部分的共黨叛軍撤往阿爾巴尼亞，希臘內戰於是告終。據估計，超過五萬名戰士死於這場內戰，還有五十萬人流離失所，而這竟然發生在總人口數還不到八百萬的希臘。

就這樣，一個滿目瘡痍的希臘在一九五〇和六〇年代出現在世人面前；其民意分裂，軍方不僅視自己為國家的捍衛者，還是政治文化的守護者。內戰的後果以及隨後而來經濟上的發展不足，讓希臘遠遠落後歐洲其他國家，但軍方卻無視人民和西歐的接觸越來越頻繁的事實，一再致力於推翻該國的民主體制。一九六七年五月希臘大選原本預期由意圖遏制軍方影響的中間偏左政黨獲勝，但隨著投票日的逼近，軍方派系開始對此感到擔憂。到了四月二十一日清晨，雅典居民被駛過街道的隆隆坦克聲和不時響起的槍聲驚醒。隨後大多數的人才知道發生了什麼。收音機裡的軍樂響起，當廣播最終宣布：「希臘武裝部隊接掌國家治理工作」時，大家並不感到意外。唯一意外的是，這場政變幕後的推手竟是幾位低階軍官。

這些低階軍官逮捕了希臘國內重要政治家和軍方總司令，並按著政變前早已擬好的萬人黑名單一一加以逮捕，更將其中許多人嚴刑拷打。但這時的希臘儘管已成獨裁國家，卻仍然是北約成員國，這是早在一九五二年就加入的，這證明了希臘的戰略位置在外國勢力眼中仍然相當重要。

希臘於一九七四年重新實施民主，並於一九八一年加入了歐洲經濟共同體（後來的歐盟）。加入歐洲經濟共同體有助希臘經濟，儘管缺乏良好的陸路貿易路線仍是問題，但情況正在好轉。直到二十一世紀，地理和政治再度讓希臘身陷造成歐盟頭痛的兩大災難風口上。

在二十一世紀頭十年間，穩定的經濟增長和成功舉辦奧林匹克運動會，粉飾了希臘經濟結構上的問題，但二〇〇八至〇九年間的國際金融海嘯暴露出希臘過去數任政府的龐大赤字，這個經濟體的公部門吃掉四成國家生產總值，卻一再使用煙霧和美化手法加以包裝掩蓋。甚至當初為了加入歐盟，雅典當局還竄改了國家會計數字，另一方面歐盟成員也睜隻眼閉隻眼無視希臘龐大財政缺口。

國家整體經濟崩盤，伴隨而來的是暴動、罷工和數十年來未曾見過的大型社會問題。國際貨幣基金組織（IMF）只好介入提供貸款，並堅持要求希臘政府採取嚴格的緊縮措施。昔日希臘擔心被外部勢力控制的恐懼很快再次浮現，隨著極右派和極左派政黨獲得大量支持，該國持中間立場的人口大量減少。

希臘與歐盟的關係也因此變得緊張，原因來自於希臘位處歐盟東南角的地理位置。希臘認為歐盟和其成員國在移民潮和難民潮問題上未能給予協助，於是相當不滿。這些難民透過巴爾幹半島途經希臘，希望能前往較富裕國家討生活。因此希臘與有相同處境的義大利都覺得，自己等於被歐洲當成免費的邊境警察。兩國都擔心，如果歐盟夥伴再不減輕他們的負擔，往後國內會充斥髒亂的難民營。

這些難民都是冒險在海上漂流，只求跨越土耳其和希臘群島間相當短的愛琴海，兩邊距離近到有些希臘島嶼從土耳其海岸就可以遠眺。當中薩摩斯島（Samos）距安那托利亞海岸僅一點五公里。二〇一五年，許多迫切想前往歐盟國家的難民全都聚集到這裡，超過十萬名移民和難民飄洋來到全長只有四十四公里、十三公里寬的薩摩斯島。當年一共有八十五萬多人抵達希臘。這當中有數百人命喪愛琴海，死者中包含了三歲大的亞倫．寇帝（Alan Kurdi），他曝屍沙灘的照片震驚全球，成為這場災難

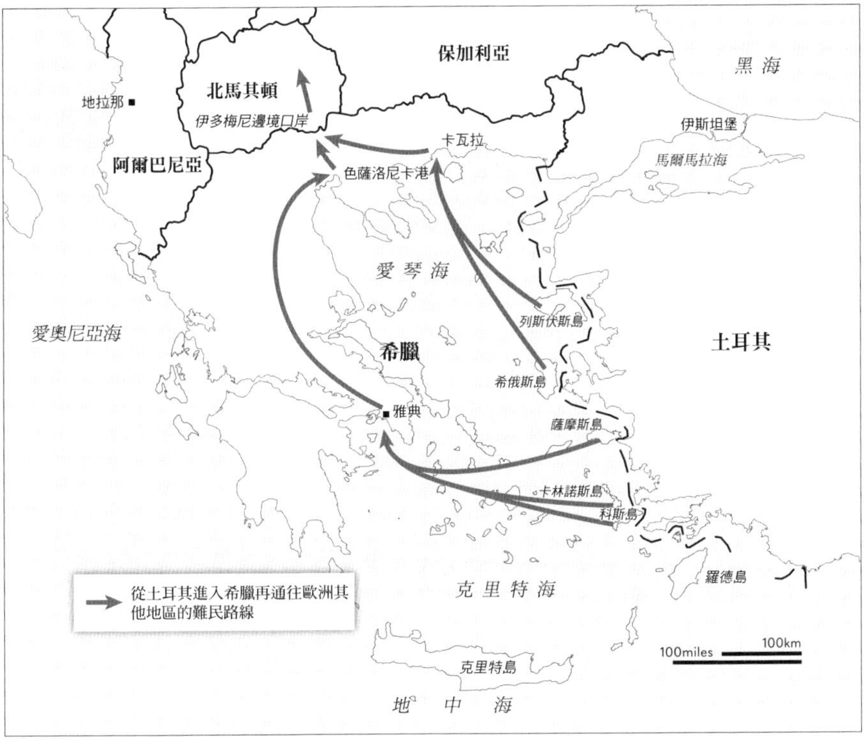

希臘地處移民與難民潮進入歐洲的要津，多數難民來自土耳其。

犧牲者的代言人。

希臘政府在面對經濟崩盤的同時，還要應付日益嚴重的難民問題。但是這些希臘小島根本無力處理大量湧入的人口，希臘政府更沒有多餘能力面對經濟外的其他危機，外界也無人伸出援手。二〇一六年，歐盟用幾近賄賂的方式拜託土耳其政府更加努力防止難民出海，並鼓勵該國接納已經抵達希臘的難民，這才讓情況稍有緩解。但這是花了數十億歐元投入難民援助資金，並允許土耳其公民得以免攜護照在歐盟成員國間旅行換來的。渡海的難民人數因而大幅減少，但還是有數萬難民滯留希臘諸島髒亂不堪的難民營中，同時幾乎每天也還是有少量新難民陸陸續續抵達。很難找到方法解決這個災難。歐洲北方各國對難民的接納態度愈趨強硬，讓大多數的歐盟國家不太可能心甘情願地接納更多新難民，但是造成更多難民逃往歐洲的因素如戰爭、貧窮和氣候變遷，卻要花上好幾年才能解決（還不見得能夠解決）。與此同時，希臘某些島嶼的部分地區看來注定要成為名符其實的集中營。

這個問題一直是希臘和土耳其之間關係緊張的根源。希臘認為是土耳其刻意開放邊境，依著安卡拉當局高興開放的時間和地點，讓移民和難民穿過邊境，想藉此造成希臘政局不穩。安卡拉當局否認有此情事，但卻有證據顯示，土耳其地方官員很有效地護送移民離開市區、前往邊境，導致難民試圖穿越國境時出現暴力場面。儘管尚無證據顯示土耳其政府制定了相關政策，但無疑，土耳其政府有辦法控制難民去向，這也為其與歐盟國家的談判提供有力的籌碼。而雅典政府對此的處置是在陸地和海上邊界增派部隊。

希臘和土耳其之間的諸多紛爭，讓兩國自古以來的互相仇視更加惡化。在一些土耳其人的心目中，兩國早在三千多年前的特洛伊圍城戰就結下了樑子，當時希臘人依靠木馬計謀僥倖取勝。這場戰役是否真有其事，或特洛伊人是否真是現代土耳其人的祖先，這些問題尚待歷史考證。然而，在當前的土希兩國關係中，歷史的真偽遠不如雙方自古以來的敵對態度來得重要。但是說到一〇七一年東土耳其發生的曼齊刻爾特戰役（Battle of Manzikert），那就有較確實的歷史證據了，雖然，這場一般認為是拜占庭帝國希臘人和塞爾柱（Seljuk）突厥人之間的戰爭，事實上牽涉了更多不同民族加入戰局。此役中希臘落敗，最終導致拜占庭帝國失去君士坦丁堡。按照希臘人的說法，希臘從此為突厥人壓迫長達四百年之久。至於最近的仇恨是希臘獨立戰爭和一九一九至二二年間的希臘土耳其戰爭，兩國人民對這兩場戰爭記憶猶新。

土耳其的民族主義者艾爾段總統挾著這股民氣自重，其言論更助長土耳其境內的排外情緒和對希臘的焦慮。土耳其國家電視台很喜歡播放「土耳其國家盟誓」（Turkey's National Pact）中所勾勒的土耳其地圖，這份一九二〇年的地圖展示出當年落敗的鄂圖曼帝國被迫割讓、但新成立的土耳其共和國將來要討回的領土。其中許多領土現在都屬於希臘，包括在愛琴海上的島嶼和一些陸地地區。有一張官方照片是艾爾段總統參觀坐落於伊斯坦堡的國防大學（National Defence University）時拍下的，照片中他後方有張地圖，上頭把近半愛琴海中的島嶼都劃入土耳其領土。

從希臘的角度來看，其國防重心在於本土和對愛琴海的控制權。若不控制海上的話，供給本土的管道可能被切斷，如此一來希臘便容易被入侵。希臘地緣政治作家伊歐尼斯・米開雷托斯（Ioannis Michaletos）就對我形容愛琴海群島為「永不沉沒的航空母艦」，讓希臘得以將軍力投射到安那托利亞的內陸地區，並延伸到東地中海國家的海岸線，在當地島嶼上佈署飛機、飛彈和行動部隊。要不是這些島嶼，希臘僅僅依靠巴爾幹半島的崎嶇地形，難以防衛東方且容易遭到兩棲登陸行動和海上圍堵的威脅；簡單說，注定是一場軍事災難。

艾爾段大部分的言論可能都是講給本國人聽的，用意在討好其基本盤的鐵票，但會說出「必須糾正歷史的錯誤發展」這等言詞，已經足以使雅典當局及軍方高層寢食難安，讓他們在年度國防預算審查時說服國會提高經費了。

自從二〇一〇年希臘債務危機以來，其國防開支讓該國原已噩夢連連的經濟、社會問題更是雪上加霜，這些經濟社會問題也迫使國防預算遭到裁減。一九八一年希臘國防預算是國內生產總值的百分之五點七，堪稱北約歐洲成員國中最高。二〇〇〇年時，其預算也有百分之三點六，但二〇一八年時，卻減少到百分之二點四。

希臘全國的一千零五十多萬人口中，大部分住在大陸和半島上；而其中更有三分之一人口，集中在雅典城大都會地區，但還有數十萬國民住在海島上，比如克里特島上有六十多萬人口，而羅德島和科孚島上則各有十萬多人。還有更多人居住在愛琴海上的各小島聚落，約有二十一座小島上居住著五千到五萬不等的居民，另有三十二座小島則住著七百五十到五千不等的居民。還有三十五座小島其島上人數都各自不到百人。這每座小島都是希臘國土，其疆土全都需要防衛。

光是要巡邏境內六千座島嶼就已經夠花錢了，這還需要一支龐大的海軍，但將希臘和土耳其之間的過節考慮進去，費用還會再飆升，因為希臘歷任政府一直視土國為威脅。這造就了希臘現代化的海軍和大型陸軍，外加擁有歐洲最精良戰鬥機飛行員的先進空軍。他們非這麼精良不可，因為他們經常要在愛琴海上空與土耳其飛行員互相挑釁。

希臘的國防戰略，在陸地上首重保衛主要的人口中心，並盡可能掌握阿克西奧斯河谷（Axios River Valley）一路到北馬其頓的地帶，以保護該區農業用地和通往歐洲的道路。二十一世紀後，在與土耳其的爭端之外，希臘又捲入了一系列其他爭端。由於希臘擔心與鄰國馬其頓共和國（Republic of Macedonia）同名的馬其頓省因名稱相同遭到吞併，所以拒絕承認在南斯拉夫分裂後獨立出來的該國，並對該國進行經濟制裁。這個紛爭一直到二〇一八年雙邊都同意「北馬其頓共和國」的國名變更才得以平息，但此舉卻又因為希臘國內民族主義者認為這樣是挪用該省省名，而在國內引發暴動；但這一連串事件讓北馬其頓得以加入北約。

希臘國防上另一個主要防禦目標是控制愛奧尼亞海上的科孚島，但這方面近期內無可見威脅，而且現代希臘不像古希臘，並不想朝西方發展軍力。因此該國將注意力都集中在愛琴海，尤其是羅德島和克里特島，以及更東方的地中海地區，主要是賽普勒斯。

賽普勒斯位居地緣戰略高速公路的要衝，也就是東地中海主要航道的正中央，最近又先後發現許多天然氣田，因此希臘始終視其為領土。

賽普勒斯在經過鄂圖曼帝國長達三百年的統治之後，先是在一八七八年由英國接管，之後在一九一四年遭到英國吞併。英國自然與之前佔領此島的所有的大國一樣，深明該島具有監視愛琴海和黎凡特（Levant）地區軍事和商業活動方面的戰略價值。冷戰期間，該島是重要雷達「監聽站」，不僅監視地中海，還監視遠在中亞的蘇聯核子試驗。英國在那裡仍保留一個空軍基地，並派駐數千士兵。

一九六〇年賽普勒斯宣布獨立，導致了島上多數希臘人和少數土耳其人之間的分裂衝突，最後聯合國更派維和部隊進駐，在兩派之間劃下「綠線」維持治安。接下來的發展則需置於冷戰背景下來理解，當時蘇聯仍不放棄在地中海擴展影響力並建立軍事港口的野心。一九七〇年代初，賽普勒斯總統馬卡里奧斯總主教（Archbishop Makarios）冒險下注，靠向莫斯科當局。一九七四年，在美國默許下，希臘軍政府取代了總主教，並試圖推動希臘和賽普勒斯的統一。

沒想到這反而招來土耳其入侵。雙方經過數週激烈戰鬥後，土軍繞著該島北方港口城市凱里尼亞（Kyrenia）四周建了一座橋頭堡，並將之與島上主要的土耳其人地區連接起來，藉此控制賽島百分之三十七的土地。賽普勒斯和土耳其不同，當時該島並非北約成員（現在也不是），因此西方諸國幾乎無法派兵干預。這場爭端導致希臘軍政府垮台，迎來當前的希臘民主時代。一九八三年，賽島北部地區自行宣布為「北賽普勒斯土耳其共和國」（Turkish Republic of Northern Cyprus）。承認該國的只有兩個國家：它自己和土耳其。聯合國則認為該地區是被土耳其佔領的賽普勒斯共和國所屬領土。

在東地中海地區發現潛在的巨大天然氣蘊藏，讓希臘和土耳其之間潛在的衝突禍根更為複雜。該區在埃及、以色列、賽普勒斯和希臘等國沿海都發現天然氣田。因此土耳其擔心自己的海域未能產出能源，於是就前往賽普勒斯和希臘領土四處勘探，更與利比亞簽署在該國境內鑽探天然氣的協定。黎巴嫩與以色列為了一座天然氣田的部分範圍爆發了海上爭端，而公眾石油公司（BP）、道達爾能源（Total）、國家碳化氫公司（Eni）以及埃克森美孚（Exxon Mobil）都來湊一腳，俄羅斯則因為自己原本作為歐洲主要原油供應國的地位岌岌可危，而在一旁緊張地關注局勢發展。

作為一個主權國家，賽普勒斯擁有在其海岸線周遭海域進行鑽探的權利，因此，當土耳其宣布將在北部發展大型海軍基地時，立刻讓尼科西亞（Nicosia）當局和雅典當局緊張起來。一波未平一波又起，這三國緊接著又為能源供應爆發新一波衝突危機。

二〇一九年夏天，土耳其鑽探船在軍艦護航下出現在尼科西亞北部海岸的外海。安卡拉政府稱當地屬於北賽普勒斯共和國主權海域，而且「就在土耳其大陸棚內」。賽普勒斯訴請歐盟仲裁，歐盟判定土耳其行動非法，可能會損及歐盟與安卡拉之間未來的關係。賽普勒斯、希臘和埃及三國原本就合作進行地中海能源勘探活動，於是發表了一份聯合聲明，指責土耳其違反國際法。

二〇二〇年六月，土耳其宣布要開始在羅德島和克里特島等島嶼外海進行鑽探作業。土耳其駐雅典大使因此被希臘外交部召見，並被告知一旦土耳其開始進行鑽探作業，將會被視為挑釁行為，希臘「將會有所回應」。而土耳其則在與利比亞於二〇一九年所簽訂、讓外界震驚的協議中找到立場。該協議妄稱從土耳其西南岸到利比亞北邊所有的地中海海域，是一塊「專屬經濟區」（Exclusive Economic Zone, EEZ），完全無視該經濟區和希臘的部分領海重疊。如此一來，原本計畫從以色列海域一路拉到賽普勒斯海域直達克里特島、再經此拉到希臘內陸、進入歐洲的天然氣網路輸油管道基本上就沒希望了。這項協議是土耳其和敘利亞政府談好的，這也是為什麼土耳其當初會揮軍介入利比亞內戰的原因：要是的黎波里政府垮台，協議也就失效了。土耳其不接受聯合國的說法，而是重申土耳其大陸棚的主權，讓他得以聲稱在地中海擁有主權海域。與此同時，俄羅斯則樂見土希雙方計畫失敗，大家才會繼續依賴俄國供應。

土耳其在地中海這些舉措，一方面是爭取資源，另一方面則是為了破壞希臘的穩定情勢。賭注輸贏沒這麼大的國際爭端都會引發戰爭了，何況土希之爭，而且未來十年肯定有數個引爆點，將在即使雙方都不樂見衝突的情況下失控。

在軍事上，土、希這兩個北約國家勢均力敵，儘管土耳其趁希臘金融危機接受紓困的期間升級了海軍，算準雅典沒有資金跟進。希臘海軍在潛艇方面有明顯優勢，但土耳其一直在反潛戰方面進行強化。土耳其同時還擁有更多可用兵源，這也是為什麼希臘仍然施行徵兵制的部分原因。

但希臘有一項優勢是土耳其所不具備的，那就是鄰國友邦。二〇一九年希臘協助埃及、巴勒斯坦地區、以色列、賽普勒斯、約旦和義大利等國成立總部在開羅的「東地中海天然氣論壇」（East Mediterranean Gas Forum）。該論壇雖以能源為主要焦點，但也包含國防安全的議題，並以此衍生出這參與國家的海軍合作、以及共同訓練演習計畫。這雖不意味一旦希臘和土耳其發生衝突，該論壇其他成員國就會參戰助陣，但很明顯可以看出來，它們會以其他方式協助的會是哪一國。埃及和土耳其過去早因利比亞等區域性問題交惡。

希臘和土耳其過去已經有多次情勢上升到劍拔弩張的地步，有時甚至發生在讓人意想不到的角落。二〇二〇年二月，當土耳其驅逐艦隊駛近賽普勒斯天然氣田時，法國派出了航母戴高樂號（Charles de Gaulle）去保護其北約盟邦希臘的海軍。法－土兩國關係早從一九七四年土耳其入侵賽普勒斯以來就不算融洽，當時法國總統季斯卡嚴詞譴責了土耳其，之後在法國公布施行第一屆「亞美尼亞種族滅絕國定紀念日」（National Day of Commemoration of the Armenian Genocide）後，兩國關係更是降到了冰點，因為土耳其不接受法國種族滅絕的指控。

二〇二〇年六月，法國指控土耳其海軍在利比亞外海與法國海軍發生衝突，土軍武器系統鎖定一艘法國驅逐艦。法國政府指土軍試圖再次非法運送武器給盟國利比亞，因為土、利兩國在前一年締結專屬經濟區協議。這種高度緊張的時刻，很容易擦槍走火；即使雙方駁火，也不見得就一定會爆發戰爭，但的確顯示出幾個北約成員國與外部行為者之間的緊張情勢。北約憲章中有一條是：「凡攻擊北約成員國視同攻擊北約全部成員國」，但憲章卻從未預料到，成員國之間會有互相攻擊的情形。

法國總統馬克宏藉此事件重申他認為北約已然「腦死」的主張。此話自然並非事實，而只是他企圖拔掉北約的維生設備，並重新打造另一個歐洲共同戰鬥武力。因為馬克宏正領軍建造一支歐盟軍隊，但除了德國意興闌珊之外，英國也已脫歐，再加上白宮由拜登總統領軍想推動泛大西洋聯盟，始得馬克宏的大計寸步難行。但由於土耳其現在勉強算是北約「半脫離」的成員國，讓馬克宏的主張更有依據。希臘歷任政府在過去十年間緊盯著土耳其這個頭號大敵一步步與北約漸行漸遠，到現在更幾乎要說他是北約成員國都成問題。希臘由此看出美國想在北約中找到一個比土耳其更可靠的夥伴，所以它也打算取代土耳其成為美國在愛琴海中主要的北約盟國。

數十年來，希臘的民意調查向來顯示，希臘人對美國態度冷淡，但近來這種情況卻出現轉變，希臘政府越來越有共識，認為希臘在外交和軍事上都應與美國亦步亦趨、形影不離。希臘原已建有一座美國海軍基地，就位於具有戰略價值的克里特島的蘇達灣（Souda Bay）。二〇二〇年起，希臘又重新與美國簽訂國防協定，允許美軍進入希臘軍事基地進行訓練及加油，更重要的是進行緊急應變軍事措施。該協議中還包含「無限制進入並使用」位於希臘北方的亞歷山卓波里斯港（Alexandroupolis），鄰近進入黑海的馬爾馬拉海入口處。

該港口的地理位置正符英國過去數百年、以及美國過去七十年來的戰略：讓俄國不致染指希臘。俄羅斯在克里米亞的塞巴斯托波爾（Sebastopol）軍事基地位處黑海沿岸，與博斯普魯斯海峽相連，能一路經過馬爾馬拉海、愛琴海，最後進入地中海。英國和美國都不希望俄國在此擁有一個軍事基地，得以從南方向巴爾幹半島施加影響，而這正是過去數百年來俄國的企圖。這是賽普勒斯長久以來的重大戰略意義，也是英國始終在此保有軍事基地的原因。莫斯科從沒放棄遊說賽普勒斯趕走外國駐軍的企圖，因為它深知這可以削弱北約和東地中海、乃至中東地區西岸和北岸軍事基地連結的能力。

目前希臘正朝將自己定位為美國在該地區不可或缺盟友的方向努力。美國則是兩面下注：一方面要確保美軍能無虞進出此區域，另一方面還要以此施壓土耳其，讓它重新成為北約的可靠夥伴，並承諾讓美軍持續租用其靠近敘利亞邊境的殷色爾利克（Incirlik）空軍基地。

儘管金融風暴給希臘帶來痛苦，但由於其地理位置和歷史，希臘的國防開支仍將持續高於其他經濟規模類似的國家。這正中華府下懷，因為美國國內許多聲音要求北約各國應支付更多國防經費，以減輕美國在北約軍事和財政上的負擔。萬一土耳其與西方的關係惡化到讓安卡拉當局決定離開北約，到時候希臘就會成為北約最南端成員國。俄國正在挑撥離間希臘和土耳其，有時和土耳其站在一起、又不忘對希臘領導人示好。普丁總統知道這不容易成功，但能在地中海擁有一座良好的海軍基地，以彌補敘利亞那座小基地的不足，對俄國的戰略企圖可以說是如虎添翼。

現在希臘不再屬於英國、俄國或美國——它是自己的希臘。但對外國勢力而言，希臘再次成為重要的戰略位置。一旦區域軍事危機再起，希臘能對企圖突破黑海、不懷好意的俄國海軍發揮輔助性的防禦作用；希臘就位於歐洲難民危機首當其衝的前線，未來也勢必成為東地中海天然氣輸送管路關鍵的轉運路線。

在不久的未來，這三個問題都可能會成為戰略思考的重點。現在看不出跡象顯示俄國有意與北約和解，希臘未來也勢必還要收容大量移民和難民，而希臘與土耳其之間長期的敵對狀態也不可能獲得改善，這表示採取軍事行動的可能性仍將存在。

在國內方面，古老的地理分界線依然存在，不同地區對雅典當局的猜疑依然不會消除，而部分內陸地區依然與雅典現代國家的狀態無法接軌。希臘人不論住在哪裡，都距離大海最遠不超過一百公里，所以是一個始終在精神、野心和商業上都向海看的民族。在戰略的層面，他們所關心的問題與當年他們仰望遠在奧林帕斯山上的宙斯、阿波羅和愛神阿芙蘿狄特一樣。諸神已不再，帝國來來去去，盟友時而不同，但塑造希臘人本性的事物往往是山脈與海洋。

第六章　土耳其

「我們像自己。」

——穆斯塔法．凱末爾．阿塔圖克（Mustafa Kemal Atatürk）

看到英文Turks（土耳其人）這個字，你可能自然會從字面上判斷，那一定是住在土耳其（Turkey）的人。畢竟「Türkiye」這個字的原意是「土耳其人的國土」（Land of the Turks）。不過，很抱歉，並不是這樣。最早的土耳其人其實來自遠在阿爾泰山（Altai Mountains）以東的蒙古。這麼大老遠遷徙到這裡，將之打造成自己的家園，再讓它成為土耳其人的國度，那可不是件容易的事。

首先，他們一路上要先穿越安那托利亞遼闊的高原，才能抵達土耳其最西端，如今是土耳其核心地帶、分別位於東、西海岸的馬爾馬拉海和低海拔地區。這兩地儘管沒有廣闊的平原，也沒有可供運輸貨物的平坦長河，但其肥沃的土地和充足的淡水，足以供養土國主要人口，而西南的海面則不如說是座湖，可供貿易之便。再加上該國主要都會區伊斯坦堡地處從海上易守難攻的戰略位置，更有利立國。馬爾馬拉海最西邊是達達尼爾海峽（Dardanelle Straits），可通往愛琴海，東邊則是博斯普魯斯海峽，其最窄處不足一公里。控制這兩個咽喉要道，提供土國極大防禦上的優勢。

俄國
海
喬治亞
薩姆松
特拉布宗
亞美尼亞
艾斯倫
亞拉拉特山
耳
其
原
凡湖
凡城
托
魯
斯
山
脈
迪亞巴克爾
阿塔圖克水壩
尚勒烏爾法
安泰普
敘利亞
底格里斯河
幼發拉底河
伊拉克
40°

羅馬尼亞
保加利亞
黑
博斯普魯斯海峽
馬里查河
伊斯坦堡
馬爾馬拉海
布爾薩
達達尼爾海峽
愛琴海
希臘
克魯古魯山
安卡拉
土
安納托利
伊茲密爾
科尼亞
托魯斯山
安塔利亞
賽普勒斯島
地中海
200miles
200km

以上種種的優勢，支撐一個小型民族國家的發展還算過得去。這個國家就姑且名之為「馬爾馬里亞國」（Marmaria）好了。問題是馬爾馬里亞國的國祚可能不會太長。因為這種頂級地理條件，總不免惹來外來勢力的覬覦，更何況東南西北四方貿易都要途經這裡，若可以增加該國關稅稅收的話，那更是炙手可熱的要津。當年古希臘人掌握這塊土地時，心裡大概是這麼盤算的，之後的古羅馬帝國、拜占庭帝國也不能免俗，隨後建立鄂圖曼帝國的土耳其人自然也是這麼想。

鄂圖曼帝國利用這片土地的優勢向外擴張勢力，控制了中東、非洲和東南歐的大部分地區，但後來國力漸衰、國土漸縮，接替鄂圖曼帝國土地的政權繼承的國土就小多了。但現代土耳其在考量自己於世界舞台地位時，又再次居於東西交叉路口。它掌握著難民流向歐洲門戶的鑰匙，而身為守門人則讓它獲得生殺大權。因此，土耳其越來越常捲入阿拉伯國家間的衝突，包括敘利亞、利比亞等國，因為它們的利益牴觸了該區其他國家。新鄂圖曼復國主義擴張控制和影響的野心再次向四面八方投射，結果是歐洲、中東和中亞都承受了重大影響。

土耳其東西寬一千六百公里，南北長為五百至八百公里。該國九成七領土落在亞洲，多數國土都在安那托利亞高原上；其現代國界與八個國家接壤：希臘、保加利亞、喬治亞、亞美尼亞、亞塞拜然、伊朗、伊拉克和敘利亞。這些鄰國是早期鄂圖曼土耳其人建立帝國時的鄰居。

大約從西元九世紀開始，遊牧的土耳其人部落從歐亞大陸的東部草原（Eastern Steppe，位於蒙古出發，越過阿爾泰山、穿過西部草原（Western Steppe，位於哈薩克），再直下穿過中亞、到達裏海，正好與當時的拜占庭帝國交會。當時土耳其人已經先在波斯附近地區接觸到伊斯蘭信仰，隨後也就從異教信仰轉信伊斯蘭。十一世紀時，他們來到了拜占庭帝國的東側，開始在安那托利亞地區掠奪。一〇三七年，土耳其人在亞美尼亞建立塞爾柱帝國，緊鄰拜占庭領土。賽爾柱蘇丹垂涎喬治亞地區，這塊草原對拜占庭皇帝羅曼努斯四世・戴奧堅尼斯（Romanus IV Diogenes）來說原本是鞭長莫及的地區，但即使再遠也不能不管了。

一〇七一年間，拜占庭軍隊在曼齊刻爾特的凡湖（Lake Van）附近與塞爾柱人交手，距離現在的土耳其—伊朗邊界約一百二十公里。拜軍被打得落花流水，讓安那托利亞打開門戶，迎來不同土耳其部落蜂擁而入，並各自拼拼湊湊建立許多大公國。不到十年，這群土耳其人就逼近君士坦丁堡，並將他們的新領土命名為「拉姆蘇丹國」（Sultanate of Rum）。拉姆一詞是土耳其人為羅馬的命名，所以用在這裡可能也算是古代消遣別人的方法。

當時，安那托利亞的居民大都講印歐語言，他們在亞歷山大大帝征服後，接受了希臘的風俗習慣，包括拜占庭帝國時期的基督宗教。這時的居民是包括亞美尼亞人、庫德人和希臘人在內的多種族混合所生。數百年來，許多人都為土耳其文化所同化，有些人改宗信了遜尼派伊斯蘭，也跟著講土耳其語，但同時間的土耳其人則開始被安那托利亞人的血緣同化。多數現代土耳其人在血緣上要更接近亞美尼亞人和希臘人，而和哈薩克人等中亞的突厥人離的較遠，但研究顯示，他們的基因組合中有百分之九至百分之十五屬於中亞血統。

西元一二〇〇年代後期，在安那托利亞西北部的許多大公國中，有一個是由名為奧斯曼・加齊（Osman Ghazi，意為勇士奧斯曼）的人所建立。他治下的大公國佔領了拜占庭帝國在黑海沿岸的領土，並向安那托利亞中部推進並擴大領土。為了紀念這位創辦人，該國人民日後即自稱為Osmanli（奧斯曼利），意為「奧斯曼的追隨者」，這個拼法在西歐就成了鄂圖曼（Ottomans）。在當時他們稱不上是土耳其人最大的國家，但他們用自己擴張的領土作為跳板，一步一步蠶食鯨吞拜占庭帝國和其他土耳其大公國的領土。

到一三二六年，鄂圖曼大公國拿下了君士坦丁堡以南約一百五十公里的布爾薩（Bursa），君士坦丁堡已在咫尺之遙。鄂圖曼大公國步步進逼君士坦丁堡，到了一四五三年，拜占庭帝國殘餘的標誌性建築被孤立了。該城巨大的城牆在當時已經雄立千年之久，但鄂圖曼大公國軍隊在短短五十三天裡，攻破其防線，最後終於在城牆開了一道缺口，大公國士兵蜂擁而入。

走到這一步，鄂圖曼大公國只有壯大自己，沒有別條退路了。他們一方面得確保當地沒有強大勢力，能夠從安那托利亞高原進犯馬爾馬拉海周圍的富饒土地；另一方面還要阻擋大國武力從中東來犯。

這塊得天獨厚的天險最脆弱之處，就在平地進入位於地峽的伊斯坦堡處。如果敵軍能集結足夠的陸軍兵力進攻該城，那整個核心區都在劫難逃。因此該城防禦的關鍵首重海軍，要能從海上封鎖東西兩側咽喉要道，並盡可能將敵方地面部隊擋在離核心都市越遠越好的地方。而要達成這個目的，那就要擴張這個核心都會區。

以上提到假設的「馬爾馬里亞國」首先要安內然後就要攘外，因此，開始土耳其人先斷後，確保攻入此地的來路再無外患。他們已經拿下安那托利亞大片地區，但這除了提供戰略縱深外，沒有帶來其他好處。這片高原地區乾燥、崎嶇、多山，農業發展空間有限。安那托利亞南部海岸線平緩，幾乎沒有良好的商港，而且沿海平原狹窄，難以耕作。因此，鄂圖曼人對往內地定居和發展興趣缺缺。但內陸還是存在幾個經常動盪不安的政治據點，不過只要以高壓手段統治即可。在鄂圖曼帝國的歷史上，安那托利亞的叛亂活動一直讓它很頭痛，而現代土耳其政府也繼承了這個問題，體現在庫德族的暴動頻仍上。

不過最重要的還是以安那托利亞為防禦核心。一旦該地區獲得控制，基本上就等於斷了敵人從後門大舉入侵的風險，敢於跨越這片高原前來叫陣的敵人也一下子少很多。此地區西北方緊鄰巴爾幹山脈，這為他們提供一道不畏外患的天險。如此一來，他們就可以固防君士坦丁堡作為國都。於是他們重建城牆，都會地區也重新聚居了成千上萬的穆斯林、基督徒和猶太人，然後開始放眼天下。

鄂圖曼土耳其人這時在歐洲已擁有領土，早在一三〇〇年代，他們就已經進入並掠奪巴爾幹半島。接著到了一四八〇年代，他們佔領現在烏克蘭所屬的黑海多座港口，再藉由提升海軍技能，退拒逐漸增強的俄羅斯於千里之外。接下來它可以專注西征了，在那裡鄂圖曼土耳其人遭遇到的地理契機和問題，一如該區的幾個現代國家。若從伊斯坦堡一路向正西方出發，就會進入馬里查河谷（Maritsa River Valley）。然後，繞過巴爾幹山脈右側，就會來到歐洲第二長河——多瑙河（Danube）。這段流域經過貝薩拉比亞缺口（Bessarabian Gap）和鐵門峽谷（Iron Gate）。

貝薩拉比亞缺口是喀爾巴阡山脈（Carpathian Mountains）末端與黑海中間的低地。喀爾巴阡山脈全長一千五百公里，呈一個鉤形，一路向北進入北波蘭，要繞過喀爾巴阡山脈，一般不是沿著波羅的海跨越北歐平原（North European Plain），就是走黑海邊的貝薩拉比亞缺口。因此，只要守住該缺口，就等於控制了喀爾巴阡山脈南方東西向的道路。

喀爾巴阡山脈的鉤形在鐵門峽谷向左轉進羅馬尼亞，並在保加利亞與巴爾幹山脈會合。多瑙河就流經這個咽喉點的狹窄山谷中，在一九六〇年代水壩興建之前，這裡曾有一段令人恐懼的急流，在短短數英里內，一口氣降了四個深谷。現在這段河道水勢平緩，但鐵門峽谷依然不改其作為軍事咽喉點的戰略價值，只要掌握了該點，可說退可守進可攻。而鄂圖曼土耳其人就選擇了後者。

維也納就位於鐵門峽谷上游，位置就在喀爾巴阡山脈和阿爾卑斯山脈之間的潘諾尼亞平原（Pannonian Plain）上。多瑙河南轉過程中流經此處，然後才抵達鐵門峽谷，最後注入黑海。鄂圖曼土耳其人知道在鐵門峽谷以南的鄂圖曼帝國安全無虞，但若還想進一步確保龐大且肥沃的潘諾尼亞平原不遭外侮侵犯，那就還要拿下維也納。

他們前後三度進攻維也納，到了第三次時，不只從鐵門峽谷北方進攻，而是從東南西北一起進攻。一五〇〇年代，鄂圖曼土耳其人控制了巴爾幹半島大部分地區，並揮軍西北來到維也納，控制了今天的匈牙利。在北部他們控制了黑海，在南部和東部則控制了現在的敘利亞、伊拉克、沙烏地阿拉伯、埃及和阿爾及利亞。這時的鄂圖曼帝國是一個多民族、多文化的帝國，容易變得極端殘暴，卻不見得會堅持其臣民改宗信奉遜尼派伊斯蘭教。不過帝國內部的基督徒和猶太人地位較低，這兩類人被視為「迪米」（Dhimmi），這個字一般翻譯為「受保護的」，但這也表示他們要上名為「吉茲亞」（jizya）的人頭稅，因此這字或許該翻成「保護費」。作為鄂圖曼帝國殖民地的阿拉伯穆斯林日子比較輕鬆，但帝國還是會讓所有被征服的民族清楚誰才是老大。這也是為什麼今日阿拉伯國家對土耳其想染指阿拉伯世界的事非常反感。例如，在沙烏地阿拉伯首都利雅德的蘇雷曼一世大道（Sultan Suleiman the Magnificent Street）[i]，這條主要幹道就在二〇二〇年土耳其捲入敘利亞和利比亞事端時被改了街名。

對鄂圖曼帝國的統治者來說，這個輝煌時期足以媲美羅馬帝國，但其實他們已達到巔峰時期的極限。之後在一六八三年，鄂圖曼帝國在維也納城門前被哈布斯堡帝國擊敗後，其國勢就以漫長而穩定的速度走向衰敗，最後在一九二三年全面瓦解。

眼見攻打維也納不力，鄂圖曼軍隊被迫撤往鐵門峽谷，最後再往南方撤退。這些地方都是其帝國最富裕的地方，而且比起遙遠的北非前哨，離其首都更近，帝國的過度擴張讓他們追悔莫及。而日益工業化的西歐民族國家崛起，讓鄂圖曼土耳其人在技術和軍事上難以與之抗衡。之後這些強國，尤其是英國和法國開始將鄂圖曼帝國勢力趕出中東。

一九一二至一九一三年間的巴爾幹戰爭，讓我們看到鄂圖曼帝國這個「歐洲病夫」被保加利亞一路打到連君士坦丁堡都差點不保的病入膏肓程度。之後它在第一次世界大戰中選錯邊，等於是親手簽下了自己的死亡追殺令。雖然加利波利戰役（Battle of Gallipoli）中英國人的戰敗，成為日後土耳其建國傳說的一部分，但仍然阻止不了鄂圖曼帝國的再嚐敗仗的滋味，以及帝國的瓦解。一九一八年，一戰停戰協定的條約迫使首都君士坦丁堡被英、義和法等國軍隊佔領，帝國解體，蘇丹體制廢除。新國

i 譯註：蘇雷曼一世是鄂圖曼帝國史上在位時間最長的君王。

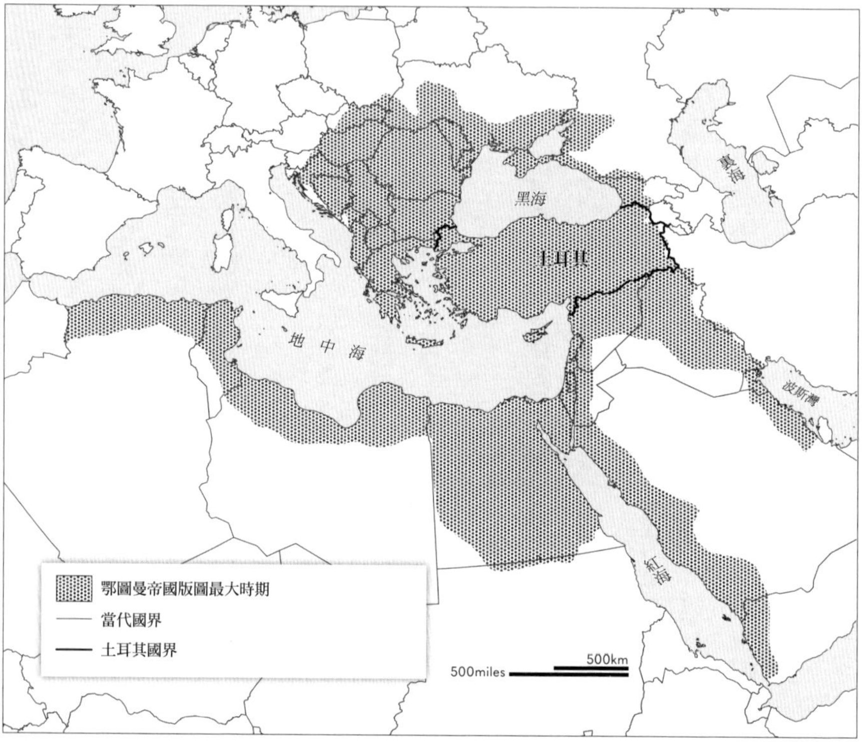

鄂圖曼帝國國勢最強時雄踞歐、亞、北非大部分地區。

界劃分後，部分講土耳其語的民族卻被劃進它國，尤其是希臘和賽普勒斯島，更有一百多萬名希臘人被劃進新成立的土耳其境內。

在希臘—土耳其戰爭（一九一九至一九二二）中，土軍在凱末爾．阿塔圖克將軍領導下取得決定性的勝利。隨後兩國進行人口交換，但兩國仍有少數希臘和土耳其人住在另一邊，因此在過去的百年間經常導致緊張局勢。不論過去或現在的土耳其人，都不接受該條約，因為條約把大部分土耳其沿海的島嶼都劃給希臘，也敘利亞境內的庫德族和阿拉伯領土劃分給敘利亞，讓部分土耳其人心生不滿。

凱末爾．阿塔圖克是一九二三年新成立的土耳其共和國（Republic of Turkey）首任總統。安卡拉被選為土國首都，而君士坦丁堡則正式更名為伊斯坦堡（據說此名源自希臘語中「拜訪城市」的發音「eis ten polin」——音譯就成了伊斯坦堡）。

阿塔圖克（意即「土耳其人之父」）執政十五年，在此期間澈底改造土國。他銳意革新，深知土耳其只有西化才有現代化機會，帶領土耳其走上現代化的道路。他所頒布的新法中，有些是看似著重表面，卻是經過深思後刻意的作為，用意在讓土國澈底與過去一刀兩斷，革除政教合一的舊習。包括規定男性配戴土耳其帽為違法、女性也被鼓勵除去面紗、同時也採行西曆，並將閱讀和書寫系統從原本的阿拉伯文改為拉丁字母。

阿塔圖克深諳語言即文化。他想要打造的新土國文化，不以多種族、多語言的鄂圖曼帝國為根基，而是建立在單一的土耳其民族性上。舊時代使用的鄂圖曼土耳其語原是知識階級的語言，混雜土耳其語、阿拉伯語和波斯語；新的土耳其語在過去是收入較低、多為文盲的階級所使用，但這種語言卻強化土國社會階級對立。新總統帶著土耳其全國共同彌平這個對立，他走遍全國上下，站上鄉間廣場和校園，隨身帶著一面黑板，一字一字在黑板上寫下新式拉丁字母。此舉用心良苦，讓他成為追隨者崇拜的對象，也讓平民不再只能仰賴宗教學者的頤指氣使，而能自行閱讀。

但土耳其這個「土耳其化」工程中，也包含了否認該國曾在一九一五年至一九二三年間對亞美尼亞地區基督教徒社區進行種族滅絕的事實。許多土耳其人對於自己竟然要採用亞美尼亞基督徒的文字和文化深惡痛絕，視他們為內奸。對亞美尼亞基督徒的種族滅絕主要發生在安那托利亞東部，其手法林林總總，包括屠殺數十萬的適戰年齡男子，並命數十萬婦女、兒童和長者以步行方式強迫遷徙到敘利亞沙漠這樣一個缺水、缺食物的地方。鄂圖曼帝國在第一次世界大戰期間這等慘絕人寰的暴行，完全被新成立的土耳其政府從歷史上抹去不提，只為了打造新的建國神話。多數歷史學家認為這個大屠殺事件絕對是精心策畫的產物，無異於種族滅絕。即使在今天，安卡拉當局承認此暴行的確發生過，卻堅決否認是種族滅絕，聲稱從未存在過消滅亞美尼亞人的計畫。隱瞞史實加上文化上的西化，都符合土耳其為了邁入現代世界、成為一個現代國家的目的。

但這裡頭卻有個當初建國者意想不到的問題。世局早已今非昔比。從前那個土耳其人所建立的帝國縮小了，只剩下「馬爾馬里亞國」和安那托利亞；而且儘管現代的土耳其依然是連接歐洲和中東的橋梁，但早在鄂圖曼帝國成為歐洲病夫的垂死末年，這座橋的價值已經大不如前。因為蘇伊士運河的開通，打開了新的貿易航線，再加上美國躍升為大眾消費社會，將許多歐洲商賈眼光吸引到那個市場。

一九二〇年代，土耳其還是相當農業化的社會，但阿塔圖克帶領土耳其走向工業化的道路，一九二九年至一九三八年間，土國工業產量增加八成。但一九二九年美國股市崩盤，連帶造成土耳其經濟危機，原因是農產品價格暴跌。昔日作為東西主要轉運站的地位下滑後，人民收入也下降，還必須撥款鎮壓東部庫德族叛亂，都讓土耳其在成為大國的路上困難重重。

當第二次世界大戰的戰火逼近，土國軍隊卻軍容衰敗，其武器多為一戰時遺留。戰爭爆發後，軸心國與同盟國雙方都想拉攏土耳其。特別是納粹佔領希臘後，土耳其開始動搖。與德國結盟或能協助它恢復失土，但安卡拉始終保持中立，直到一九四五年二月，隨著蘇聯逼近柏林，眼看德軍兵敗如山倒，土耳其立刻向德國和日本宣戰。此舉堪稱高明卻不免機關算計，但終究為土耳其在日後為重建戰後世界秩序舉行的幾場會議上拿到門票。儘管稱不上呼風喚雨，至少擠進貴賓席。

一九四六年，土耳其端詳戰後現況，對自己的處境相當無奈。首先，土國還是沒能回到當年貿易主要轉口站的地位，而左鄰右舍也稱不上富有。另一方面，數百年來一直與他們刀光劍影的俄羅斯人，竟然把部隊開進巴爾幹半島，坐實了蘇聯擴張之勢，甚至還援助庫德族叛亂份子、共同削弱土耳其，還有能力左右敘利亞和伊拉克國內情勢。所謂「光榮孤立」（Splendid isolation）卻不是土耳其所願，於是不到六年，土耳其就加入了北約。

但當時雙方不過是互相利用，並非真心。冷戰方酣，北約也亟欲拉攏土耳其入會，這樣就能保證後者不會兩邊下注，短期之內不致倒向莫斯科當局，同時又能協防聯盟的南脅。希臘在一九五二年加入的原因也是一樣。有了這兩國加入，北約防禦選項變多，火力也獲得加強，儘管它們依然互看不順眼。北約派給土國海軍壓制蘇聯黑海艦隊的任務，而陸軍則負責牽制蘇聯地面部隊，迫其退據東歐陣營邊陲地帶，以及保加利亞邊界。也因為土國的重要戰略功能，讓北約盟國願意接連在一九六〇、七〇、八〇年三次土國軍事政變時視若無睹，未加以干預。對這些軍政府的更迭，土國對外一律支吾其詞，不願多談，以「家務事」含混帶過，並且挾戰略地理優勢當靠山，讓西方大國對其獨裁狀態睜隻眼閉隻眼。土國就這樣專政獨裁到一九九〇年代，才開始出現文官領導為常態的政局。

冷戰結束迎來了新時代，老問題卻還在。在一路從伊拉克和裏海搭建天然氣管和油管、經過安那托利亞高原輸往歐洲後，土耳其在一九九〇年代重新恢復自己作為重要貿易路線的地位。同時它也將自己打造成北約國家中武力最壯盛和有效率的一國，環顧冷戰後新世界，它不禁對自己有信心了起來。冷戰過程中，含土耳其與鄰居之間的一些全球問題，暫時都獲得控制或暫時被冰凍起來。隨著冷戰結束，原本以美蘇兩國為首的兩極化世界秩序被粉碎成多極化，於是原本鍋蓋下的全球問題再次被掀開蓋來。一些小國和中型國家迅速在新時代各自重建新的現實秩序。

一九九一年，當巴爾幹戰爭再次爆發時，土耳其早已全神貫注在情勢的變化，因為美國在伊拉克的「沙漠風暴行動」（Operation Desert Storm），導致數十萬伊拉克境內庫德族難民為躲避海珊軍隊迫害逃往土耳其邊境。倒不是說土耳其反對美軍對海珊政權進行干預，問題是此舉讓伊拉克北方的庫德族居住區變成半自主，造成土耳其的困擾（下面我們會讀到，土耳其自己也在鎮壓國內庫德族的民族主義浪潮）。接著昔日鄂圖曼帝國轄內各地也爆發衝突，在南斯拉夫瓦解為波士尼亞、克羅埃西亞、塞爾維亞、科索沃和馬其頓後，這幾個小國都受盡充滿仇恨的民族主義領導人所煽動的種族對立之苦。

而安卡拉政府只想要好好做生意，對這些地區輸出貨物，不想進口它們的不安定氛圍和暴力。南斯拉夫解體過程過於粗暴倉促，留下的後患又引起昔日鄂圖曼帝國轄內另一波的衝突，那就是亞美尼亞和亞塞拜然為了納戈爾諾—卡拉巴赫（Nagorno-Karabakh）領土爭議開戰。安卡拉當局同時也對俄國和伊朗在高加索和中亞地區的影響力感到憂心，因為它也想在這裡劃分自己的勢力範圍。

到這個階段，土耳其仍以西方馬首是瞻，一心抱著加入歐盟的夢想，但在西元兩千年後，土耳其看出自己加入歐盟希望越來越渺茫。不僅是經濟上它遠遠達不到歐盟入會條件，其人權紀錄更是遠不及入會要求，除此之外還有一些難以計量、但明顯可感受到的對土耳其的歧視，認為它還不夠像歐洲。因此，土耳其在新領導人的領導下逐漸轉向新的方向。

這個新方向是迎回過往、奉古為新，而這位新領導人就是成為土耳其宗教民族主義和新鄂圖曼主義化身的艾爾段。艾爾段一開始是土耳其總理，之後出任總統，他想把土耳其打造為獨立的強大國家。在二十一世紀的頭十年間，安卡拉政府似乎想安分當個北約好成員國，並放眼成為歐盟會員國。但這個策略卻與其地理、歷史和意識形態上深植的條件相齟齬，而之後的事件則可以看出，土耳其似乎另作他想了。

到這裡就必須再一次提到伊斯蘭主義，該信念主張以極端方式詮釋伊斯蘭信仰，並以此來主導國家政事和宗教，而對於艾爾段靠向伊斯蘭主義的程度，外界並無定見。在他剛從伊斯坦堡破敗街區艱難長大，得以進入大學就學時，他的確是非常激進的人。一九九四年，他代表伊斯蘭福利黨（Islamist Welfare Party）角逐伊斯坦堡市長成功，卻在一九九九年因為公開朗誦一首伊斯蘭主義的詩而入獄四個月，因為土耳其是一個法定非宗教國家，此舉明顯違法，何況該詩中還有這樣的詞句：「清真寺是我們的碉堡，穹頂是我們的頭盔，尖塔是我們的刺刀，信徒是我們的士兵。」

出獄後，他組建了「正義與發展黨」（Justice and Development Party, AKP），在土耳其語中常被簡稱為「ak」，意為白色或乾淨，藉此方便該黨表達自己與其他政黨不同之處。該黨是由之前的福利黨發展而成，於二〇〇二年取得政權，並在隔年由艾爾段出任總理。他的過去並不能證明他是伊斯蘭主義份子（他這人聰明絕頂、能言善道而能吸引各種選民），但他從不掩飾自己不僅是絕對的民族主義者，而且不把民主當回事，他曾說過：「民主就像搭公車，到站了，就該下車。」正義與發展黨取得政權，是土耳其現代史上重大轉捩點。原先的土耳其是依阿塔圖克的政教分離原則基礎建立起來的。但現在卻以伊斯蘭信仰為基礎的政黨所領政，而該黨的核心人物對北約若即若離，又對前鄂圖曼帝國缺乏影響力頗感失望。艾爾段很懂草根平民的心情，深知伊斯坦堡那些自由派份子無法反映全國民心，甚至連伊斯坦堡居民都難以貼近，尤其是在前幾十年間，為了來大城市找工作而湧入伊斯坦堡的大量保守和虔誠鄉下人，更是與自由派很有距離。

艾爾段在外交政策的想法，受到前正義與發展黨領導人阿梅特．達烏托格魯（Ahmet Davutoğlu）教授很大的影響，他先後擔任過土國外交部長和總理。達烏托格盧二〇〇一年出版的《戰略縱深》（*Strategic Depth*）一書被視為艾爾段「新土耳其」外交政策方面的基本架構。他對於如何擴展土耳其戰略縱深的基本主張根植於「地理的動態詮釋」觀，簡單一句話就是「終止現況、搶得先機」。

艾爾段與達烏托格魯都是「新鄂圖曼帝國」復國主義者，力主應讓土耳其在西方衰敗之際成為全球超級強權。一九九〇年代時，土耳其國力的確是蒸蒸日上。蘇聯不再礙手礙腳後，鄰近地區再沒有其他國家是軍備精良又驍勇善戰的土國軍隊之敵。這是該國七十年來首次可以考慮動用軍隊解決爭端，而不是只為自保。

然而天不從人願，在九一一恐攻後，土耳其必須謹言慎行，因為美國在氣頭上得罪不起。所以西元兩千年代初期土國的外交政策首重「與鄰為友」，也因此這十年間安卡拉政府始終和西方勢力保持親善態度，同時不忘利用貿易、軟實力和外交增加自己在巴爾幹國家和中東國家的影響力。它也試圖幫助波士尼亞和塞爾維亞達成和解，並在以色列和敘利亞談判中擔任仲裁角色，促成巴勒斯坦內部的巴勒斯坦解放運動（Fatah）和哈瑪斯兩個團體結合，甚至也向過去與土國交惡的亞美尼亞遞出橄欖枝。但是土國的這些舉措除了登上新聞頭條以外，多半全無進展，到頭來也未能如願終結現況。因為若想真的「與鄰為友」，那就不能介入他國事務；但要眼睜睜看著外部勢力在鄰居地盤製造事端卻不出手，誰都很難袖手旁觀。

到了二〇一〇年代，這種一團和氣的做法逐漸不受歡迎。「阿拉伯之春」（Arab Uprising）後，這種做法更幾乎已不復見。原本的「與鄰為友」這時便成了「沒有朋友」。

這時，原已和以色列合作二十年的土以關係轉趨惡化。土國境內的伊斯蘭主義份子和民族主義者（達烏托格魯也在其中）多年來一再主張，與以色列的交好會讓土國疏遠人民和過往。土以兩國原是因為在對阿拉伯國家和伊朗的態度相近而走近的，因為後兩者偶爾都對土以有不友善的舉措，但這情形只維持到艾爾段上任前。正義與發展黨不願意支持對以色列友善的政治人物，因此土國就藉二〇〇八年以色列—加薩走廊衝突發難，開始冷淡土以關係。不到幾年兩國的聯合軍演就取消了，哈瑪斯領導人還被請到安卡拉政府來，而土耳其電視台也開始播放反以色列電影，總統艾爾段也不時發表仇視猶太人的言論。

土耳其將阿拉伯之春視為重拾鄂圖曼帝國在阿拉伯國家影響力的良機，但卻每每判斷失準。安卡拉政府誤以為中東比巴爾幹半島更有它插手的餘地，因為巴爾幹半島更受歐盟吸引，不理會土耳其給予的好處。但沙烏地阿拉伯、阿拉伯聯合大公國和埃及等國對土耳其插手空間的認知程度卻各不相同。沙烏地阿拉伯是伊斯蘭最重要「兩座清真寺監管人」（麥加和麥地那），自視為伊斯蘭信仰的精神領袖。它和阿拉伯聯合大公國同樣擁有足以投射實力到整個阿拉伯地區的財富，因此安卡拉政府一顯露插旗中東地區的想法後，立刻和沙國及阿聯有了利益上的衝突。而埃及長久以來更自視為阿拉伯群倫之首，見不得「新鄂圖曼」復國主義者在這裡興風作浪。

艾爾段總統和穆斯林兄弟會一向關係密切，這是一個跨越國際的遜尼派伊斯蘭主義運動，它以箱格結構的小單位串連運作，以建立一個由伊斯蘭教法領導的全球性伊斯蘭國為宗旨。因為這樣，大多數的阿拉伯國家政府都對穆斯林兄弟會深惡痛絕，因為他們知道自己不會見容於穆斯林兄弟會，畢竟它們要不是君主制國家，就是宗教信仰過於溫和。穆斯林兄弟會成立於一九二〇年代埃及，經歷多年殘酷的打壓後，終於在阿拉伯之春中推翻埃及總統霍斯尼．穆巴拉克，隨後即於二〇一二年埃及大選中勝選，艾爾段因而喜出望外。他希望這樣就可以和埃及、利比亞、突尼西亞新的伊斯蘭主義政府建立戰略關係，而由土耳其擔任他們的資深夥伴。但隔年，埃及爆發接連數月的大規模示威活動，穆斯林兄弟會政府也在一場軍事政變中下台。艾爾段毫不留情地加以譴責，卻因此導致他和新任埃及領導人塞西總統心生嫌隙。而塞西總統和其他阿拉伯領導人也視土耳其為威脅，認為該國支持伊斯蘭主義恐怖活動，因為土耳其不僅和穆斯林兄弟會過從甚密，也和其他伊斯蘭主義組織有見不得人的連結。所以在塞西總統上任不到幾週，土耳其駐開羅大使就被驅逐出境，土埃兩國關係從此沒能再修復，但兩國都相當務實，始終維持經貿往來。

艾爾段和塞西兩人其實都是民族主義者，對於自己國家的歷史和地區角色都有著不切實際、妄自尊大的看法，正好互不相容。兩人在意識形態和戰略上的分歧有一天將會導致雙方在利比亞的衝突，並在東地中海地區一較高下。對塞西而言，利比亞是埃及後院，絕不允許和穆斯林兄弟會有關聯的政府出頭。但對於艾爾段而言，利比亞是他得以支持與穆斯林兄弟會有聯繫的政府的地方，也是他在這前鄂圖曼帝國領土上一展身手的機會。

這兩人在二〇一一年爆發的敘利亞內戰上也互相叫陣。一開始敘利亞內戰主要由遜尼派份子發起，針對的是非遜尼派總統阿薩德，但隨後在其他幾個不同的伊斯蘭主義組織主導下收割了政變成果，而安卡拉當局見狀立刻對遜尼派份子伸出援手。因為這正是在大馬士革安插挺土耳其政府勢力、並且扮演遜尼派穆斯林救星的大好時機。另一邊，塞西總統一上任，開羅當局立刻開始和阿薩德政府恢復關係正常化，因為儘管兩國分屬不同伊斯蘭教派，但同樣都更反對伊斯蘭主義。另外，塞西總統也更樂見大馬士革由阿薩德而非親土耳其勢力主政。二〇一六年，土軍入侵敘利亞北部，之後二〇一八和二〇一九年又連續兩度入侵，這些舉動都剛好落入埃及的口實，坐實其所謂阿拉伯國家面臨了

「新鄂圖曼」復國主義威脅的指控。

從土耳其的角度來看，入侵敘利亞有其必要，因為它必須防止該國北部庫德族自治區集結，以免它隨後和土耳其境內庫德族佔多數的省份串連。但在二〇一六年莫斯科軍隊馳援阿薩德總統後，土耳其也開始阻擋俄國對敘利亞的影響力，同時它也想阻止敘國往後湧入土國的大量難民潮，因為它之前已經接收了三百五十萬敘利亞難民。土耳其人不高興的是，接收了這麼多難民，卻沒得到應有的獎勵，尤其與歐洲相比更是天壤之別。但是，近年來反難民情緒升高後，艾爾段總統開啟了盡可能將難民趕出土國的計畫。他對北約出兵立陶宛以嚇阻俄羅斯可能的入侵，卻拒絕在土耳其最需要援助時伸出援手時公開表達不滿。艾爾段指的是土國出兵敘利亞，以防止伊斯蘭國恐怖威脅一事。

正因如此，日益專制的艾爾段逐漸讓土耳其遠離歐盟和北約，想要自行其是。它和歐盟的關係不好已經有段時日了。西元二〇〇〇年代，土耳其矢口否認曾對亞美尼亞進行種族滅絕，在歐洲一些領導人之間引起憂慮，因為有數十個國家都同意此事，包括德國、加拿大、法國、義大利、波蘭和俄羅斯，以及梵蒂岡和美國國會。這個指控激怒了土耳其，在日後的外交談判和貿易協談時都影響了談判氣氛。這件事成了最不能當土耳其人面講的禁忌。數年前，艾爾段總統曾說，亞美尼亞流亡者試圖煽動對土耳其的仇恨，「看看土耳其人在過去百年或一百五十年所受的苦，那我們可以指控的，比起亞美尼亞人指控的還要多。」但非土耳其人恐怕很難認同這番言論。

自二〇一六年那場推翻艾爾段的突然政變失敗以來，土耳其與北約的隔閡日漸加劇，當時一小批軍隊佔據伊斯坦堡的部分橋梁和電視台。這場衝突中有三百多人被殺，效忠艾爾段派奪回控制權。事後，艾爾段囚禁數萬人，並清洗軍隊、媒體、員警、公務員和教育系統，只要被懷疑同情支持政變的人全都入獄。儘管缺乏證據，但艾爾段的言下之意與其許多支持者的公開發言不謀而合：該起政變是美國人支持的大陰謀。

在土耳其軍事界，「藍色祖國」（Mavi Vatan）概念的支持者經常對土耳其加入北約一事抱持疑慮，認為這是美國人的陰謀（希臘是幫兇），目的是要防止土耳其成為世界大國。艾爾段總統可能私下也認同此觀點。藍色祖國這個想法認為土耳其將會雄霸周遭三面海域——黑海、愛琴海和東地中海。土國對此想法從不諱言，但其背後的企圖似乎是其想要撕毀《洛桑條約》的長程戰略，這紙條約讓當年鄂圖曼帝國喪失大片領土而成為土耳其。這個想法過去常掛在土耳其前海軍少將古爾丹尼茲（Cem Gürdeniz）口中，「藍色祖國」就是他想出來的，而當他從海軍退役後，這個概念已成為土國耳熟能詳的口號。

上述世界觀講的是較廣泛的想法，但在土國的一般說法，所謂「藍色祖國」僅指安卡拉在愛琴海和東地中海地區的政策，特別是針對希臘的部分。在希臘一章中提過該國海域發現海底天然氣田，造成土希兩國在東地中海由來已久的緊張關係更加惡化，該區自從一九七四年土耳其入侵賽普勒斯後，就成為希臘和土耳其爭奪的目標。古爾丹尼茲利用這個爭端推動「藍色祖國」概念。照「藍色祖國」畫出的地圖，許多現屬希臘的島嶼都應歸土國掌管，其影響力大到甚至連土耳其海軍戰爭學院的期刊《藍色祖國》（*Mavi Vatan*）都以此概念來命名；同樣的，土國於二〇一九年的大型軍事演習也同樣命名為「藍色祖國」。古爾丹尼茲少將鮮明的立場非常受到歡迎，他常發表煽動性言論，更曾寫道：「希

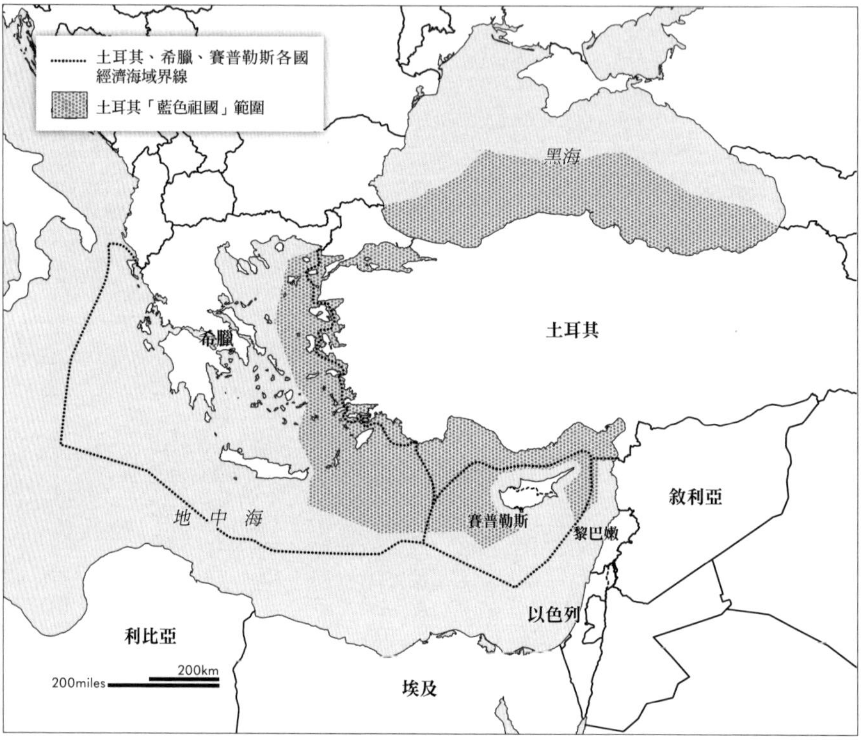

根據土耳其「藍色祖國」的概念，其周遭海域的多數地區都應歸其管轄。

臘缺乏軍事力量，所以仰賴美國和歐洲為它出頭……這些人該知所進退。」艾爾段也沒有比他收斂多少。他同樣也批評《洛桑條約》讓土耳其領土剩下太少，並稱「土耳其無法不顧及其在西色雷斯（指希臘）、賽普勒斯、克里米亞和其他任何地方的同胞」。安卡拉的立場是，希臘違反了《洛桑條約》，在本應保持中立的島嶼上派駐軍隊。

至於克里米亞，它過去曾是鄂圖曼帝國的領土，但現在的安卡拉政府動不到它的腦筋。土耳其在黑海只有一支規模不大的艦隊，相對之下，俄羅斯自從二〇一四年吞併克里米亞後就一直在建立一支主力軍隊。所以土國海軍主力重視的是愛琴海和東地中海，這是全球中各國勢力最錯綜複雜的地區，而土耳其則在這一帶遭逢其鄰國龐大的反對阻力。土耳其在另一個過去具有影響力的地區，也同樣受到了挑戰：亞塞拜然。二〇二〇年亞塞拜然與亞美尼亞之間的衝突，在俄羅斯的外交干預下以令人不安的方式落幕，隨後俄羅斯維和部隊進入巡邏，而土耳其軍隊卻只被允許進入維和觀察中心。亞塞拜然和亞美尼亞的戰鬥集中在納戈爾諾－卡拉巴赫區域的亞美尼亞族居住地帶，因為該區的亞美尼亞人不想被併入亞塞拜然。土耳其則站在亞塞拜然族這一方，因為他們與土耳其血脈相同，而且亞塞拜然也在衝突中佔上風，但沒想到莫斯科卻強硬介入制止衝突。普丁與艾爾段的兄弟情過去曾被媒體大作文章，但其實兩人的交集除了對地緣政治的冷靜理解，以及都熟知對方冷酷無情而敬畏三分外，並沒有太多交情可言。雙方太了解彼此了，雖然可以避免衝撞，但也知道除非對方先認輸、不然遲早會打起來。

到了二〇二〇年，土耳其已與敘利亞、埃及、沙烏地阿拉伯、阿拉伯聯合大公國、科威特、以色列、伊朗、亞美尼亞、希臘、賽普勒斯和法國鬧翻，同時還因為土耳其從北約的主要競爭對手俄羅斯手中購買了S-400凱旋飛彈防禦系統，因而激怒所有的北約盟國。美國人對土耳其的失信行為憤怒非常，於是在二〇二〇年十二月，他們對土耳其國防工業實施制裁行動，並明確指出S-400凱旋系統設計的目的是要擊落美國F-35隱形戰機。艾爾段的最高顧問則語帶威脅的回應說，駐紮在土耳其的美國軍隊可能會面臨一九二二年希臘人所受到的相同待遇：土耳其人會「讓所有的美國人學會如何在愛琴海游泳」。二〇二一年初，安卡拉當局甚至還與莫斯科政府商談購買第二套S-400防禦系統。

安卡拉政府與近鄰的關係也受到國內兩大挑戰的影響：安那托利亞地區的發展，以及對庫德族的「永遠戰爭」。

土耳其全國八千五百萬人口中，有五成以上居住在大伊斯坦堡周邊地區，或是黑海和地中海沿岸的狹長平原上。其餘人口則散佈在高山崎嶇的內陸地區，這裡的許多山脈海拔超過三千公尺。其中最高峰是阿拉拉特山（Mount Ararat，五一三七公尺），這裡據說是諾亞方舟著陸的地點。土國政府的挑戰在於如何將這個主要為鄉村、收入較低的地區和馬爾馬拉海沿岸核心地區連貫起來。由於地形複雜，這項工作始終難以完成。但安那托利亞的優勢（尤其是東部地區）在於大量的水資源。

幼發拉底河（Euphrates River）九成的水和底格里斯河（Tigris River）四成五的水發源於安那托利亞高原。幼發拉底河流入敘利亞和伊拉克，幾乎與底格里斯河平行，兩河隨後在伊拉克南部匯合。兩河之間肥沃的土地孕育了「美索不達米亞」（Mesopotamia），意謂「兩河之間」。這兩條河流，尤其是幼發拉底河影響了六千多萬人的用水、食物和能源。而兩條河的上游就掌握在土耳其的手中。

一九六〇年代末，土耳其開始在這兩條河沿岸修建水壩，減少兩條河下游的水量，自然也讓土國和下游國家關係緊張起來，至今始終沒有改善。至今土國已在兩條河沿岸建了數百座水壩，其中包括世界最大的水壩——阿塔圖克大壩（Atatürk Dam）。一九七五年伊拉克、敘利亞和土耳其在土國兩座大壩建成後爆發了一場戰爭，同時當地也遭逢旱災。一九八九年，敘利亞戰鬥機擊落了土耳其的一架勘測飛機，隔年在土耳其暫時切斷幼發拉底河水流後，伊拉克威脅要發動空襲。又過了幾年，時任土國總統的厄札爾（Turgut Özal）在面對批評後回應說：「阿拉伯人要怎麼處理他們家的石油，我們不會說三道四，所以我們的水也不用他們來指指點點。」但事實上，這幾個國家早先都已經談好條約，同意讓安卡拉政府發展水利發電計畫，也同意敘利亞和伊拉克可以分享河水，但這幾國之間的水資源戰爭陰影始終沒有散去過。

而這項用水協議正是土耳其國內兩大難題的共同點。修建水壩是安那托利亞東南部建設項目的一部分，旨在創造就業機會、發電和改善灌溉，以提升地區經濟。但這兩條河的上游卻偏偏落在安那托利亞高原上庫德族聚居的地區，而這些庫德族又常常反抗土耳其政府，因為土國政府直到最近還是矢口否認庫德族的存在，並在官方文件將他們歸類為「山地土耳其人」。因此，在與敘利亞談判水流時，安卡拉當局常會堅持敘利亞簽下附帶條款，答應強行鎮壓敘利亞境內武裝庫德族集團。

土國的一些水壩也有助於遏制庫德族武裝組織在安那托利亞東部的活動。原本作為轉運路線的山谷被淹沒，庫德族聚居的北部和南部地區被水壩攔腰切斷。庫德族主要遊擊隊組織庫德族工人黨（Kurdistan Workers' Party, PKK）多次襲擊水壩，包括在通往水壩的道路上放置爆炸物，放火焚燒卡車，綁架建築工人。在一些建設工程中，工人上下班還得由土國軍隊護送。

土耳其的庫德族約有一千五百萬人，約佔全國人口一成八，多半住在安那托利亞東部山區；而在伊朗、伊拉克和敘利亞等國家，也有約一千五百萬庫德族，多數在邊境地區。然而，土耳其庫德族也成為一九六〇年代往城市遷徙浪潮中的成員，目前伊斯坦堡兩百萬庫德族居民已成為該市最大的少數族群。

庫德族常被稱為人口最多的無國家民族，不過若是將印度和斯里蘭卡境內將近七千五百萬的泰米爾人（Tamil）計算在內，這說法不見得成立。但庫德族追求獨立已將近兩百年，而在這段期間，安那托利亞的庫德族與鄂圖曼帝國統治者衝突不斷，之後也幾乎不斷在反抗土耳其共和國。

庫德族說的是一種與波斯語較為接近的印歐語言，但在土耳其、伊朗、伊拉克和敘利亞境內的庫德族居住地區，卻講著明顯不同的方言，差異大到有些庫德族無法聽懂對方語言。這是導致庫德族之間始終處於分裂狀態的原因之一，雖然他們都有心想要建立一個共同庫德族國家。但也正是因為這個建立「庫德斯坦」（Kurdistan）國家的理想，讓他們受到各國的壓迫。這四個庫德族居住的國家擔心的不僅是失去自己的部分領土，更擔心該領土會和其他三個庫德族地區連成一氣，形成一個國家，並在許多方面形成挑戰。

土耳其政府想藉由壓迫庫德族的語言和文化，以強迫該族與土耳其主流社會同化，創造不可分割的土耳其民族。一九二〇年代土耳其政府弭平了一場與庫德族民族主義有關聯的叛亂行動，造成數千人被殺。此後數十年間雙方緊張關係持續緩慢增溫，偶爾爆發暴力衝突，最後在一九八〇年代終至引爆全面性的暴動。這場暴動是由信奉列寧教條的庫德族工人黨領軍，並在衝突之初贏得了許多支持者；但該黨卻又對陣營內的庫德族反對者、以及許多恐怖行動進行打壓，因此與其他大型庫德族群落漸行漸遠。數百名平民在土耳其政府對庫德族工人黨的轟炸中遇害，該組織則針對土國政治人物和警界高層，策劃一系列暗殺行動。

在上任後頭幾年間，艾爾段原想以文化改造和增加庫德族地區的地方投資來解決庫德族問題，甚至還和庫德族工人黨達成停火協議。因此土國境內數百萬庫德族以為土耳其民主能夠實現其民族平等的要求，而紛紛將選票投給艾爾段的正義與發展黨。但隨著停火協議破裂，新一波暴力衝突緊隨而至，而當敘利亞庫德族沿著土耳其邊境外硬生生隔出一個半自治地區後，庫德族工人黨就更加受到鼓舞了。

土耳其軍隊再次對庫德族發動攻擊，在鄉村地區實施宵禁、為時數月不停，並掃蕩各個庫德族居住地區，恐嚇平民，讓他們不敢收容庫德族工人黨游擊隊。坦克火力、大炮和無人機襲擊，再加上特種部隊的鎮壓行動，縮小了庫德族工人黨的活動範圍，更因此造成數千人死亡，土耳其軍隊也損失了超過一千人。

國內暴力衝突的再起，讓艾爾段在大選時失去庫德族選票，為了彌補票數流失，他於是轉而尋求土耳其極端民族主義者的支持，更對庫德族政黨採強烈敵視態度。土國軍隊甚至越來越常越過土伊邊境，進入坎迪爾山區（Qandil Mountains）掃蕩伊拉克境內庫德族工人黨多處基地所在的庫德斯坦地區政府（Iraqi Kurdistan）所在地。土軍還越境到伊拉克庫德斯迪爾山區，襲擊庫德族工人黨，最遠甚至深入離土伊邊境二十公里處的伊拉克領土。諷刺的是，庫德族的內部分裂嚴重，而伊拉克境內的庫德族地區政府（和安卡拉政府簽有能源合約）這時竟選擇和土國其軍隊合作掃蕩自己族人。

為了進一步打擊庫德族工人黨，土國政府入侵敘利亞北部，表面上是為了在土國和伊斯蘭國恐怖份子之間建立緩衝區，但同時也是確保敘利亞境內、庫德族正在爭取的新興半自治區無法存續下去。入侵的先遣部隊推進了二十九公里，直接穿越庫德族稱之為「羅賈瓦」（Rojava）地區的中部，將該區從中腰斬，讓敘利亞庫德族無法從羅賈瓦直通地中海地區，去除該族取得出海港的機會，也拔掉該族的一條貿易管道。土軍同時也斬斷庫德族工人黨與其敘利亞庫德族盟友人民保護部隊（Yekîneyên Parastina Gel, YPG）的聯絡通道，這原本是被用來滲透到土耳其努爾山區（Nur Mountains）的路線，而該山脈就位於土耳其和敘利亞在地中海邊的國界。土耳其人佔領了近三百座村莊、還拿下大面積的戰略制高點，而這些地區都是鄂圖曼帝國百年前曾佔領過的領土。土耳其里拉如今成為這片領土上的流通貨幣，其電網也和土耳其相連，當地官員也由安卡拉政府任命，學校裡除了教授阿拉伯語外，還教授土耳其語。法律上，這塊領土仍然是敘利亞的一部分，但如果阿薩德總統想要實際控制此地，就得派遣軍隊費一番力氣才攻得下來，土國政府可不會雙手奉上。

於是這裡成了土國的新制高點：仍然是腳踏歐亞大陸兩邊，再次向外擴張，並一路建立新的前哨站。土國不再是二十世紀的土國，而是回到更早之前鄂圖曼帝國的時代，同時也在呼籲土國人民將未來的命運掌握在自己手裡，不容他國左右。

在多極化世界中，土耳其是眾多破壞二戰後秩序的力量中，最具影響力且能呼風喚雨的一個；而最能象徵土國這種能力的時刻，就是二〇二〇年七月十二日這天。當天艾爾段下令將索菲亞大教堂（Hagia Sophia）博物館改回清真寺，推翻了阿塔圖克一九三四年的法律。索菲亞大教堂是由拜占庭帝國於西元五三七年建成的教堂，在一四五三年成為清真寺，但阿塔圖克看到此教堂的軟實力所帶來的裨益，於是將之指定為向所有的人開放的博物館，以強調其經歷多個宗教共享的過往。阿塔圖克之舉是在對西方國家說：「土國大門向所有的人敞開。」

但艾爾段在索菲亞大教堂看到了不同的裨益，其觀點從他的社群媒體帳戶上展現出來。他的土耳其語和英語推特帳戶看似都在歌頌包容共享：該清真寺將「向所有的人敞開大門，無論是外國人或本地人，穆斯林或非穆斯林……索菲亞大教堂，人類的共同遺產，將繼續以一種更誠摯且回歸本真的方式擁抱所有的人。」至於總統辦公室網站的阿拉伯語版本說的卻是另一回事：「象徵著未來的某一天，阿克薩清真寺（Al Aqsa Mosque）的解放」，文中的阿克薩清真寺，位於耶路撒冷西牆山上。艾爾段總統的決定顯然是全世界穆斯林全新的開始，也是「對在每個伊斯蘭地區惡意攻擊我們價值觀和象徵的最佳回應……在萬能的真主幫助下，我們將繼續踏著這條神聖道路前進，不停歇、不喊累、不喊苦、堅定不移、勇於犧牲、堅持不懈，直到到達我們希望的目的地。」艾爾段在慶祝清真寺回復儀式的演講中更提及了鄂圖曼土耳其帝國歷史上的四場關鍵戰役：「索菲亞大教堂的重生代表了我們對歷史上全盛時期的記憶，從巴德爾（Badr）[ii]到曼爾齊克爾特，從尼可波利斯（Nicopolis）[iii]到加利波利。」

大勢已去了嗎？土耳其作為北約盟國和一個受人重視、值得信賴的現代民主國家日子已然遠去了嗎？其實相去不遠。

在二十年裡，土耳其原本的世俗民主國家制度，被一一拆解至所剩無幾，換上去的是沾染伊斯蘭色彩的獨裁專政體制。在鞏固政權的過程中，土國收押的記者人數比任何國家都多，也從學術界和民間剷除了異己和異議份子。軍隊和司法體系高層如今充斥著當權派的擁護者。

毫無疑問，艾爾段和他的正義與發展黨一直很受歡迎，但他們已經失去了溫和派庫德族的支持。在都會地區，人們對自由遭到侵蝕和共和國的伊斯蘭化感到不安，因此執政者即將會面臨新挑戰者的到來。在二十一世紀初之前，馬爾馬拉海地區由受過教育和從商的自由主義階層主導政治和文化生活。然而從宗教和文化保守的安那托利亞湧入大城市的人潮，再加上安那托利亞較高的人口增長率，讓正義與發展黨掌握了政權。但一個世代過去，許多新遷入城市的居民逐漸轉變為更加自由派的態度，因此主導土國未來的戰役、以及左右其在全球角色的戰役還沒有真正結束。

在外交方面，土耳其越來越孤立，越來越不被信任。土耳其認為自己有一張王牌，那就是作為北約南脅的主要守護者，同時也是美國在殷色爾利克空軍基地、北約在伊茲密爾陸上基地以及庫雷西克（Kürecik）預警雷達系統等地的東道主。這雖然的確是一張強牌，但北約不是非他不可，只是目前北約還不想走到這一步。如果迫不得已，北約可以在希臘和羅馬尼亞擴建設施，以抵消北約在土耳其地中海和黑海地區所失去的；而只要對阿拉伯聯合大公國講幾句好話，也能讓它同意北約在該國建立空軍基地，以彌補在殷色爾利克的損失。土耳其自己也知道，儘管它有足夠的實力獨斷獨行，但世事難料，而且它的鄰邦都不是好惹的。在過去數年中，土耳其已經與比鄰的四個國家發生衝突：亞美尼亞、亞塞拜然、伊拉克和敘利亞。伊朗則一直站在敵對面，俄羅斯也是；儘管外界都稱艾爾段和普京兩人情同手足，但用「亦敵亦友」來形容兩人關係其實比較恰當。土耳其確實在敘利亞和利比亞取得了一些成功，但土國在那裡所遭遇的反對與在地中海地區的問題相比，根本小巫見大巫，因為在後者一旦土國的「藍色祖國」戰略導致與希臘開火，就會連賽普勒斯、法國、埃及甚至阿拉伯聯合大公國都被捲入戰火中。

現代土耳其似乎以為冷戰和九一一事件後的世界局勢是充滿競爭者的叢林，而把自己想像是林中的雄獅。它希望在武器方面實現自給自足的能力，也的確成功打造了國防工業，並希望在將來能成為世界軍火市場的頂尖出口國。目前土耳其七成的軍事裝備都是本國生產，它也已經成為全球第十四大武器出口國，不過值得注意的是，來自北約盟國的訂單少到不能再少。它的最大型軍事項目是TF-X戰鬥機，野心勃勃想在二〇三〇年時取代F-16戰鬥機。該機雖然曾經試飛成功，但在土耳其從俄羅斯購

ii 譯註：巴德爾之役發生於六二四年三月十四日，地點位處西阿拉伯半島的漢志區。該戰役在伊斯蘭教歷史之中被認為是決定性的勝利與神跡顯現，亦是穆罕默德的戰策天才之顯現，也是《古蘭經》中為數不多、特別提到的戰爭之一。

iii 譯註：又稱尼科波利斯十字軍東征，起於一三九六年九月二十五日，是中世紀時期最後一次發動的大規模十字軍東征。西歐諸國在此戰大敗後，再無法阻止土國向巴爾幹半島推進。

買S-400導彈防禦系統後，美國已經說服勞斯萊斯公司（Rolls-Roys）和英國航太系統公司（BAE）終止與土國合作。不過，土耳其正在擴大產能，現在還能生產坦克、裝甲車、步兵登陸艇、無人機、狙擊步槍、潛艇、護衛艦、並在二〇二〇年推出了第一艘可運輸武裝直升機和武裝無人機的輕型航空母艦。它還在卡達和索馬利亞（Somalia）設立軍事基地、並向敘利亞和利比亞派遣軍隊，作為減少依賴外援的企圖。從這方面來看，艾爾段已經成功了。正如普丁曾讓各國正視它的要求與關注，艾爾段也一樣在移民、能源、貿易等多項議題上，確保土耳其擁有不容忽視的影響力。拜登總統上任時曾表示，他的政府將以「價值為基礎」，這表示他希望北約盟國也能抱持相同價值。過去，現實政治讓北約在土耳其的戰略價值利誘下，漠視它多年來蛻變為獨裁國家的事實，如今拜登總統已經說話了，艾爾段若依然故我繼續強化獨裁態勢，那就等於賞了拜登總統一巴掌。

阿塔圖克清楚當年鄂圖曼帝國未能量力而為，野心過度擴張，終至國力中衰，因此他讓土耳其重新聚焦西進，一手讓土耳其現代化為二十世紀國度。艾爾段治理下的土耳其，花了十年時間環顧比鄰，逐漸將焦點移往南方和東方。這仍然是土耳其暫時的前進方向。但未來還會再有選舉，世局更是瞬息萬變，現實政治（realpolitik）也依然存在。因此安卡拉政府勢必會遭遇到阻礙；而土耳其的野心再大，也無法擺脫地理上的限制。

第七章　撒亥爾地區

「凡兩河交界處，河水總不會平靜。」

——查德諺語

撒亥爾若是海岸線，撒哈拉即是大海。從這條海岸線越來越多的人開始穿越沙海，到達另一個海岸線——歐洲。他們要逃離地球上最動盪、最貧窮、環境破壞最嚴重的地區，在過去短短幾年中，當地就有約三百八十萬人流離失所，前往地球最富裕的地區。

隨著地區暴力和氣候變遷的影響不斷擴大惡化，情況只會變得更糟。蓋達組織和伊斯蘭國像是禿鷲，為了擴大影響力，正在不同群體的苦難上動腦筋，任憑各地方族群使用其組織名人達成其目的。肆虐多個國家的衝突已經悶燒了數十年。如今，小火更轉為熊熊烈焰，準備燒向沙海的海岸線，將不穩定的局勢擴散過去。聯合國秘書長安東尼奧．古特瑞斯（António Guterres）警告道：「面對暴力，我們正節節敗退。」二〇二〇年，撒亥爾地區是世上叛亂活動增長最快速的地區；聯合國形容其恐怖襲擊為「前所未見」和「慘不忍睹」。

而且撒亥爾地區的爭端還波及到撒亥爾以外的世界。

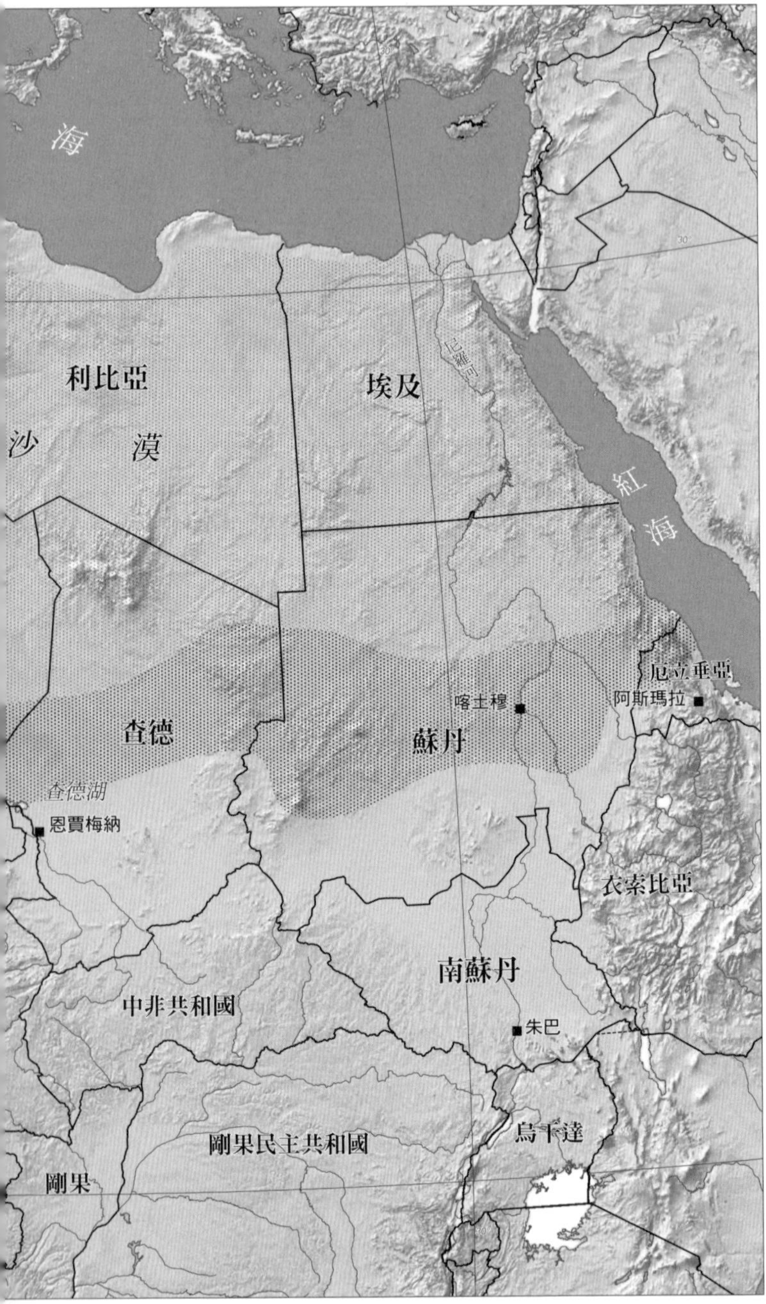
海
利比亞
沙
漠
埃及
尼羅河
紅
海
厄立垂亞
阿斯瑪拉
喀土穆
查德
蘇丹
查德湖
恩賈梅納
衣索比亞
南蘇丹
中非共和國
朱巴
烏干達
剛果民主共和國
剛果

撒哈拉
撒亥爾
摩洛哥
阿爾及利亞
西撒哈拉
撒
哈
拉
茅利塔尼亞
馬利
廷巴克圖
達卡
塞內加爾
甘比亞
尼日河
巴馬科
尼亞美
幾內亞
比索
布吉納法索
瓦加杜古
幾內亞
獅子山
象牙海岸
迦納
多
哥
貝
南
奈及
阿布
尼日河
賴比瑞亞
大 西 洋
幾內亞灣
Equator
500miles
500km

大多數的歐洲人對撒亥爾地區所知有限，對其所面臨的問題也知之甚少，更不清楚這些問題對歐洲的影響有多大。面對大量湧入移民，歐洲已經左支右絀，應接不暇；若是接下來再出現大批人口湧入，到時候歐洲選民對允許移民和難民進入的疑慮一定會升高，建立「歐洲堡壘」（Fortress Europe）的呼聲肯定也會更大。但若真想穩定撒亥爾和歐洲兩邊，那建設工作不該放在地中海以北，而是在地中海以南。

「撒亥爾」一詞源於阿拉伯語「岸邊」（shore）或「海岸線」（coast）的意思，是早期旅行者在橫越世上最大乾燥沙漠後對這個地區的印象。這片海岸線由多石灌木叢、低矮草地和長不高的樹木共同組成沙質平原。這裡的某些地方，隨時可能出現被熱風吹進沙漠的危險，而在近年來，則被捲入戰火衝突之中，陷入百廢不興的人間地獄。這片不好討生活的地方，打造了當地人們的性格，少有人期望能擁有舒適的生活。

但撒亥爾也有一些相對優勢。在長達一千六百公里滾滾黃沙和寸草不生的撒哈拉沙漠後，這裡有水井、河流和食物，雨季時則有金合歡樹（acacia）的黃、白和綠等色澤相映，甚至還有九重葛的粉紅、紫和暗紅色，更有著各色人種交流做生意。同時它還形成了一條橫跨非洲、長達六千公里的走廊，連接起紅海和大西洋。在這裡，可以找到符合浪漫想像的廷巴克圖（Timbuktu）和喀土穆（Khartoum）等大城市，但也不乏塵土飛揚、滿目蒼夷的落後小城鎮，靠著運往國際市場的礦產勉強度日。圖阿雷格（Tuareg）和富拉尼（Fulani）等遊牧民族會從這裡路過，踏上非洲還沒有民族國家概念以前就已經在走的小徑，而無數武裝部隊也紛紛越過近來才劃分的國界，因為它們的意識形態和暴力行為再次吸引了外部世界的軍隊前來掃蕩。

這條非洲走廊位於北面的沙漠和南面的雨林之間。在沙漠中，人若太久不前進，就會渴死和中暑身亡，而雨林是采采蠅（tsetse fly）的天下，連馬匹、駱駝和驢子都難以存活，即使到現在依然每年要奪走上萬條人命。

撒亥爾的廣袤土地，是伊斯蘭、阿拉伯、基督教、遊牧和定居文化自古以來不斷交會互動的場域。由於幅員遼闊，任何地區政府都鞭長莫及，更有些政府似乎對首都以外的地區都無意提供服務。若再加上各族關係緊張、貧困、邊境管理鬆散以及現在的暴力政治和宗教意識形態等影響，我們就會發現這片原本就以難以維生的土地，已陷入更加艱難的處境。而且氣候變化正加劇了這個問題。當雨水未能定期來到，作物就無法生長。湖泊萎縮，糧食供應也會短缺。一旦如此，人們就會遷移；而當人們遷移，他們遷往的地方往往無意接納他們。

在撒亥爾地區，驅使當前事件和危機的關鍵因素之一，是地理、歷史和民族交相衝撞的特殊方式。要了解這一點，就要回溯到很早以前的過去。

數千年來，極度乾燥或極度潮濕的週期氣候，造成撒哈拉沙漠的無垠黃沙時而擴大、時而縮小，因此形塑了撒亥爾、也決定了當地人民的居住地點及行事作風。

大約一萬零五百年前，一場突然爆發的漫長雨季將撒哈拉沙漠轉變成鬱鬱蔥蔥的大草原，一直延伸到現今的撒亥爾地區。隨著沙漠的縮小，可用於狩獵和採集的範圍也隨之擴大。這種轉變大概花了二十個世代，讓來自南方和北方的人們逐漸在該地區定居下來。人們引進了畜牧，並學會了基礎農耕技術。

然後，情勢突然反轉。大約五千年前，雨季結束，沙漠捲土重來，迫使昔日「綠色撒哈拉」的許多居民重新回到北方地中海的汪洋海岸線，或向南返回到乾燥的撒亥爾地區及其南方的沙海海岸線。

在沙漠捲土重來後，穿越這無情沙漠變得困難無比。起初有幾條短途路線根據綠洲位置而開闢；之後當駱駝出現在地平線上時，這是一個革命性時刻。

從大約兩千年前開始，開創性的小型駱駝商隊促成了較長的貿易路線。商隊規模逐漸擴大，有些甚至多達一萬兩千頭駱駝，相當於今天的超級油輪，航行於浩瀚沙海。俗諺說「指駱駝為馬，難為馬」，這話對駱駝並不公平。駱駝樣子雖不討喜，但它特別能執行其他馱獸無法辦到的任務，更因這能力而改寫歷史。數百年來，這些「沙漠之舟」是唯一能夠穿越非洲和歐亞大陸之間陸地屏障的大規模運輸工具。

單峰駱駝的載重量是馬的四倍，還能一天行進五十公里。它可以連續負重行進長達兩個多星期，中間滴水不沾，忍受失去佔身體兩成五的水分，不為所動。在沙地上，蹄間堅硬的皮膚有助駱駝忍受站立在沙面上的難受。如果沙子吹到臉上它可以半掩鼻孔，眨動長長的睫毛，並用擋風雨刷般的內眼皮撥掉沙粒。至於飼料？你有什麼，駱駝就吃什麼。

我在撒哈拉和內蓋夫（Negev）兩座沙漠乘坐過幾頭駱駝，還在沙烏地阿拉伯的紅沙丘（Red Sand）沙漠多次被駱駝吐過口水。一乘坐上駱駝，你就會發現自己離地面很遠，非常危險，在駝峰間搖搖晃晃前進時，下方還會不時傳來規律的咕嚕聲。對我這樣的新手而言，這並不是舒適的經驗，可以選的話，我寧可搭配有三公升引擎的四輪驅動吉姆西（GMC）通用皮卡車。不過，即使身在二十一世紀，要不拋錨地穿越這一千六百公里的撒哈拉沙漠，乘坐駱駝成功的機會要比搭車高。而對於古代遊牧民族和商人來說，面對長達數週又殘忍無情的沙漠旅程，要選擇馬和駱駝為交通工具，是完全不用想就知道的事。

地中海沿岸的貿易中心很快就與塞內加爾河（Senegal River）沿岸地區、查德湖盆地（Lake Chad Basin）和尼日河彎（Niger Bend）沿岸地區連繫起來，新的貿易路線不斷茁壯繁榮。即使到了今天，過去使用的路線仍具有政治影響力；而這些路線橫跨的區域，在二十世紀期間都經過重新劃分，形成不同的主權國家。

貿易路線的經過會促進繁榮，助長了撒亥爾地區從八世紀到十九世紀許多帝國和王國的崛起。他們獲取的象牙、黃金和奴隸藉由駱駝商隊從廷巴克圖等貿易「轉運站」運往北方。據估計，在過去千年間，超過一千萬非洲黑奴被迫踏上這條貿易道路，轉賣到阿拉伯國家。從另一條道路則運來北方城市馬拉喀什（Marrakesh）、突尼斯（Tunis）和開羅要賣給南方帝國菁英的各式奢侈品。此外，還有大量在撒亥爾地區稀有的鹽；即使到現代，該地區大部分的鹽都透過這條通道，由圖阿雷格部落乘著駱駝送往馬利（Mali）。隨著時間的推移，某些貿易路線的起點和終點隨著風沙和帝國的命運而改變，但我們今天在該地區所看到的一切已經打下了基礎。

然而，即使貿易路線眾多，這些地區之間來往不易的情形，依然給行政管理帶來了難題。因此，過往的帝國領導者往往允許遠離首都的地區擁有很大的自治權。這種情形延續至今，因為該地區的現代國家幅員遼闊、人口分散，馬利共和國就是很好的例子。馬利的首都巴馬科（Bamako），與該國位於撒亥爾地區、逐漸融入撒哈拉沙漠的北部地區城鎮和村莊，在地理、氣候和文化上都大相逕庭。

所有過往的帝國在向南擴張到友魯巴（Yoruba）和阿善提（Ashanti）等部族時都受到限制。森林從這裡開始蔓延，商人們不願意把馬匹和駱駝帶入可怕的馱獸殺手——采采蠅的家園。

在駱駝商隊上，北非和阿拉伯商人不僅帶來貨物，還帶來了思想，包括世上只有一個真主，祂被稱為阿拉，而在人間的使者則是穆罕默德。伊斯蘭教早在八世紀初就傳入撒亥爾地區。在隨後數百年間，有權勢的統治者皈依了伊斯蘭教；伊斯蘭教也逐漸與非洲人民的各種不同信仰融合在一起。

一四〇〇年間，歐洲商船開始沿大西洋海岸向非洲南方航行，給撒亥爾地區帶來許多變化。非洲奴隸販子這下有了第二個市場和貿易路線，這個市場重男輕女。而投入黃金產業的人全都有備而來，要在這塊歐洲人口中的黃金海岸（Gold Coast）大發利市。現在，沿海地區和內陸部分地區可以直接取得歐洲商品。

在一八八四—八五年聲名狼藉的柏林會議上，歐洲列強硬生生劃分了非洲的國界。當時非洲仍然有些地區是歐洲人沒有到過的，但列強卻很清楚自己要什麼——領土和財富。正如英國首相薩里斯伯里爵士（Lord Salisbury）在數年後所言：「我們一直在互相贈送山脈、河流和湖泊，只是有個小問題，就是我們從來不知道這些山脈、河流和湖泊在哪兒。」

在那之後，撒亥爾的大部分地區落入法國人手中，日後形成了現代的馬利、尼日（Niger）、布吉納法索（Burkina Faso）、查德、茅利塔尼亞（Mauritania）、塞內加爾、幾內亞（Guinea）、貝南（Benin）

和象牙海岸（Ivory Coast）等國，這些地區當時名為上伏塔（Upper Volta）和法屬蘇丹（French Sudan）。這個統稱為「法屬西非」（French West Africa）的地區，一直延伸到阿爾及利亞，整個區域在十九世紀初為法國所統治。這是一段醜陋的殖民歷史。而其中最見不得人的事件，或許就是一八九八、九九年的伏雷—夏暖遠征（Voulet-Chanoine）。

當時法國陸軍軍官保羅・伏雷（Paul Voulet）和朱利安・夏暖（Julien Chanoine）從塞內加爾開始遠征活動，朝查德湖前進，這是法國統一法屬非洲的戰略之一。他們這支縱隊人數有時達到三千人，包含士兵、搬運工和俘虜，越往下走就越難取得補給，於是他們開始打家劫舍、強暴婦女和殺害村民。法國政府雖耳聞此事，卻拒絕召開議會調查，法國殖民部的內部調查則刻意無視政策問題，也不管過往該地區早已發生過的多起暴行。這個調查在不到一年後結案，所得出的結論是：伏、夏兩人患了「急性赤道熱」（soudanite aiguë），這是一種由暑氣所引發的癲狂症。「伏雷—夏暖遠征」在今日的法國已沒多少人記得，在其他國家更是不為人知，但在撒亥爾地區留下了刻骨銘心之痛。

同一段時期的英國人也沒比法國人高尚多少，他們正忙著在埃及、蘇丹、和英屬索馬利蘭（Somaliland）等地東征西討、攻城掠地。當時利比亞多數地區在義大利人手中，「西屬撒哈拉」（Spanish Sahara）則在西班牙囊中，也就是今天的西撒哈拉（Western Sahara）。列強瓜分非洲，強行劃過古老的貿易路線，甚至因為想要創造內部市場而硬生生中斷了這些貿易路線。傳統的貿易路線更被新蓋的簡陋鐵路終點站和從海岸線上一路搭過來的鐵道蠶食鯨吞，導致舊路線沿線居民收入下降。

幾十年來，各國勢力範圍在地圖上留下標記，順理成章的形成行政管轄區，最後則成為有實無名的邊界。這些邊界最後在一九五〇和一九六〇年代去殖民化浪潮後，形成獲國際承認的國界。一九六四年，非洲聯盟（African Union）的前身，即非洲統一組織（Organization of African Unity），其政府首腦們終於不得不痛改前非，決定遵照殖民時代的疆界劃分，以求維持穩定。他們擔心，若是再依殖民時代以前的種族方式劃分，還得經歷交換土地談判，到時候整個非洲大陸都會爆發衝突。之後這個協議就這麼大致上被維持了下來，唯一的重大調整是厄利垂亞（Eritrea）撤出衣索比亞、南蘇丹（South Sudan）撤出蘇丹；前者是因為長期衝突，後者則在南蘇丹立國後爆發恐怖的內戰，戰火至今未歇。

不論維持現狀或重新談判劃分疆界，都各有風險。例如，一九六〇年代，奈及利亞領導階層一心想把國家團結在一起，甚至不惜與石油蘊藏豐富、以伊格博人（Igbo）為主的比夫拉（Biafra）地區開戰。奈國雖然成功了，卻付出一百萬條人命的代價。直到現在，許多伊格博人都依然夢想著建立自己國家，而整個非洲大陸這樣的人還不少。

今天的撒亥爾也有很多類似情形，雖然在撰寫本書時，撒亥爾地區的邊界看起來還算平靜，但隨著氣候變化，這種狀況正在受到挑戰，同時聖戰組織和殖民前就已存在的分裂都造成了一個衝突的年代。

馬利就是一個典型的例子。一九六〇年，馬利從法屬西非劃分出來，時間剛好與上伏塔重疊，也就是日後的布吉納法索。雙方對國界的劃分無法達成共識，特別是據信擁有礦產的東部地區。於是雙方在一九七四年爆發衝突，之後又在一九八二年再次衝突，直到國際法庭將該地區分成兩邊、分給兩國。這兩國都受到殖民國家離去後遺留下來的結構性問題。所以兩國雖然空有國名、國旗、有模有樣的政府，卻缺乏現代化基礎設施。連訓練有素的工程師、醫生或經濟學家都罕見，政府中許多政治人物只信任自己部落的人，雇用員工也只從自己部落裡找。

馬利國內在地理和文化上可分為兩大部分——北部和南部，基本上由尼日河（Niger River）分開。大致上，北部要乾燥得多，尤其是接近撒哈拉沙漠起點的地區；當地居民主要是圖阿雷格族，他們是北非柏柏人（Berber）的一個分支，傳統上是遊牧民族，主要在阿爾及利亞、尼日和茅利塔尼亞等地居住。國內兩大城市分別是加奧（Gao）和亭巴克圖，都位於尼日河畔。過去兩百年來，隨著通往歐洲的海路貿易增長，這兩座城市的地位和財富都在下降。馬利南部則有更多的大草原、雨水、農業、人口和財富，政治影響力也更大。馬利首都巴馬科就位於南部，這裡居住著與布吉納法索南部、象牙海岸和幾內亞有淵源的班巴拉（Bambara）族。

獨立幾十年後，許多菁英仍不願擁抱「他者」為自己人。在馬利，巴馬科的新領導人在擺脫殖民枷鎖後做的第一件事，就是延續法國的種族隔離政策，以壓迫北部膚色較淺的圖阿雷格部落，視他們為落後、有暴力傾向和種族主義的群體。反之，許多遊牧的圖阿雷格人則對被硬性劃入一個他們不承認的國家感到不滿。幾百年來，南方的非遊牧民族統治階級一直對北方戰士心懷畏懼。一九六〇年，就在馬利獨立僅兩年後，圖阿雷格族就發動了第一次叛亂。隨後，暴力事件不時上演，從某方面來看，目前的局勢正是那段動亂歲月的延伸。如今更有圖阿雷格運動，呼籲建立一個獨立的阿札瓦德（Azawad）國家。

雖然各方勢力試圖彌合分歧，甚至馬利還出了一位圖阿雷格人總理，但是中央政府在編列預算時卻明顯重南輕北。如果你覺得不受政府重視，自然就會問——政府存在的意義是什麼？

二〇一二年，「阿札瓦德民族解放運動」（National Movement for the Liberation of Azawad）的圖阿雷格戰士發起了一場反對馬利政府的運動，在全境產生廣泛回響。過去圖阿雷格人不是沒有起義過，但這次不同。他們得到國際恐怖組織的支援，並與「伊斯蘭衛士組織」（Ansar Dine）以及阿爾及利亞主導的「西非團結和聖戰運動」（Movement for Oneness and Jihad in West Africa）結盟，這兩個組織都與伊斯蘭馬格里布蓋達組織（Al-Qaeda in the Islamic Maghreb, AQIM）有關。他們也比以往擁有更好的武器裝備，而這多虧了一九九〇年代阿爾及利亞內戰和二〇一一年利比亞爆發的內戰。

在阿爾及利亞內戰於二〇〇二年結束後，一些極端伊斯蘭主義份子試圖以神權統治取代該政府；他們定居在馬利北部，並且與一個原是走私毒品和綁架的組織合作。這就是伊斯蘭馬格里布蓋達組織的起源，同時也趁機掌握當地叛亂份子。同一時間，在二十一世紀頭十年裡，成千上萬的馬利圖阿雷格族投效利比亞軍隊。格達費上校曾試圖夢想以石油財富控制該地區，為此他不惜製造分裂，讓各團體互相殘殺，藉此削弱馬利實力，以便能主導馬利政局。這些事看在圖阿雷格族眼裡，只覺得本來就不當自己是這個國家的人，既然國家不幫他們，就趁勢和格達費裡應外合。格達費擔心此舉招致馬利政府不滿，就花錢幫馬利政府成立電視台，在馬利國內廣建清真寺。當格達費政權在二〇一一年垮台後，他從馬利雇來的圖阿雷格族傭兵，便將從伊斯蘭軍團基地掠奪來的重型武器帶回馬利。不到一年，馬利就陷入動亂，而在短短兩年內，整個撒亥爾地區在劫難逃，暴力在國界兩邊都爆發開來了。

馬利是世界上最貧窮的國家，政府在許多地區的控制力單薄。因此，在遭遇到一波又一波裝備精良、士氣高昂的叛軍時，只能乖乖束手就擒，任其攻佔包括廷巴克圖在內的北部城市，丟失了比法國面積還大的領土。

廷巴克圖是被稱為「三百三十三位聖人之城」的朝聖和宗教修習中心。但伊斯蘭主義份子對不習慣伊斯蘭教法的該城居民實施嚴格的教法，婦女被迫蒙面，拒絕蒙面者則遭到鞭刑；另外吸煙遭到禁止、音樂家的樂器也被砸碎、古代文物也遭毀壞。十五世紀泥塑清真寺西迪葉海亞（Sidi Yahya）清真寺的大門也被扯下來，並指稱該清真寺會大門深鎖直到世界末日這一傳說是「不符伊斯蘭信仰的偶像崇拜」。對於自己的惡行，這群戰士卻只賠九十元給伊瑪目大阿布杜拉（Alpha Abdoulahi），但伊瑪目說：「我不肯收他們的錢，我告訴他們，他們所犯下的大錯沒有補救的餘地」。

在南方一千公里處的巴馬科市，馬利政府發表了一份強烈聲明譴責「破壞」國家文化遺產的行為，但卻無能為力。政府士兵已經逃離，能力有限的政府機關也早已被解散。

二〇一三年一月初，圖阿雷格人和聖戰部隊在軍事和意識形態上都來到強弩之末。與伊斯蘭馬格里布蓋達組織有關聯的戰地指揮官、以及圖阿雷格族本身，全都無視上層的建議，執意揮軍南下。這時來自他國、有時比本地軍人更能全盤了解軍事行動影響的外國高階指揮官，開始擔心此舉會招致主要外部勢力——法國的不滿。

然而，雖然圖阿雷格人通常都是聖戰份子，奉嚴格伊斯蘭教詮釋之名出征，但他們不同於蓋達組織；對他們而言，國內政局比宰制全球更重要。正如一名在該地區活動的西方情報人員所言，許多加入外人領導組織的本地聖戰份子「對哈里發王國、以及蓋達和伊斯蘭國等並不真正認同，只是裝個樣子。他們雖是穆斯林，但大多數的人並不是為哈里發出征，他們的不滿早於伊斯蘭國、與地方和區域事務比較有關。」

因此，儘管蓋達組織不想理會這些地方議題，但碰到這些地區聖戰份子一心想攻入首都，他們也阻擋不了。他們眼睜睜地看著圖阿雷格戰士渡過尼日河、揮軍巴馬科，但如此一來就大難臨頭了。不到幾個月，一旦遭遇強敵來襲，連馬利人民也不站在他們這一邊；過去他們對人民冷酷施行伊斯蘭教法，造成眾叛親離、報應不爽。

這些聖戰份子大概沒想到，巴黎當局不可能放任伊斯蘭國政府出現在歐洲家門這種事。法國作為該區的主要外國勢力，不可能坐視該區的穩定、人民出走率和法國在此的經濟利益（包括核能）受到動搖而無所作為。二十一世紀以來，法國遭受數十起恐怖襲擊，許多都與前法國殖民地有關，這些國家的人民可以同時擁有法國籍，因此得以輕易進出法國。自西元兩千年以來，法國已有三百多人在襲擊中喪生，數百人受傷。因此，當聖戰份子逼近巴馬科時，法國緊急出動戰鬥機和特種部隊。此舉雖與法國過去在此的殖民經驗有關，但主要還是為了維護當前利益。

撒亥爾地區諸國無力處理當前威脅，這點法國人很清楚。如果任憑事態發展，馬利和布吉納法索政府很可能會倒台，從而留下的偌大權力真空，反而讓蓋達組織有機可乘，得以擴張勢力範圍。何況法國在撒亥爾地區的尼日等國有成千上萬僑民，而尼日又是法國核能工業鈾礦來源，法國基本生活用電都靠它了。

法國對當地空襲後，聖戰份子在法國特種部隊的追擊下向北逃竄。緊接著在馬利政府請託下，法軍展開「藪貓行動」（Operation Serval）乘勝追擊。藪貓是非洲大草原上的一種貓科動物。

接下來，獲得國際背書和馬利政府軍支持的兩千五百名法國士兵來到當地，並迅速擊潰敵人——他們殺得敵人寸草不留、四下逃竄，卻沒有敵人投降。

因此事後各種好戰組織又重新集結並四處作亂。二〇一三年五月，一個名為「以血簽名」（Those Who Sign in Blood）的新組織在尼日附近地區進行恐怖襲擊，預示了風雨即將到來。該組織的領導人是伊斯蘭馬格里布蓋達組織的前指揮官莫赫塔爾・貝爾莫赫塔（Mokhtar Belmokhtar）；後來他又將該組織與另一個組織合併，成立了「哨兵」（Al-Mourabitoun）組織，其使命顯然是要「將非穆斯林從尼羅河趕到大西洋去」，而且緊接著對「猶太復國主義運動對伊斯蘭和穆斯林的打壓」採取打擊行動。

到了二〇一四年時，已有四千五百名法國軍人投入「藪貓行動」，該行動隨後進展成以撒哈拉沙漠新月形沙丘為名的「新月沙丘行動」（Operation Barkhane）。「新月沙丘行動」是長期的軍事干預行動，其範圍拓及布吉納法索、查德、茅利塔尼亞和尼日、馬利等國。這些國家又組成「撒亥爾五國集團」（G5 Sahel），共同派出五千名軍人、員警、憲兵和邊境巡邏人員，合作對抗它們視為區域威脅的敵人。但是，面對約五百萬平方公里的偌大區域，撒亥爾五國和法軍在人員上實在捉襟見肘，無力阻止叛亂活動串連，也無力阻止暴力蔓延。

二〇一四年，武裝份子再次在馬利北部活動，到二〇一五年，馬利中部的部分地區也出現叛亂。隔年暴力蔓延到尼日西部和布吉納法索北部。到二〇一八年，則蔓延到布吉納法索東部。同時有跡象顯示，武裝份子與北非、非洲之角（the Horn of Africa）以及位於尼日博科聖地（Boko Haram）的聖戰組織聯繫日益密切。令人擔心他們會朝西非的貝南、象牙海岸、多哥（Togo）和迦納（Ghana）等國推進。二〇一九年兩名法國遊客在貝南與布吉納法索邊界遭到綁架，更顯示聖戰份子已經逐漸蔓延到鄰近地區。

武裝份子不會和當地或國際部隊直接交鋒。他們寧可抽身撤離，改以傳統的打帶跑遊擊戰術，包括安裝簡易爆炸裝置（improvised explosive device, IED），隨即隱身廣闊無人區或混入民眾之間。一位在馬利工作的安全專家說：「武裝部隊會暫時統治一個區域。像是朝某地增援十二個小時，讓政府軍前哨一時難以抵擋，但隨後又消失無蹤。」

最嚴重的一次攻擊發生在二〇一九年十二月，當時尼日的一個軍事基地遭到襲擊，造成七十一名士兵喪生。二〇二〇年一月又有八十九人喪生，然後在三月底，當全世界的注意力都集中在新冠病毒上時，博科聖地聖戰組織伏擊了查德湖附近的一個查德軍營。在長達七個小時的戰鬥中，他們殺害了至少九十二名重裝士兵，釀成查德軍隊有史以來最嚴重的傷亡。這不禁讓人問道，查德要如何撐過此劫。該國一千六百萬人口，分為兩百多個不同民族，散居在比英國還大的地區。政府連自己的軍隊都保護不了，更不用說人民。

二〇一九年一整年，整個地區都發生了針對軍隊和平民的襲擊事件，但是似乎無人注意到這場戰爭。因此法國總統馬克宏特別在二〇二〇年一月召開峰會，請求國際社會給予支持。他的主張是，歐盟應將該地區視為新防禦政策的一部分，以防撒亥爾南部地區的國家垮台，導致數百萬人逃往歐洲。他說，由於法國部隊已經有四十多人喪生，是時候有其他歐洲國家挺身而出了。

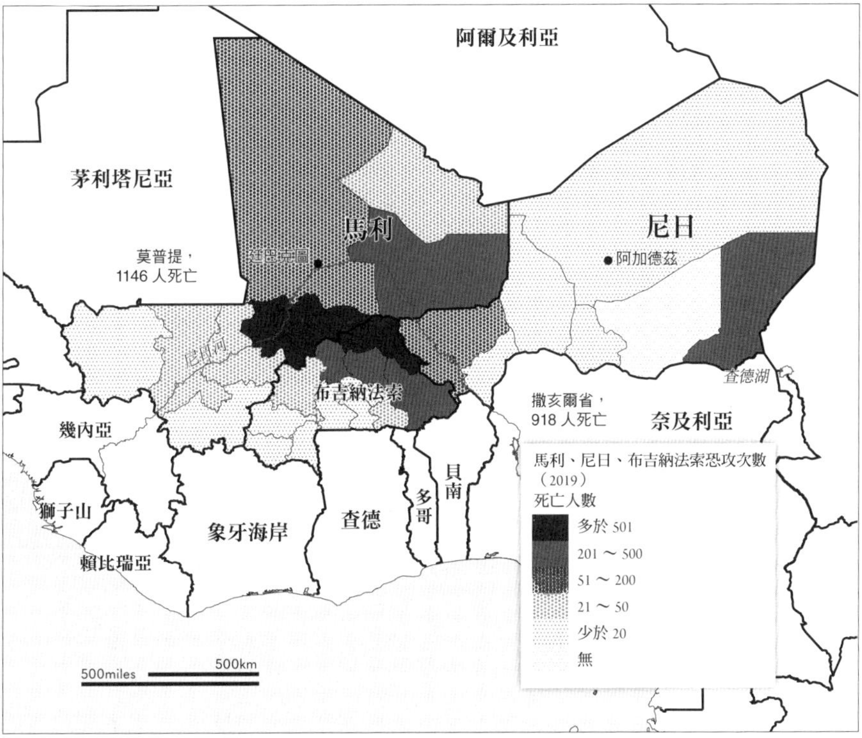

撒亥爾地區的恐怖攻擊活動，近年來不斷升級。

然而，沒多少人把他的話當回事。英國之前在伊拉克戰爭的痛苦記憶猶新，同時還要忙著處理敘利亞內戰。而且其他歐洲國家，尤其是德國，數十年來都不願意出動軍隊。英國派了數十名人員和三架直升機載運法國部隊，丹麥也派了數架飛機以及大約七十名軍人，捷克政府則出動六十名人員，愛沙尼亞也派遣其偵查兵營（Scouts Battalion）、共五十人的裝甲步兵排前往。

由於歐盟國家反應有限，馬克宏只好再下令增兵六百人，外加一百輛裝甲車，結果法國為此戰投入五千一百人。瑞典原已在該區派有少量軍隊供聯合國指揮，二〇二〇年更承諾派遣直升機快速反應部隊，以及大約一百五十名特種部隊。英國和法國同為歐洲軍事強國，也首肯並願意派遣一支由兩百五十人組成的機械化遠端偵察特遣部隊增援，要「深入馬利那些大多數的軍隊無法到達的地區，將實地情報回報給（聯合國）特派團總部」。也就是到其他政府不願意派兵進入的地方。這是首相強生（Boris Johnson）做出的高風險決定：該任務，即聯合國馬利多層面綜合穩定特派團（Multidimensional Integrated Stabilization Mission in Mali, MINUSMA）（亦稱馬利穩定團）成立於二〇一三年，後來成為聯合國派往全世界傷亡率最高的維和特派團，有超過兩百名聯合國維和人員喪生。

馬克宏總統一直想說服阿爾及利亞派遣其裝備精良的「國民軍」（Armée nationale populaire）參戰，但阿爾及利亞考慮到非洲的殖民史，因而不願意讓軍隊聽命於巴黎當局。阿爾及利亞人堅持若要參戰，部隊應從屬非洲聯盟。另外他們也不想惹禍上身，畢竟圖阿雷格民兵想要創建阿札瓦德獨立國家的想法中，也包含了部分阿爾及利亞領土。

現在，各方當地和國際的軍力組織為了該地區的穩定，正在奮力一搏。撒亥爾聯盟（Sahel

Alliance）由法國、德國、歐盟、聯合國開發計畫署（UN Development Programme）、世界銀行（World Bank）和非洲開發銀行（African Development Bank）組成，此後又陸續有英國、義大利、西班牙等國加入。二〇一八年，該聯盟投入超過六十億歐元資金於創造就業和發展基礎設施。沙烏地阿拉伯和阿拉伯聯合大公國也投資地區專案，部分原因是為了抗衡其競爭對手伊朗的野心，伊朗一直強化其在該地區的貿易和影響力，而美國也增加了原先承諾的軍事預算，但以上這些並不是全都可以一步到位。

國際社會在整個撒亥爾地區設立了辦事處；包括聯合國馬利多層面綜合穩定特派團、歐盟馬利培訓特派團（European Union Training Mission in Mali, EUTM MALI）和撒亥爾五國集團等。德國外交部民事危機預防部（Civilian Crisis Prevention）主任提勒（Heike Thiele）指出辦事處之間的協調很重要，但「不應僅僅是交換相關活動的表格」。

同樣重要的是，獲得當地人的支持。撒亥爾五國集團的各國領導人知道，他們國家有些民眾視此合作是新殖民主義，因此頗有意見。二〇二〇年，馬克宏召開峰會前不久，數百名馬利人在巴馬科舉行反法示威，還燒毀了法國國旗。法國總統事後明確表示，他認為這些國家的領導人對該行為譴責得不夠強烈。

撒亥爾地區的政府有點綁手綁腳。他們一方面要表現出這裡是他們說了算，但另一方面卻又常常不得不聽命於大國。他們同時還要收拾前人丟下來的民族矛盾爛攤子。例如，馬利的班巴拉人和多貢人（Dogon）社區自行組織了自衛民兵，因為他們認為政府無力或不願幫助他們對抗武裝份子的襲擊。然而，這卻導致他們將矛頭指向其他群體。另外還有人指責在某些國家的政府安全部隊曾經屠殺特定種族的平民。而馬利和尼日等國的軍隊主力，往往由來自南部熱帶草原地區的人士，而不是來自沙漠地區。

大多數的反恐行動都是由法國和美國軍隊執行。法軍主要集中在馬利和西撒亥爾地區，美國人則在查德湖盆地，但雙方合作密切、情報共享。美國政治和軍事圈子主要從國家安全和更廣泛的戰略角度來看待該地區。支持美國參與該地活動的人都認為美國必須到那裡，以防成效不彰的國家成為攻擊美國的溫床。而更受支持的論點則是，若美國自該區撤離，將會把當地主導權拱手讓給中國。同時，美國也要顧及外界觀感，得讓人看到它在支持歐洲盟友，尤其是在這當下，大批非洲人口正湧入歐洲之際，歐洲的穩定危在旦夕。反方的意見則認為，在國防預算有限的情形下，國防部應把重點放在太平洋地區，歐洲自家門口的事，該當由他們自行料理，美國應該對歐洲軟硬兼施。

由於戰區幅員遼闊，而且有人定居的各地又相當分散，想讓大量軍隊布滿全區並不實際，大規模巡邏也沒有意義。因此兩國都大量採用無人機及特種部隊，再加上與當地部隊合作，以求遏止武裝組織行動並斬斷其跨境運輸武器的能力。

美方在尼日阿加德茲市（Agadez）闢建了一個無人機基地。早先，他們與法軍在靠近布吉納法索邊境的尼亞美（Niamey）共用一個機場，但暴力活動沿著武裝份子使用的路線，蔓延到無人機無法到達的範圍。於是美軍在阿加德茲部署了MQ-9「死神」（Reaper）無人機。其航程達到一千八百五十公里，再配合尼日東北部迪爾庫（Dirkou）基地，美軍無人機的覆蓋範圍就可以一路從馬利西部直達查德，北至利比亞、南至奈及利亞邊境。

尼日對美、法都有重要戰略價值。尼日位於撒亥爾地區的正中心，既可以監視動盪的北非國家，又能監視奈及利亞的博科聖地以及分散在其邊境七國的各伊斯蘭主義組織。尼日不像周遭國家受到那麼嚴重的暴力之苦，似乎也是撒亥爾地區諸國中最有危險意識的一個。而尼日的鄰國，包括奈及利亞、布吉納法索、馬利、阿爾及利亞、利比亞和查德全都飽受伊斯蘭恐怖活動荼毒。這些國家是前文提及數百年貿易路線所在地，其中一條由南到北貫穿阿加德茲，另一條則沿著尼日—阿爾及利亞邊境前進。這兩條路線現在都被人口走私販使用，過去的十年間，成千上萬絕望的人們被送上這些通道。

尼日擁戴西方軍隊，也可能是撒亥爾五國中最積極於地區合作的國家。它為軍隊和員警提供了充足的資金，也相當認真在處理少數族裔組織問題。富拉尼就是有問題的少數族裔之一。

瞭解富拉尼人的歷史和人口狀況是理解尼日當前問題的關鍵，因為有大批富拉尼人參與了叛亂活動。他們的歷史、分布位置和文化習俗對當前尼日的危機牽一髮動全身。富拉尼族是一個沒有國家的民族。其人口至少有兩千三百萬，分布在撒亥爾地區、西非海岸、最南到中非共和國（Central African Republic）。例如，奈及利亞約有一千七百萬富拉尼人（約佔該國總人口百分之九）、馬利有三百萬（佔該國人口百分之十六），尼日一百六十萬（百分之七點六），布吉納法索一百二十萬（百分之六點三）以及查德六十萬（百分之四）。

雖然富拉尼人主要是遊牧民族，但他們曾經建立過帝國，並且始終將該地區視為他們遊牧活動的範圍，不把現代民族國家劃分當一回事，也不能接受為什麼在該地區遊牧需要護照簽證。富拉尼族的心目中始終沒有忘記，過去他們曾經統治過這個地區，而馬奇納帝國（Macina Empire, 1818-1862）更被視為黃金歲月。

該帝國以現在的馬利部分地區為中心，東西綿延數百公里。其首都名為哈姆杜拉希（Hamdullahi，阿拉伯語「讚美真主」之意），而從這個首都名就可以看出富拉尼族信奉嚴格伊斯蘭遜尼教派的戒律精神，其領導人更嚴禁舞蹈、音樂、吸煙和飲酒。富拉尼族是最早接受伊斯蘭信仰的非洲人。僅哈姆杜拉希一地就駐紮了超過一萬名士兵，在廷巴克圖等地區外緣更另外加派數千名士兵。

在馬奇納帝國成立之前，富拉尼人一直是其他帝國的附庸，此恥辱他們始終未曾或忘。但對許多非富拉尼族、非遊牧的民族而言，其共同記憶裡的富拉尼族驍勇好戰，一旦握有權力就要大量奴役他族的一群人。他們的看法並無不實，尤其在非穆斯林族裔裡更是如此。當前撒亥爾地區的緊張局勢可以部分歸因於這段歷史：人們把富拉尼聖戰思想的崛起視為該族群想要重振舊帝國、強迫基督徒改宗伊斯蘭的野心。

他們的恐懼又被各種原因所強化。在法國領導的二〇一二年馬利攻擊行動後，出現了數個革命團體，其中以馬利城市馬奇納為名的馬奇納解放陣線（Macina Liberation Front, MLF）也在其中，該組織首腦是五十多歲的宗教導師阿馬杜．庫法（Amadou Koufa）。年輕時他曾受到來訪的巴基斯坦傳教士影響，持保守宗教觀點；但在去了卡達和阿富汗之後，他滿腦子都是「塔克菲里」（Takfiri）聖戰意識型態。「塔克菲里」意謂著指責其他穆斯林不信奉真正的伊斯蘭教義，不配再當穆斯林。從聖戰組織的觀點來看，稱人為塔克菲里，就表示對方死不足惜。這種思想深植於中東遜尼派穆斯林心中，這些人自認是「薩拉菲份子」（Salafist）（極端保守正統主義者）或「最純正」伊斯蘭信徒，但非洲穆斯林卻是直到最近，才開始聽到這個觀念，在過去他們大多信奉較溫和的蘇菲（Sufi）傳統。

庫法的宗教信念顯然正中伊斯蘭馬格里布蓋達組織下懷。法國進軍馬利後尋獲的該組織檔案顯示，伊斯蘭馬格里布蓋達組織領導階層曾示意下級團體要避免被人與蓋達組織聯想在一起，儘量裝作是本土自發運動。富拉尼族的身分正好適合其意圖：他們在此前即有爭取家園的民族大業，再加上該族四散於撒亥爾地區，因此由他們來拉出一道橫亙撒亥爾地區的戰線自是再合適不過。馬奇納解放陣線看似被控制在馬利境內和其邊境區域，但卻犯下了無數暴行，包括襲擊村莊、殺害數百名平民和馬利軍隊、攻擊巴馬科麗笙酒店（Radisson Blu Hotel）並殺害二十二人、炸毀宗教廟宇。他們打出「解放」口號為其行為辯解，聲稱要將支持者從馬利政府的統治下解放出來。但其真正目的似乎是要奪取並控制馬利中部的大片地區，建立「伊斯蘭馬奇納共和國」（Islamic Macina Republic）。二〇一八年底，馬利當局聲稱庫法在一次法國空襲中喪生。二〇一九年三月，他出現在一段錄影中，稱有關他死亡的報導純屬誇大。

馬利政府施政不彰和富拉尼族自認遭到不公對待的成見，成了富拉尼起義招兵買馬的最佳助力。好戰團體在二〇一二年佔領廷巴克圖和其他地區的短暫時間裡，可能對許多人不好，但政府官員回到崗位後並沒有讓國家法治重新上路。公僕敲詐平民捲土重來，軍隊也再次回歸，並在一些地區實施連坐懲罰。在這樣的背景下，在這個世界上最貧窮國家的最貧窮地區，庫法和他的高層指揮官要起義根本全不費工夫。馬奇納解放陣線提供免費宗教教育，也執行其認同的正義，杜絕賄賂，而且如果願意當自殺炸彈客，還能獲得超過一千美元的賞金。

近年來，馬奇納解放陣線發動的衝突已越過馬利邊界，蔓延到撒亥爾其他地區的富拉尼族散布地，包括布吉納法索、尼日和奈及利亞部分地區。每一次暴力事件爆發後都有類似的主題：只要乾旱持續使土地日益寸草不生，不適合放牧牛羊，這些遊牧民族就會遷入新的城市和農村地區，在那裡，他們被當地人視為外地人，其利益會與當地農民等發生衝突，導致全面化暴力事件。在諸多誘發衝突的原因中，氣候變化是主要因素，它和恐怖主義一樣無視國界的存在。

數千年來不斷變化的氣候是如何塑造這個地區，已經是有目共睹，有時甚至產生重大的變化。但從大約一九五〇年開始，人為因素也摻雜進大自然的作用中。不斷增長的人口導致樹木被砍伐作為柴火。與此同時，牲口數量增加也造成更多的草地植披被啃食殆盡。這導致水土流失和沙漠化，由此形成的荒蕪地貌中的表層土容易被風蝕帶走，造成巨大的沙塵暴；而表層土的缺乏，也使得夏天動輒高溫攝氏三十八度的此區幾乎難以進行大規模農作物耕種。

在這種情況下，再出現乾旱就必然是場大災難——堪為二十世紀下半葉全球最嚴重的乾旱。從一九六八年開始，旱災幾乎造成該地區大面積的作物全數死亡。一九七二年幾乎全年沒有降雨，而到一九七三年底，估計有十萬人死亡，隨著撒哈拉沙漠向南朝撒亥爾地區推進一百公里，更造成大量牲畜死亡。一九八〇年代中期，又出現乾旱、造成又一次饑荒，撒哈拉沙漠面積再度擴大。查德湖這時也成了受害者。在二十世紀最後四十年裡，查德湖面積縮小九成，造成巨大的漁業損失，也造成仰賴查德湖水源的查德和鄰近國家約數百萬人失去工作以及經濟損失。在撒亥爾全區，有三千萬人面臨著「食物不安」問題，而其中又有一千萬人，據聯合國糧食及農業組織（Food and Agriculture Organization,

FAO）估算，則有極度飢餓的風險。

大多數的氣候科學家一致認為，自工業革命開始以來，全球氣溫平均上升了攝氏一點一度。但撒亥爾地區的平均溫度升幅卻高出五成。科學家們對於降雨量比以前多或少沒有共識，但他們一致認為降雨模式不同以往。這又是另一個令人頭痛的問題，因為現在的降雨往往是暴雨，會侵蝕僅有的表層土；再加上大氣層變暖，地面上的水氣就會蒸發得更快。

偏偏，這樣惡劣的景況，卻發生在這個四成以上集體生產毛額仰賴農業的地方，而據聯合國糧農組織的調查，該地區八成以上的土壤已經貧瘠化。雪上加霜的是，科學家預測未來氣溫還會再上升，這裡顯然需要採取更果斷的措施。

目前該地區十七國計畫投資四千億美元，打算在未來十年內對抗氣候變遷，但這筆資金大部分來自外國援助，偏偏許多已開發國家正面臨經濟窘困，所以究竟有多少資金會到位也還不能確定。當地同時還有一項名為「綠色長城」（Great Green Wall）的大型植樹行動正在進行。該行動始於二〇〇七年，目標是要在沿撒亥爾與撒哈拉沙漠之間的沙岸線建立一道長八千公里、寬十六公里的擋沙屏障。該行動由非洲聯盟帶頭，聯合國、世界銀行和歐盟共同出資，參與國從西部的塞內加爾一路到東部的吉布地（Djibouti）。

然而這個計畫很快就碰釘子了。並非所有的資金都能到位，而且由於多數樹牆還在無人居住的區域，所以新種下的樹苗乏人照料，造成大部分樹苗的枯死。但是，這個計畫還是順應轉變。比這更嚴重的問題還不是撒哈拉沙漠南移的現象，而是幾十年來撒亥爾地區土地的濫墾情形。因此，目前「綠色長城」計畫擴大為綠化整個地區。透過使用廉價而有效的採水方法，與沙漠爭地行動改頭換面且獲得些許成效，如此一來既能讓草地生長，新種的樹苗也獲得照顧。

但問題還沒完。遊牧民族的牲口沒得吃就活不成，總不能要牠們在草長樹高以後再吃東西吧。於是在部分地區，惡性循環又重頭開始了，荒漠化和暴力的情形再度上門。

時間拖得越長，對大家就越不利。非洲是目前世界上人口成長速度最快的地區。從現在到二〇五〇年，非洲大陸的人口預計將成長一倍，從大約十二億增加到二十四億，撒亥爾地區自然也躲不了。撒亥爾部分地區這情形更嚴重：例如，這段期間，尼日的人口預計將從兩千三百三十萬增加到六千五百五十萬。

教育自然有助於降低人口出生率，但辦教育很花錢，而且男孩通常比女孩優先獲得教育。在整個撒亥爾地區，許多婦女要不是缺乏節育管道，就是根本沒有機會獲得避孕工具，而且大多數的婦女都遭受生殖器殘割。透過衛生和性教育可以改變這種狀況，但偏偏各地政府衛生預算卻相當有限。這些政府並不是完全沒有資金可撥預算，儘管資金不如已開發國家多，但可能需要分配得更公平、更公開。

這個世上最貧窮的地區，實際上擁有豐富的自然資源。尼日有鈾、石油和磷等礦產，茅利塔尼亞有鐵礦石和銅礦，查德有石油和鈾礦，布吉納法索和馬利有黃金。但是所有的國家都存在著治理、腐敗、經濟預算不透明以及企業經濟模型等令人擔憂的問題。撒亥爾諸國多半無法自行加工國內開採出來的原料礦產，因此其實際收入主要來自對採礦國企業的徵稅。問題在於，要吸引跨國企業前來開採，多半就要用減稅優惠這招，因此反而造成政府財政收入的減少。

尼日是世上第四大鈾礦生產國，但尼日政府卻和法國國有企業阿海琺（Areva）簽有不平等條約而難以脫身。阿海琺公司透過其子公司阿伊爾（SOMAIR）和阿庫塔（COMINAK）在阿爾及利亞邊境附近、靠近阿爾利特（Arlit）的小鎮處擁有兩個鈾礦。一些非政府組織獲得的檔案顯示，尼日政府與阿海琺最初簽訂的合約，讓阿海琺在海關關稅和增值稅方面都享有相當優惠的折扣。二〇一四年，尼日政府想與阿海琺重談該合約。阿海琺以修改後條款將使他們無利可圖，並逕自關閉礦場進行維護工作。最後，雙方簽署了一項新協定，但非政府組織依然認為該協議條款對阿海琺有利。正如《泰晤士報》記者丹尼·福特森（Danny Fortson）在前往阿爾利特鎮採訪後寫道：「在西方，想談到這種合約，要簽下的同意書和核准書多到可以裝滿一整個書架。但在尼日，只要發給工人一把鋤頭、加上一天兩塊錢的工資，鈾礦開採工作就可以放行。」

礦產帶來工作，卻也帶來問題。阿爾利特位於阿加德茲地區，這裡同時還有尼日畜牧業餵養的五百萬頭牛。牧民們抱怨說，由於車輛交通繁忙和有毒廢棄物傾倒，讓他們無法使用以前放牧所走的路線。該鎮就位於撒哈拉沙漠的邊緣，我到過這座世上最知名的沙漠，大眾想像中綿延起伏浩瀚無邊的原始沙丘，就在我眼前。這裡有一種樸素而壯盛的靜謐之美，尤其是在黎明和黃昏時分。但這裡也有阿爾利特這樣的礦業小鎮。

這個擁有十二萬人口的小鎮窮到什麼都沒有、邋遢、雜亂無章，滿是破舊房屋和浪板搭建的屋舍。流動的清水少的可憐，但附近的礦井卻能每天用掉數百萬升。沙塵暴發作時，風會把礦井周圍的碎石顆粒吹到鎮上。採礦業者是阿爾利特最大的雇主，儘管人們對在礦場工作有健康顧慮，但還是為了能在那裡謀得一官半職搶破頭。綠色和平組織和其他團體進行的研究顯示，由於放射性粉塵的擴散，該地區的輻射值相當高，導致當地居民罹患相關疾病。阿海琺否認其指控，稱其為「惡意誤導的訊息」。該鎮的醫院為阿海琺所開設，該鎮居民無論是否為公司員工，均可享受免費醫療服務。醫院的員工也受雇於阿海琺，該院管理高層表示，醫院從未收治過與礦場輻射有關的病例。法國政府則指出，法國已捐助了一千萬美元基金，期望能幫助非洲國家與採礦業談判。

這兩個礦場的其中一個就遭到前文提到的二〇一三年恐怖襲擊。恐攻之後來礦場加強了安全措施，儘管遭受恐攻的風險仍在，但至少礦場位於政府掌控範圍內，在防禦上有個明確的重點。相較之下，布吉納法索的採金業就大不相同了。

二〇〇九年，黃金成為布吉納法索的主要出口貨品，超越棉花，使該國成為非洲第四大金屬生產國，卻也因此引來伊斯蘭主義恐怖組織的覬覦。礦場有恐怖份子最想要的東西。這裡既有炸藥和引爆器，還有一大群只要稍微恐嚇一下或說兩句好話就願意加入他們行列的工人，更何況其金礦可以加以熔煉、走私和當作貨幣。

另外，該國還有許多非法金礦。這些金礦雖已被該國政府宣布非法，但在布吉納法索這麼窮的國家，黃金的誘惑實在太大了。有些無照非法金礦位於大象保護區內，但由於中央政府軟弱無力，加上該地區幅員遼闊，因此據說有兩千多個這類礦場還在開採。

礦工很容易遭到罪犯和聖戰份子毒手，搶劫和綁架司空見慣。最誇張的時候，甚至整座礦場會被聖戰份子直接接管。二〇一八年帕瑪（Pama）就發生過這種事。當時聖戰份子開著四輪傳動皮卡突然來到礦場，並表明礦場由他們接手，要工人們繼續採礦，但所採礦產都要被他們抽稅。工人們別無選擇；有句老話說，人生有兩件事跑不掉，「死亡和繳稅」。

這樣的案件數以百計，加起來可是不少的錢財。二〇一八年，該國政府官員訪查了二十四個有聖戰份子活動的礦區。這二十四個礦區，據他們估計每年的產金金額高達三千四百萬美元。聖戰份子光靠從這一小部分礦區徵收到的稅金，就足夠他們購買大量武器和召募新兵。在伊斯蘭教中，牟取暴利是被禁止的，因此部分聖戰組織就會偽稱這些錢是天課善款（zakat），或者假稱他們是受雇保護礦場的收入。

二〇一二年橫跨布吉納法索、馬利和尼日的金礦礦脈被發現以來，全區的黃金開採業不論合法與否都蓬勃發展。據國際危機組織（Crisis Group）二〇一九年的一份報告估計，「這三個國家有兩百多萬人與手工金礦開採有直接關聯：布吉納法索有一百萬人、馬利有七十萬人、尼日有三十萬人。而間接受雇於相關產業的人數更可能高達三倍之多。」

在政局穩定的工業化國家，政府對產業有所管轄，也能獲得更多稅收成為政府財源。但在撒亥爾，各國政府要對抗的問題實在太多，面對林林總總的難題，讓各國政府左支右絀。這些政府不僅無法掌控非法產業，貪官汙吏還會協助大量黃金走私，偷渡運往漏洞百出的邊境和機場。各國政府甚至會對地方叛亂組織接管礦場睜隻眼閉隻眼，任憑他們自命為沒牌的治安警力，只要他們不挑戰國家權力，但人民對這些組織有關賄賂、刑求逼供和非法監禁的指控卻時有所聞。

另一種造成情勢複雜化的資源是稀土原料。稀土是地表下十七種不易尋得和提取的原料，再加上它們獨特的耐熱、磁性和磷光特性，因而相當受重視。我們大都沒聽過稀土原料的名稱，像是釹（neodymium）和鐿（ytterbium），但一些用到稀土原料的設備，我們都在使用，像是筆記型硬碟和雷射，還有手機、平面電視、夜視鏡、導彈，以及對世上每個大國都至關重要的科技和國防工業產品等等。

目前還不清楚撒亥爾地區是否盛產這些金屬，但一般認為有此可能。尼日和查德本就擁有鈾礦，可以從中提取微量稀土材料，而馬利則有一些鋰礦，這雖不是稀土，但在高科技領域的價值越來越高，因為它是混合動力車、電動車和無線電動工具所用鋰電池的主要原料。馬利還蘊藏著錳和鋁原礦，是製作電子產品的原料。非洲據信擁有全球半數以上的碳酸鹽岩，要找到稀土礦就要先找到這種岩層，因此該地區可能還有未發掘的財富。

這些礦藏所在地勢必成為地緣政治爭奪資源的兵家必爭之地。中國一定會想擁有大部分非洲礦藏的掌控權，其他國家則將想打破它的壟斷。中國僅握有全球稀土儲量三成多，不足的部分都需向海外購買。但中國擁有比其他國家更多的稀土加工設施，可以運用稀土材料製造並向其他國家銷售產品。美國就因為缺乏足夠的稀土加工廠，而只能依賴中國的供應。美國當然不想這樣，特別是在美中兩國於二〇一九年的低階貿易戰開打、中國威脅減少稀土加工品的分銷後，更是如此。若一如預測的那樣，中國的需求量超過本土供應量，那麼中國將轉向海外購買不足部分，也會吝於出售給美國在內的其他國家，而以稀土製造高科技武器裝備卻是美國不可或缺的。

但這種可能性並不是中國現在視非洲為主要影響力來源的唯一原因。中國在奉行「韜光養晦」政策數十年後，如今已然改弦易轍，開始追求重回大國地位。而北京當局在撒亥爾地區不斷擴大的軍事足跡正是這個野心的展現。二〇一五年，中國通過法條，允許在海外部署人民解放軍和其他安全部隊。中國特種部隊參與了聯合國在馬利的維和行動，而在說服布吉納法索結束對臺灣的承認後，目前正在與瓦加杜古（Ouagadougou）政府深化軍事關係。二〇一七年中國更在吉布地建立了海外第一座海軍基地。

中國在非洲的這些舉動，正與其「一帶一路」倡議的經濟政策完美搭配，該倡議旨在建立或更新全球貿易連結，從而確保在中國進出的貨物暢通無阻。在非洲，中國的一帶一路計畫多數在撒亥爾以南地區進行，而吉布地軍港緊鄰商港，於是中國便資助從吉布地到衣索比亞的電氣化鐵路，中國公司還忙著打造連接幾內亞和塞內加爾兩國港口往內陸國馬利的鐵路。據說有數十萬中國工人投入非洲一帶一路計畫工作。

在撒亥爾地區，因反華情緒而爆發的事件不勝枚舉，例如不滿中國籍公司優先聘用中國籍勞工，還有私營中國保全公司虐待當地人之類情事。《華爾街日報》（*Wall Street Journal*）的大衛．費斯（David Feith）指出，中國的國有企業「對財務透明、環境劣質化或人權等次要議題漠不關心」。他更認為「北京當局的做法促進非洲經濟的成長……也助長了世上最壓迫人民的政府」。他說得沒錯，但西方國家在這方面的過往紀錄也不是多完美，近年才有所改善。

如果撒亥爾成為稀土產地，這會是禍還是福呢？迄今為止的證據並不樂觀。剛果民主共和國豐富的銅、鑽石、鋅和鈳鉭鐵礦石（coltan）只是給這個國家帶來苦難和戰爭，我們前面也已讀到馬利和布吉納法索的黃金產業是如何吸引腐敗和暴力的。

沒有好的政府管理、安全社會和外部援助，撒亥爾地區千絲萬縷的問題是不可能獲得解決的。殖民主義、後殖民經濟和腐敗的治理使國內外極端份子有機會利用這些國家或地區的欲振乏力、貧困和社會裂痕以圖己利。在阿富汗，塔利班有一句關於他們對付外國部隊的名言：「你們手上有的是手錶，我們手上有的是時間。」所以遲早會有這一天：他們能等到外國人離開再行動，畢竟這些外國人都要回家。而這些外國勢力打算在撒亥爾地區耗掉多少時間、鮮血和金錢？

美國人已經想要退出了，而美方的態度讓法國軍事和外交界的官員們提心吊膽。西方在撒亥爾的軍事行動靠的是美國提供的後勤、偵察和情報，其水準之高法國人難望其項背。巴黎政府只能不動聲色地提醒華府，當初法軍在美國出兵中東和非洲之角時，也曾大力相助，但誰都看的出來，美國人正全神貫注地將注意力轉移到大國競爭上。對華府而言，撒亥爾的問題不過是區域性的救火行動。由於此地已讓他們遭受特種部隊成員的損失，他們不想再承擔更大的風險。

如果美國削減在撒亥爾的兵力，法國和其他歐洲國家的下一步棋，就不好下了：要不增兵、要不維持現有軍力或班師回鄉。三個選擇都不理想。班師回鄉是最不可能辦到的，因為這只會讓當地陷入混亂。幾乎沒有專家認為，在該區人民離心離德的情況下，地區政府有辦法讓國家正常運作下去，而一旦這些政府垮台，陷入無人管理的地區就會被當地和國際恐怖組織據地為王。如此一來將會導致暴力事件大幅爆發，衝擊波會一路向南和向北分別衝擊中非、北非和歐洲，並至少驅使數十萬人向這兩個方向逃竄。第二種選擇是維持目前的援助軍力，但在沒有美國協助的情況下這樣做，就有可能被敵軍步步進逼。第三種選擇是增援，但這意味著增加資金和傷亡成本。

撒亥爾五國希望法國和其他國家的軍隊留下來，西非沿岸國家也是，因為它們都見識過暴力的殘酷面目。例如象牙海岸經濟強健，部分原因在於旅遊業，但這就讓該國成為攻擊目標。二〇一六年，伊斯蘭馬格里布蓋達組織在大巴薩姆（Grand-Bassam）海灘發動攻擊，導致至少十六人身亡。如果聖戰份子大舉進攻，那麼遊客就會選擇到其他地方度假，而當地成千上萬的法國外籍員工也會出走。

如果撒亥爾地區暴力活動升高時間拖長和／或擴散到沿海國家，這時就需要法國和其他歐洲國家有所對應。如若不然，撒亥爾地區國家勢必要逐漸向其他管道求援。中國和俄羅斯已經迫不及待。像馬利和查德這樣的國家在意識形態上和歐洲、美國其實並不相契合。冷戰期間，非洲多數國家為了獨立，只要有人肯伸出援手，都來者不拒。要是撒亥爾諸國認為西方國家的軍事和經濟援助即將枯竭，它們自然不會坐以待斃，等待外援真空的出現。而北京和莫斯科當局也不會，中俄兩國早就摩拳擦掌想要挑戰西方強權，不論在經濟、外交或軍事上都躍躍欲試。在過去幾年中，我們見識到俄羅斯如何利用敘利亞政局混亂重新插旗中東，建立自己的勢力；而在歐洲各國裹足不前、美國又袖手旁觀的情形下，普丁總統得以成功趁虛而入。像撒亥爾這樣處於動盪的地區，新機會很多。沙烏地阿拉伯和其他波灣國家口袋很深，許多需要出資的地方它們使得著力，但他們的軍力無法跨越紅海，取代法國和美國的火力。

就區域層面而言，歐洲各國，尤其是西班牙、義大利和法國，這些國家都很清楚其國內政局會受到撒亥爾情勢的影響。二〇一五年後那幾年，當一百萬難民和移民湧入歐洲後，當地政治兩極分化加劇，讓極端主義政黨有可乘之機、得以壯大。

但無論對局勢做出何種反應，若不著手解決衝突的根本問題，鐵定會徒勞無功。有句話說「這場衝突無法以武力解決」，一般都覺得是推託之詞，畢竟衝突哪有不能靠武力解決的道理。二戰時俄軍兵臨柏林城下時，史達林可沒必要致電希特勒說：「阿道夫，這場戰爭不需要武力解決。」但是，這句話用在撒亥爾卻是非常實在。這裡很適合以美軍「打地鼠」的概念來理解。將某國的叛亂部隊平定後，它又會從另一國冒出來。即使局勢已回穩的國家，因為邊防易被鄰國滲入，不是沒有再陷入不安局勢的可能。

迄今為止，撒亥爾地區國家的政府還是無法、或者不那麼親民，它們既不願意解決其全體人民的民怨所在，也不願意公平地對待不同的種族群體。基於這些原因，再加上政府內部腐敗猖獗，再多的外部軍事援助也無力扭轉局面、建立穩定的民族國家。政府和大企業中的統治精英過於專注於積攢自己的財富和權力，以及讓自己所屬的族裔雨露均霑；在他們眼中，血緣種族與鄰里親緣關係比國家富強重要。

在馬利，聖戰份子和圖阿雷格叛軍有時會重疊，他們會誤導人民，讓他們覺得是政府辜負了他們，並主張只有獨立或建立伊斯蘭國家才能解決問題。他們更告誡人民，不要相信外國勢力。伊斯蘭馬格里布蓋達組織認為自己阻止了法國的殖民目標。這話說起來也不無道理。

法國人擔心自己會因此一腳踩進一場打不贏又甩不掉的爛仗中，而成為法國的「無止境的戰爭」。英國和其他國家則擔心有一天自己從配角變成主角，需投入更多。另一方面，歐洲和中東從大西洋到紅海沿岸綿延數千公里的數千萬居民，全都盯著這裡局勢的發展，也親身感受到撒亥爾的暴力血腥，一波又一波隨著潮水沖到他們的岸邊。

一旦暴力衝突越過邊界，人民就會受到傷害，所有參與的國家也會被套牢。但外國和地區勢力都無法從衝突中脫身，只要外國部隊繼續留下，聖戰份子就會想盡辦法瓦解當地國家，這裡可不流行坐下來談。多年下來，很多事情改變了撒亥爾的樣貌，但它始終是一個沒有退讓可言的地方。

第八章　衣索比亞

「露西歡迎您回家。」

——衣索比亞國家博物館海報

許多東西源自衣索比亞，人類是其中之一。很久很久以前，在阿瓦什（Awash）山谷住著一頭似人的早期猿人。她可以用雙腿行走，也會在樹上穿梭攀爬。然而，當年的她可能是因為不小心從樹上跌落而喪命。在她死後大約三百二十萬年後的一九七四年，她的一名後代子孫、考古人類學家唐納・約翰森（Donald Johanson）發現了她的骸骨，根據之後的研究顯示，衣索比亞所在地可能就是所有人類的發源地。這名我們人類的祖先被命名為「露西」，出自披頭四合唱團的歌曲〈滿天鑽石中看到露西〉（Lucy in the Sky with Diamonds），因為發現露西化石的當晚，約翰森營地正播著這首歌。這名字總比該化石的科學名稱「AL 288-1」，更引人遐想的多了。

衣索比亞國家博物館的海報「露西歡迎您回家」（Lucy Welcomes You Home）和國家旅遊宣傳口號「人類原鄉」（Land of Origins）一樣，都是巧妙的行銷手法，有助於衣索比亞這個正從各方面努力崛起的國家的旅遊業。旅遊業佔了該國生產總值將近一成，每年有近百萬遊客前往該國高山、熱帶雨林、炙熱

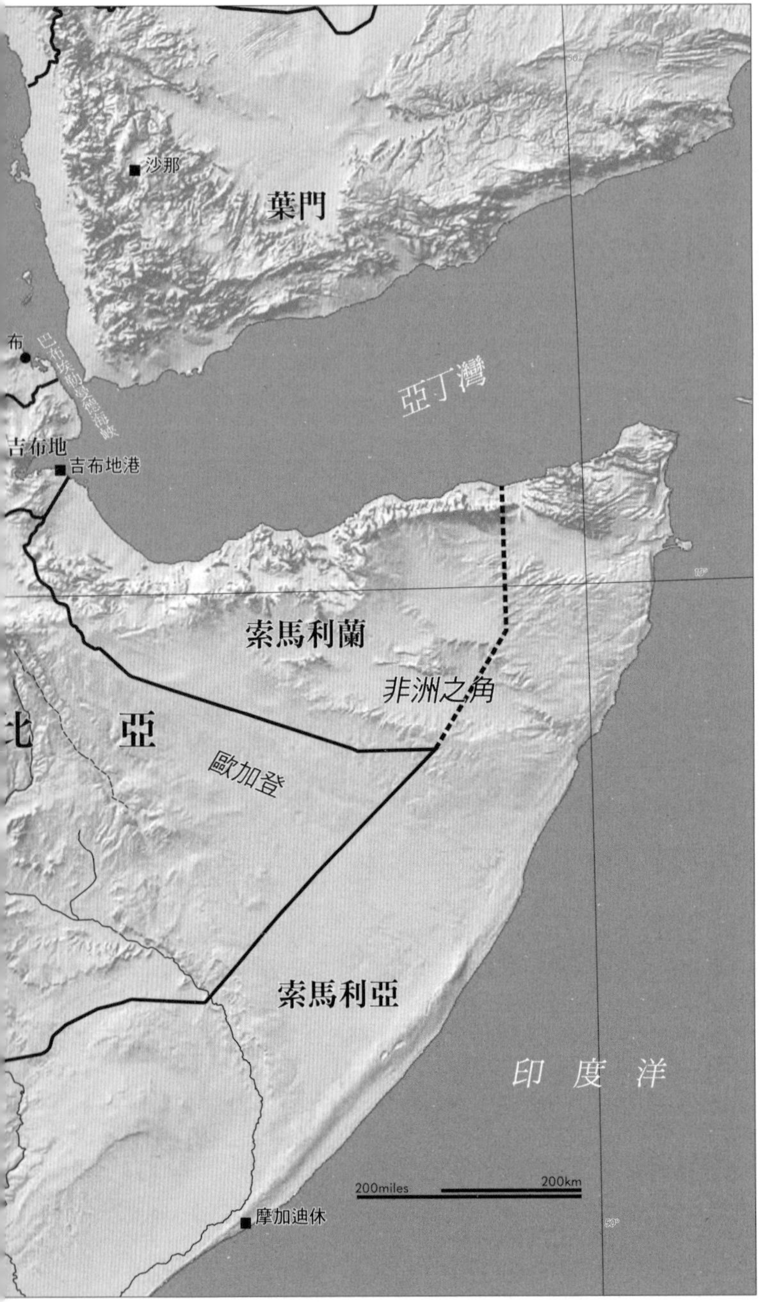
沙那
葉門
布
巴布艾爾曼德海峽
亞丁灣
吉布地
吉布地港
索馬利蘭
非洲之角
北
亞
歐加登
索馬利亞
印度洋
200miles
200km
摩加迪休

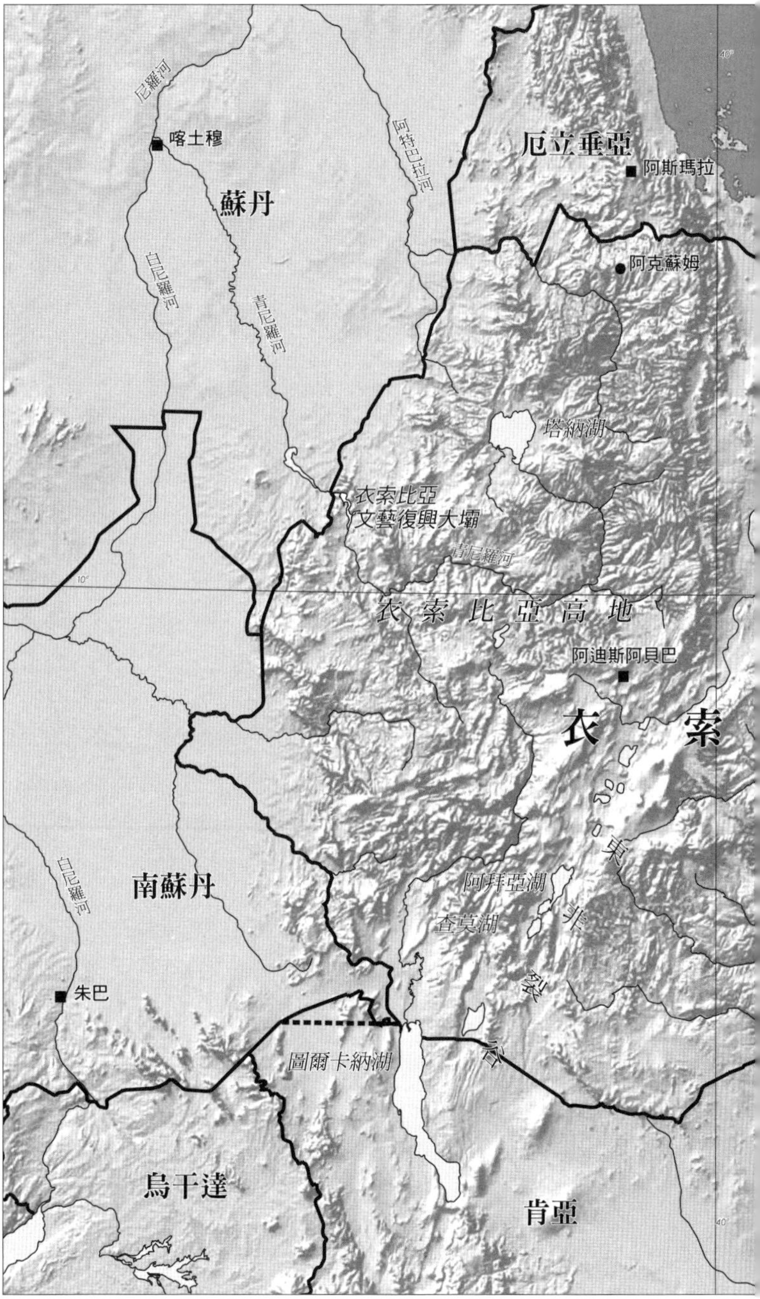
尼羅河
喀土穆
蘇丹
阿特巴拉河
厄立垂亞
阿斯瑪拉
阿克蘇姆
白尼羅河
青尼羅河
塔納湖
衣索比亞
文藝復興大壩
青尼羅河
衣索比亞高地
阿迪斯阿貝巴
衣索
東
非
裂
谷
阿拜亞湖
查莫湖
南蘇丹
白尼羅河
朱巴
圖爾卡納湖
烏干達
肯亞

沙漠、九個世界遺產、包括巨石砌成的千年教堂、以及令人歎為觀止的瀑布等壯麗美景。

水資源決定了衣索比亞在地緣政治上的地位和重要性，淡水是其主要優勢，海水則是其劣勢之一。衣索比亞境內擁有十二座大型湖泊和九條大型河流，這些水源多數為其鄰國提供水源，而這正是衣索比亞和這些國家之間的重要談判籌碼。但衣索比亞所欠缺的，則是屬於它的海岸線和入海口。話雖如此，衣索比亞的淡水資源、對中東和紅海地區日益增長的影響力、以及毗鄰中東和紅海的地理位置，都使其成為非洲之角這個世上受衝突荼毒最深地區中的關鍵角色，因為這裡飽受內戰頻仍、邊界爭端、極端主義和海盜橫行之苦。儘管如此，衣索比亞卻還是吸引了土耳其、中國、波灣地區國家和美國的注意，他們全都看中衣國在貿易、軍事和經濟戰略上的優勢。而它作為「非洲水塔」（water tower of Africa），只要懂得善用其科技和資源，將不僅能改變自身的命運，也能改變整個地區的命運。

除水之外，衣索比亞在地理上最關鍵的特性，可能非南北縱貫全國的東非裂谷系統（East African Rift System, EARS）莫屬。自古以來，該裂谷所形成的高山和縱谷將衣索比亞一分為二，而衣國歷代領導人始終費心搭建連貫兩邊的橋梁，不論是實質上和象徵性的。而其中被稱為大裂谷（Great Rift Valley）的一部分，太空人說這是他們從外太空看到地球上最清楚的地理特徵。大裂谷的平均寬度約為五十公里。始自敘利亞，向南一直延伸六千四百公里到達莫三比克（Mozambique）。當大裂谷穿過衣索比亞中部時，它將該國的高地一分為二，湖泊佔據兩地之間的山谷，給旅行和交流帶來了不便。

若以東非裂谷為中線，從高空俯瞰，兩邊多山的高地就像人的兩片肺葉其中左肺、也就是西側的山勢較高。這兩座高地，是衣索比亞人民生活和呼吸所繫。它們是衣索比亞人口最多的地區，也是主要農業區。該國主要咖啡產地就在這裡，而咖啡是衣索比亞主要外匯來源。森林密佈的山區是衣國河流的源頭，往下落入環繞高地的肥沃平原。大部分河流由於陡峭的峽谷和瀑布的阻擋無法長距離通航，這是阻礙該國發展的另一個原因。這片高地中也座落了首都阿迪斯阿貝巴（Addis Ababa），這是該國的核心地帶，這個地點再加上周圍低地做為緩衝，使其首都很難被外人入侵和佔領。

在西部高地的山脈海拔高達四千五百三十三公尺，是包括藍尼羅河（Blue Nile）在內三條河流的源頭，這三條河流下降到低地後，流向西北部的蘇丹和西部的南蘇丹。正南方則是肯亞。在裂谷另一側，東部高地的地勢急劇下降，但隨後緩緩向東延伸數百公里，來到索馬利亞邊界，索國夾在衣索比亞和東北部亞丁灣（Gulf of Aden）之間。此處躺著衣索比亞最長的國界，全長一千六百公里，在衣索比亞六個鄰國中，索馬利亞偏偏是政局最不穩定的國家，三十年來內戰不斷，索馬利蘭地區還在一九九一年宣布獨立。北部則是厄立垂亞和吉布地，這兩個國家讓衣索比亞無法直接通往紅海。鄰近厄立垂亞邊境地區是衣索比亞地理上的最低點——達納基勒窪地（Danakil Depression）。這片廣袤的沙漠平原低於海平面一百多公尺，是地球上最熱的地區，在此曾記錄到的最高溫達攝氏五十一點六度。這裡地底淺層就流著岩漿，在爾塔阿雷（Erta Ale）活火山中還有一座熔岩湖。該地區被稱為「地獄之門」（the gateway to hell）真不為過。

衣索比亞已是非洲之角地區的主要軍事強國，憑著一億一千萬人口，預計到二〇三〇年時將增至一億三千萬，已經是非洲人口次多的國家，也是該地區迄今定居人口最多的國家。同一地區的肯亞約

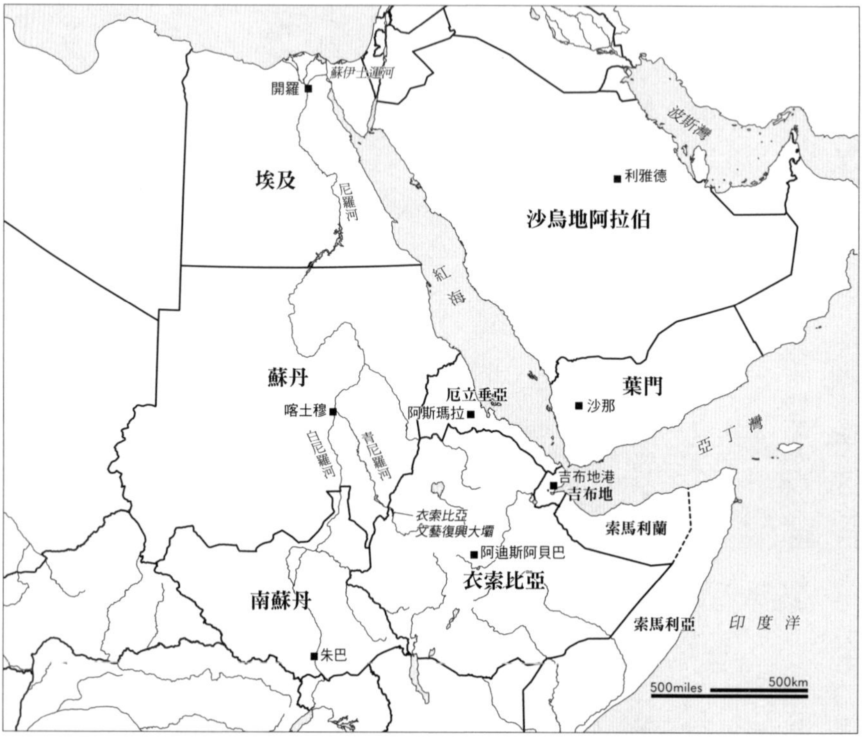

非洲之角包括非洲東北部國家，但與紅海對岸的中東國家也緊密相連。

有五千兩百萬人口，烏干達四千五百萬，蘇丹四千三百萬，索馬利亞一千五百萬，南蘇丹一千一百萬，厄立垂亞三百萬，吉布地一百萬，而這些國家人口加在一起約佔非洲總人口的五分之一。身為地區人口最多的國家，讓衣索比亞在非洲政治地位節節高升。

衣索比亞位於世上最動盪地區之一的中心。二十世紀以來，蘇丹、南蘇丹、索馬利亞、衣索比亞和厄立垂亞都經歷過內戰，肯亞則飽受大規模種族衝突蹂躪，並多次遭受以索馬利亞為基地的青年黨（Al-Shabab）發動的恐怖襲擊。吉布地躲過了這些恐怖襲擊，但與上述所有的國家一樣，吉布地也必須應付逃離地區衝突的難民潮，更加劇了這座海港城邦的種族緊張關係。同時，在此國與國之間的關係也很緊張：例如，索馬利亞和肯亞在十萬平方公里的海域上一直有爭端，這裡盛產鮪魚、且被認為蘊藏大量天然氣和石油。非洲之角與中東之間也有著悠久的過往，雙方的古老文化遺產和貿易路線都緊密相連。事實上，要說紅海兩岸處於同一地理環境，並非說不過去。

衣索比亞其實可以成為地區穩定的中心，協助鄰國提振經濟、解決紛爭。但要做到這點，就要讓它擁有強固的國界和國內和平。然而，現實卻是兩者皆無。在二〇二〇至二〇二一年間，衣索比亞政府與該國北部的提格雷（Tigray）地區爆發了一場重大衝突，情勢一度緊張到幾乎成為真正的內戰。阿迪斯阿貝巴當局為了加強在提格雷戰線的軍力，從索馬利亞邊境撤回數百名老練的士兵，這些人本來是部署在那裡巡邏，以阻止青年黨作亂。該戰事迫使成千上萬難民從提格雷地區逃往蘇丹。

儘管衣索比亞是區域大國，但它自己問題也不少。在能源和糧食上，衣國有可能可以做到自給自足，而農業佔衣索比亞國內生產毛額的近半。可是週期性的乾旱、濫砍森林、過度放牧、軍事獨裁和落後的基礎設施讓該國農業潛力無從發揮。而且該國境內只有巴羅河（Baro）可以通航，這是阻礙國內貿易的另一個因素。一九八四至一九八五年間的可怕饑荒，更讓人了解到該國情形有多不樂觀，而且也讓外界對該國的觀點不佳。即使到了現在，儘管有著豐盛的水資源、肥沃的土地和充足的牲畜，衣索比亞境內仍有上百萬人需要人道援助。

但情形正在改善。衣國的水資源越來越多被用來為藍尼羅河、阿瓦什、奧莫（Omo）、謝貝利（Shebelle）等河和其他河流沿岸的水壩和發電廠提供水力發電。連同藍尼羅河上的衣索比亞文藝復興大壩（Grand Ethiopian Renaissance Dam）（稍後詳述）。這些大壩據估計日後將能滿足衣索比亞大部分能源需求，還能向鄰國供電。連帶的也會減少農村居民對於木柴和木炭的依賴，不會再因為過度伐木而導致水土流失。

這項技術還可以讓人們更公平地分享衣索比亞的財富，並有助消弭衣索比亞長久以來存在的地區間競爭。許多非洲國家都面臨種族緊張問題，這是肇因於歐洲殖民國家劃定國界，將同一種族劃入不同國界所衍生的後果。大家知道衣索比亞從未被殖民過，但在建立了自己的帝國之後，它在國內也有類似的問題。衣索比亞有九個主要民族。其國內分成九大行政區和兩座自治市，其劃分方式都依照種族居住地域。衣索比亞全境有八十多種不同語言，由四大語族演化而成，每一種都獲官方地位。奧洛莫族（Oromo）是境內最大的族群，約佔總人口的三成五，其次是阿姆哈拉族（Amhara）佔兩成七，然後是索馬利族（Somali）和提格雷族，各佔約百分之六。

阿姆哈拉語（Amharic）是衣索比亞指定的政府用語，目的是協助各邦之間溝通，並讓各地區行政

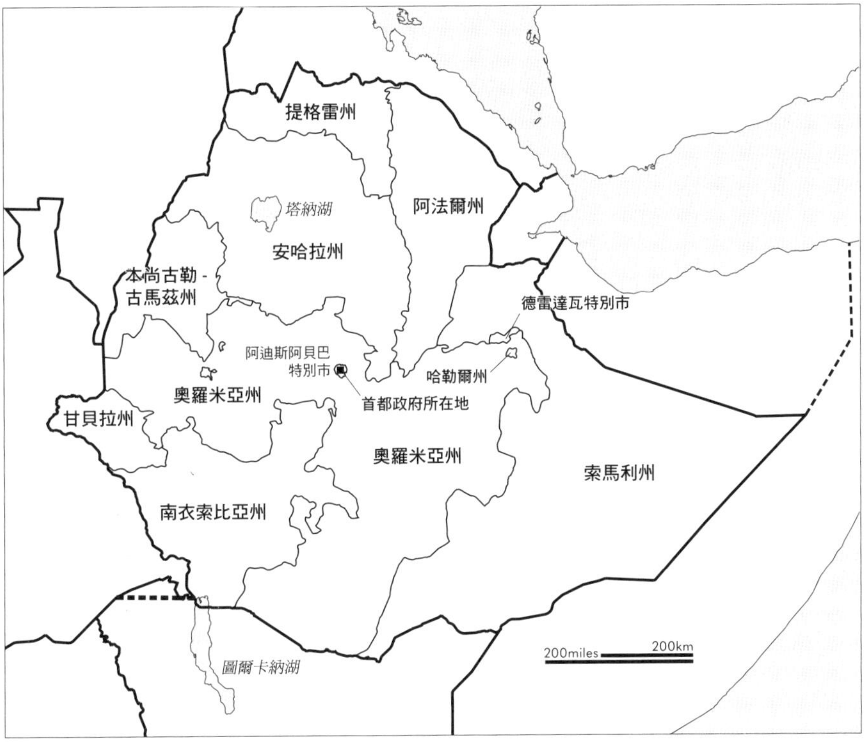
提格雷州
塔納湖
阿法爾州
安哈拉州
本尚古勒-
古馬茲州
德雷達瓦特別市
阿迪斯阿貝巴
特別市
哈勒爾州
首都政府所在地
奧羅米亞州
甘貝拉州
奧羅米亞州
索馬利州
南衣索比亞州
200miles
200km
圖爾卡納湖

衣索比亞的行政區劃。

單位和首都可以溝通聯繫。但邊境地區的許多民族卻是與國界另一邊的鄰國有著種族和語言上的連結。例如，索馬利邦東邊住著索馬利人，其人口只佔衣索比亞總人口的百分之六，他們的語言和文化其實是和跨過衣、索邊境的索馬利亞居民較接近，而離衣索比亞最北方的提格雷族較遠。這種民族複雜多樣性再加上其首都位於該國中部的地理位置，在在讓政府希望消弭族群歧異的苦心付之一炬。

長期以來，衣索比亞一直用一個很特別的故事當作教材，以此強調該國人民共同的傳承和民族共同性。該國與紅海對岸的文化交流，體現在衣索比亞民間傳說示巴女王（Queen of Sheba）和以色列國王所羅門（King Solomon）合親的故事。示巴女王在衣索比亞被稱為「瑪凱妲」（Makeda）[iv]，她是衣索比亞建國故事中的母親形象。

這個故事有多種不同的版本[v]，其中一個版本包括毛腿和玻璃天花板[vi]，就不在此深究。在十四世紀衣索比亞民間史詩《國王的榮耀》（*Kebra Nagast*）中，女王仰慕所羅門的智慧前去拜訪。所羅門王見到她大為驚艷，終於在最後一晚，把她哄上了床。結果兩人就生了個兒子！孩子取名為梅尼列克（Menilek），日後在衣索比亞建立了所羅門王朝，將其猶太—基督教信仰傳到衣索比亞。數年後，梅尼列克去看望父親，並帶回一件紀念品——約櫃（Ark of the Covenant），其中就裝著古代摩西《十誡》（*Ten Commandments*）。若此傳說可信，那約櫃現在應該就在阿克蘇姆（Aksum）城中路旁那座錫安聖母瑪利亞教堂（Church of our Lady Mary of Zion）裡。在此你可試試能否偷窺到該教堂，但如果你看得太仔細，那一旁看守約櫃的正教會處男僧侶可能就得奉命除掉你。因為這個規矩，約櫃究竟是否真的在此，也就更難獲得證實。

無論如何，從梅尼列克到一九七〇年代的海爾．塞拉西（Haile Selassie）都聲稱自己是所羅門王和示巴女王在耶路撒冷那最後一夜溫存後的直系後裔。

在還沒成為現代國家之前，衣索比亞這個國家的故事要從西元前兩百年說起，當時，在距離紅海海岸約一百六十公里的內陸提格雷北部高原上形成了一個小型城邦王國。該國以首都阿克蘇姆為中心，逐漸向四面八方擴張，到西元前一百年時，即發展成紅海地區商業主力，其後保持了此地位長達數百年之久。在該帝國最強大的阿克蘇姆帝國（Aksum Empire）時代（西元一〇〇至九四〇年），衣索比亞控制的領土一直延伸到埃及南部，並越過紅海來到葉門。它擁有強大的海軍和陸軍，足以守護其海上貿易路線並統治非洲之角。

基督宗教在西元三百年左右傳入，並迅速扎根。西元四五一年衣索比亞教會開始遵循埃及科普特教會（Coptic Church）的傳統，並與羅馬和君士坦丁堡的主教決裂。直到二十世紀中葉，三方的教會關係才得以恢復。

iv 譯註：Makeda 意為「不是這樣」。

v 譯註：示巴女王的故事在希伯來聖經（Thanach）、新約聖經、科普特（Coptic）正教會、衣索比亞傳說、猶太塔木德經典（Talmud）、古蘭經中均有紀載。

vi 譯註：在亞蘭語（Aramaic）的「以斯帖記」（Book of Esther）中提到此事。當中稱示巴女王以三年時間特意前往拜訪所羅門王（一般要七年），進到皇宮時，她誤將玻璃地板看成池子，因此就拎起裙襬打算涉水而過，於是露出了裙下的毛腳，所羅門王乃告訴她這是玻璃，並斥責她不該以毛腿示人。作者在此提到玻璃天花板應該是誤植，應是玻璃地板。

根據傳統，衣索比亞與伊斯蘭教之間的關連可以追溯到伊斯蘭教創立之初，而這也是非洲之角與中東地區有連結的證明。西元六一五年，先知穆罕默德建議一批初期伊斯蘭信眾到衣索比亞國王的宮廷避難，以躲避麥加的迫害。這之後在紅海沿岸貿易路線的助長下，衣索比亞周邊地帶的伊斯蘭社區逐漸發展壯大。到了西元十三世紀，周邊地區的穆斯林領袖們將伊斯蘭信仰往內部擴展，與基督教統治者展開一連串戰爭。接著鄂圖曼帝國在一五〇〇年間踏進了中部高地，推倒了教堂和修道院，一直到葡萄牙人協助衣索比亞軍隊，並給予武器後，才將伊斯蘭勢力擊退。

現在的衣索比亞人口中，大約有三分之一是穆斯林，這些人大都住在外圍地帶，尤其是東部低地，而穆斯林聚落也散布在該國許多地方。在該國中兩個主要宗教之間的關係基本上相當和睦，但近年來中東傳來的伊斯蘭基本教義派影響了部分衣索比亞穆斯林的想法，讓他們開始質疑本土的蘇菲派伊斯蘭傳統，並接受更激進的思想，導致雙方局勢緊張。衣國住在高地的基督教徒因此視自己是「漂流在伊斯蘭汪洋中的一座基督宗教孤島」。

現代衣索比亞這個國家出現於一八五五年，當時的皇帝特沃德羅斯二世（Tewodros II）強硬吞併多個不同王國，再將新王國進行現代化實驗。他重新組織軍隊編制，配備現代武器，並請來歐洲工匠和新技術，重振商業。之後衣索比亞驅走兩支帝國軍隊，讓他們認清進攻衣索比亞欠缺自知之明的道理。之後衣埃戰爭中，埃及軍隊兩度敗下陣來（一八七四至一八七六），隨後義大利軍隊也吃了敗仗，還損失六千人，並被迫放棄了從被其佔領的厄立垂亞轉進衣索比亞的野心。

隨後，衣國暫時進入一段較平靜的時期，同時，首都也遷往阿迪斯阿貝巴，並拓展國土到現在的規模。一九〇〇年代初期，衣國花費了一番功夫，試圖靠造橋橫跨眾多河流，以及建設連接阿迪斯阿貝巴到吉布地（鄰近紅海、當時為法屬殖民地）的鐵路，來聯繫其數量不多又散落各處的基礎設施。但其規模都相對不大，因此該國始終處於極度貧窮的狀態，但到了一九二〇年代，首都阿迪斯阿貝巴的人口已超過十萬，衣索比亞在歐洲殖民地環伺的地區成為一個獨立的國家。但歐洲各國依然競逐這塊土地，讓衣索比亞承受莫大壓力，隨後在冷戰期間還得承受來自更遠地方的外來勢力壓力。

一九三〇年，拉斯・塔法里（Ras Tafari，意為塔法里王子或公爵）成為海爾・塞拉西一世皇帝、三位一體之尊、衣索比亞帝國陸軍元帥、衣索比亞帝國空軍元帥、衣索比亞帝國海軍上將（Emperor Haile Selassie I, Might of the Trinity, Field Marshal of the Imperial Ethiopian Army, Marshal of the Imperial Ethiopian Air Force, Admiral of the Imperial Ethiopian Navy）。儘管這麼多威風凜凜的頭銜讓人難以招架，但在當時他的確是位銳意求新的領導人。塞拉西這人個子儘管不高，只有五英尺多一點，但在非洲政壇可完全不會矮人一截，反倒是高人一等；他還深明人情世故，懂得利用衣索比亞的過去和地理優勢為國家謀取利益。他一手主導衣索比亞經濟現代化，確保外國公司入境做生意一定要和本土企業合作。在外交上他也取得重大進展，讓衣索比亞得以加入國際聯盟，這是聯合國在第二次世界大戰的前身。當時加入國際聯盟的條件之一是廢除奴隸制，而當時衣索比亞奴隸制度還相當猖獗；據估計，在一九二〇到三〇年代，該國至少有兩百萬奴隸。

衣索比亞獨立再加上成長的經濟基礎，讓義大利再度企圖染指，而這時衣索比亞尚未廢除奴隸制度就落了義大利的口實，成為後者發動戰爭的合法掩護。對於尋求建立帝國、墨索里尼領政時的義大利來說，衣索比亞是非洲之角唯一不用怕和英國或法國對抗的最佳目標。一九三五年十月，義大利入侵衣索比亞，並在隔年五月拿下了阿迪斯阿貝巴，迫使塞拉西一世皇帝倉皇逃往倫敦。儘管墨索里尼的將領們稱衣國的抗軍是「野蠻人」，但在這場戰爭中發動毒氣戰的，可不是衣索比亞人。

然而，儘管戰事一再失利，衣索比亞還是頑強抵抗到一九四一年，在當地軍隊的協助下，英軍擊敗了義大利軍隊，陪同後者開拔入城的是塞拉西一世皇帝。

一九四五年，塞拉西一世對美國總統小羅斯福曉之以理，稱厄立特里亞現在脫離義大利殖民統治，但無法以獨立國家身分生存，因此應該回到阿迪斯阿貝巴當局轄下。他最主要的盤算是為衣索比亞爭取到出海口。他的提議一直等到一九五二年才獲聯合國同意。可是為時已晚，美國早已以防範蘇聯染指為由，搶先一步在厄立垂亞首都阿斯瑪拉（Asmara）設立情報站，也在該國海岸建立海軍軍港。之後衣索比亞成為美國在這一帶對抗蘇聯的主力，華府也投資大筆金錢在衣國的基礎設施和軍事援助上。

作為非洲少數未曾被殖民國家的領導人，塞拉西一世對非洲整體影響深遠，而他也是一九六三年成立的「非洲統一組織」（Organization of African Unity）的重要推手和擘畫者，該組織總部就設在阿迪斯阿貝巴。該組織隨後於二〇〇二年轉型成「非洲聯盟」，但總部依然設在衣索比亞首都。然而，儘管衣索比亞沒有殖民的過去讓它成為反殖民主義的象徵，它卻始終貧困、低開發且分崩離析。

塞拉西在一九六〇年遭到叛變，但僥倖逃過一劫，但因為他專政獨裁和衣索比亞種族分裂所帶來的衝突卻更加惡化。而索馬利亞脫離英國獨立，鼓勵了衣索比亞境內索馬利族主要定居的歐加登

（Ogaden）地區對中央統治的反抗。索馬利亞雖對歐加登提供援助，卻被衣索比亞軍隊迅速擊潰，但索馬利亞因此倒向蘇聯陣營。雖然索衣兩國順理成章利用冷戰兩大強國，但同時也被兩國利用。一九六〇年代，當時仍屬衣索比亞所有的厄立垂亞也發生叛亂，起初的暴動是因為學校中強制推行阿姆哈拉語，然而這場暴動很快就演變成一場大規模的獨立運動。

一九七四年九月，「武裝部隊、員警和地方自衛隊協調委員會」（Coordinating Committee of the Armed Forces, Police, and Territorial Army）發動軍事政變，這個組織日後成為「Derg」，意為「委員會」，領導人是孟格斯圖．海爾．馬里亞姆少校（Major Mengistu Haile Mariam）。這群叛變的士兵們大開殺戒的第一站就是皇宮。在此他們攔截了時年八十二歲的皇帝，他已經神智不清，所以一時之間沒意識到事態的嚴重性。當他怒斥這群軍人對「上帝的選民」無禮後，就被他們綁在一輛福斯汽車的後座，載出了皇宮大門。穿過街道的途中，這位頭銜包括「猶大部族征服之獅陛下」的前統治者被人群嘲笑並高喊：「小偷！」

一年後，他離世了。官方說法是「因前列腺手術後引起併發症導致呼吸衰竭」。這說法只有前半段被採信。多年來，謠傳他是被一名軍官用枕頭悶死，二〇〇六年，在一次針對該發動叛亂委員會大規模屠殺指控的法庭審理時，出示的證據顯示皇帝是被勒死在床上。在一九九一年該委員會被推翻後，皇帝的屍體被人發現垂直葬在皇宮的廁所下，這時他才終於安葬在阿迪斯阿貝巴的聖三一大教堂（Holy Trinity Cathedral）。

一九七七年，孟格斯圖少校幫自己「晉升」為中校，並建立馬列主義政權。在他的領導下，衣索比亞經濟管理不善、恐怖暴行當道。這類政府的一貫作風，都是將財富重新分配歸政府所有，並以財產即盜竊這個原則來為自己搶奪他人財產開脫。在孟格斯圖執政的十七年中，多達十萬人在「紅色恐怖」中被殺害，還有數千人入獄和遭到酷刑。原與華府的良好合作關係破裂，衣索比亞反倒與蘇聯走到一塊，由後者提供大量武器和軍事顧問。當該國與索馬利亞的衝突再次爆發時，莫斯科當局將原本對索馬利亞摩加迪休（Mogadishu）當局的支持轉到衣索比亞身上，還協助將古巴數千名古巴士兵運往衣索比亞，助衣索比亞再一次戰勝索馬利亞。

馬克思主義經濟政策將生產方式國有化，並迫使僅能自給自足的農民種植額外作物，再以低於市場價格賣出，以餵飽城市和軍隊。多數農民認為這對他們沒有什麼好處，因此這項政策就只是一場災難。一九八〇年代初，低地雨水未如預期來到，饑荒接踵而至。這是二十世紀最嚴重的人道主義事件，估計有一百萬人因此而死亡。同時，厄立垂亞獨立勢力在與衣索比亞軍隊的對抗中佔了上風，不滿的情緒瀰漫全國。

到了一九八〇年代末，委員會政府已經面臨四面楚歌的狀態。厄立垂亞軍隊屢次擊敗衣索比亞軍隊，並與要求脫離阿迪斯阿貝巴政府自治的提格雷地區民兵結盟。隨著戈巴契夫（Mikhail Gorbachev）執掌克里姆林宮，蘇聯對外軍事援助大幅減少，古巴軍隊也紛紛撤出衣索比亞回鄉。戈巴契夫向孟格斯圖說明俄文「開放」（glasnost）和「重組」（perestroika）的意思，但對孟格斯圖而言，要他開放政治和經濟制度，就如同要他聽懂俄語一樣難如登天。冷戰結束了，對過去依賴蘇聯的附庸國領導人而言，就是沒戲唱了。一九九一年五月，孟格斯圖逃往辛巴威（Zimbabwe），他在離開時把能帶的國家財產都帶走了。

衣索比亞的新政府改由出身提格雷族的梅萊斯・澤納維（Meles Zenawi）領導，讓習慣掌權的阿姆哈拉族感到不安。澤納維推動修憲使衣索比亞成為一個聯邦制國家，權力下放到按民族劃分的各州，但只要可以政府實際上還是握著權力不放。新憲法賦予各地區尋求獨立的權力，因此在一九九三年厄立垂亞被承認為獨立國家。憲法大筆一揮，衣索比亞一下就丟失了紅海沿岸的全部海岸線，成為全球人口最多的內陸國家。

但儘管有了這許多政治上的改變，衣索比亞國內的地區緊張情勢依舊沒有消弭，而且厄立垂亞也再次爆發戰爭。一九九三年厄立垂亞建國被承認後，其與衣索比亞之間的邊界問題仍未獲解決；一九九八年，雙方為了巴德梅（Badme）村的爭議而發生一連串事件，最後更引發全面戰爭。兩年打下來，雙方都死傷數萬人，最後衝突結束時，雙方土地沒增也沒減、和戰前一樣，所簽和平條約也沒有充分履行，但在聯合國監督下成立了一個緩衝區好讓雙方不要再打起來。衣索比亞還派遣軍隊重返索馬利亞，試圖影響其內戰。在二〇〇〇年代，衣索比亞經濟穩定成長，但對國內的打壓並沒有減少，成千上萬的示威者和記者遭到囚禁，而且往往以莫須有罪名入罪。

二〇一八年，艾比・阿梅德（Abiy Ahmed）的上台，讓衣索比亞有了新氣象了。這位四十二歲的前中校被選為該國總理。令人耳目一新的是，艾比來自奧洛米亞（Oromia），其父是奧洛莫族的穆斯林，母親是信基督教的阿姆哈拉族。奧洛莫族雖是衣索比亞境內最大民族，過去卻從未主政過。然而，該國的新氣象還不只如此。

他執政的前六個月可以說是大刀闊斧。成千上萬獄中的政治犯，包括記者和反對派人士都獲釋。艾比隨後又在二十人內閣中安插了十名女性閣員，一改上屆只有四名女性和二十四名男性閣員的作風。這又是一個創舉——一個性別平衡的內閣。他還與在衣索比亞索馬利族地區作戰的一個武裝團體簽署和平協定，並解散了以種族為基礎的全國聯合政府，將其中多數人與單一全國性政黨結合；此舉為隔年與提格雷的內戰埋下了禍根，因為多數提格雷族精英都拒絕加入該黨。

最令人意想不到的變化更是迅速到來，令人驚訝不已。在上任後不到幾週，他宣布將遵守西元兩千年為結束兩年戰爭而與厄立垂亞簽訂的協議，他自己當年也曾被派往這場戰爭。一個月後，他就來到厄立垂雅首都，並在阿斯馬拉國際機場的停機坪上擁抱了該國總統以賽亞・阿夫維基（Isaias Afwerki）。雙方隨後簽署了和平條約，正式結束了兩國長達二十年的戰爭狀態，並宣布進入和平與貿易外交合作的新時代。這番努力為他贏得了諾貝爾和平獎，這是該國的第一座諾貝爾和平獎；但兩國之間真正的和解卻還需要努力。

與他國停戰容易，確保衣索比亞境內和平可就難上許多。衣國政府樹敵過多，有些人不滿曾被肅清，有些人希望透過政治發財致富，而最危險的是強大的種族民族主義者，他們企圖在艾比嘗試建立的真正多元化國家中呼風喚雨。在艾比執政的頭幾週，九個聯邦州的幾個邊境地區爆發了種族衝突。幾個月內，數百人喪生，近三百萬人逃離家園。

艾比清算了軍隊中的一些政治守舊派，尤其是曾在該國擁有主導地位的提格雷族。現在有許多批評者認為，去除前朝政府的專制壓迫機制，無異讓緊張局勢重新沸騰，並威脅到衣索比亞的領土完整，而放寬媒體限制更導致社交媒體和廣播上宣洩種族偏見的現象急劇增加。過去許多人曾警告過，衣索比亞聯邦制度很可能重蹈南斯拉夫種族流血分裂的覆轍，種族仇恨的宣洩以及隨後的提格雷地區戰爭，令人相當憂慮。

艾比試圖解決已困擾該國數百年的問題，來避免這個危機。過去衣索比亞的領導權通常握在特定民族手中，而其他民族則被排除在決策過程之外。中央強勢領導難以博取信任，而武力強大的地方則為中央所提防。艾比努力地想讓各方權力核心安心，讓他們知道改革可以讓所有的人受益，並請他們信賴政治過程。他上台前一年的演講中曾說：「我們只有一個選擇，那就是團結……另一個選擇則是自相殘殺。」

控制衣索比亞各地區一直都需要相當武力。難處在於要讓各族視自己為衣索比亞這個民族的一員，讓投入衣索比亞軍隊的人願意捍衛這個國家，從而減少各族對敵國同族軍隊的支持，比如衣索比亞的索馬利族支持索馬利亞的可能性。

為了讓國人把衣索比亞身分認同擺在第一位，其次才是自己的族裔，衣索比亞政府推出名為「衣索比亞民族性」（Ethiopiawinet）的政策，藉此希望大眾了解，其實所有的衣索比亞人都擁有一個共同身分。該政策也鼓勵宗教領袖要朝人類一致性以及基督教和伊斯蘭教的共同價值觀去宣教。然而，衣索比亞民族性與地區自治之間存在著固有的矛盾；依族裔分布來劃分國家地區，等於是隱性地強化各族之間的猜忌和恐懼，削弱了民族國家的觀念。但若不依族裔劃分特定區，肯定會讓企圖爭取自治權的族裔起義對抗政府，這同樣還是會削弱民族國家認同感。這份工作可以說是難於登天，要處理的很細膩、平衡又著重財富公平分配。

儘管存在這些分歧，但在抵抗外侮、興建衣索比亞文藝復興大壩、以及像是奧運金牌得主海爾·格布塞拉西（Haile Gebrselassie）、蒂魯內什·迪巴巴（Tirunesh Dibaba）和蒂基·格拉娜（Tiki Gelana）等運動賽事成就上，衣索比亞國人還是展現出相當的凝聚力。然而，這種訴求民族性的影響力，視時機、場合不同還是有所消長，而且搖搖欲墜。二〇二〇年六月二十九日星期一，在這天晚上發生的事件就讓人看清了這點。

這晚，衣國最著名的歌手、時年三十四的哈恰魯·亨德薩（Hachalu Hundessa）在阿迪斯阿貝巴郊區下車時，突遭一名男子逼近朝他胸口開了一槍；他被緊急送往醫院，不久便不治身亡。之後數天內，該國有數百人死於槍擊。

亨德薩是該國最多數種族奧洛莫族中的超級巨星，他們有時被稱為「邊緣化的多數」。亨德薩是奧洛莫人的精神象徵，他的歌聲訴說他們在衣索比亞政府中所感受到政治和經濟上的歧視，因此亨德薩在其他族群中樹敵甚多；但就連奧洛莫本族一些領導人也對他不滿，因為他猛烈抨擊本族的內鬥。槍擊案發生後不到幾小時，各個團體相互指控，一些奧洛莫人還要求復仇，而佔多數的阿姆哈拉族中則有人則鼓動著要讓奧洛莫人遭到攻擊。政府見狀則下令關閉網路，並盡力壓制抗議活動以及暴動和私刑。

到了週四，電視現場轉播移靈的過程，靈柩從首都啟程運往他在奧洛米亞邦以西一百公里的家鄉安波（Ambo）。但沿途只見奧洛莫人一再攔路，他們主張亨德薩應葬在阿迪斯阿貝巴，因為這裡才是他們的首都，而這是吵了一個多世紀的老話題。在這激烈的暴力場面中，靈車被迫調頭，遺體最終以直升機送往安波。到了這時，有數十人在抗議活動或暴徒襲擊中被安全部隊殺害，但真正的暴力場面才剛要上場。

雖然這場暴力衝突的死傷者看似以阿姆哈拉族和奧洛莫族為主，但其實也有宗教因素在內。阿姆哈拉族主要為基督徒，而奧洛莫族則多為穆斯林。成群的奧洛莫青年手持砍刀和刀子衝進阿姆哈拉族社區和信奉基督教的奧洛莫族社區，高喊「這是奧洛莫人的家園」，更有人手持居民姓名和種族對照名單。隨後就發生了殺人、私刑和斬首事件，許多建築被毀。受害最嚴重的是奧洛米亞邦的多種族混居城市沙沙梅內（Shashamene）、阿姆哈拉族在此是少數民族。該市最受喜愛的餐館經理穆尼爾·阿邁德（Munir Ahmed）眼睜睜看著餐廳被針對非奧洛莫人的暴徒所毀：「我們哭著求他們住手，」他說：「但對他們來說，我們就是敵人。」他的員工則逃離該市。

七月初那段可怕的日子不僅讓人看到人性最醜陋凶殘的一面，也看到衣索比亞這個國家所面臨文化、政治和經濟的挑戰。在該國各族群中，仍有許多人只想著為本族奪得權力。奧洛莫族更是對自己作為最大族群卻沒能將多數權力握在手中一事憤憤不平；阿姆哈拉族則始終在意自己曾是該國史上統治最久的種族；而提格雷族則想要重回早前不久的統治者地位，雖然該族只佔全國人口的百分之六。少數族群如古拉格人（Gurage）、阿法爾人（Afar）、西達馬人（Sidama）和其他族群則始終對自己任憑較大族群宰割而感到不安。

讓國內各部落族群相安無事、並確保邊界無虞，同時讓經濟成長獲得安全環境，這些都是衣索比亞當前的最大挑戰。但問題是，自一九九三年以來，所有的衣索比亞領導人都面臨著相同的地理難題：缺乏入海管道。現代衣索比亞並無返回阿克蘇姆時代帝國的野心，但也深知若想生存和繁榮，就要掌握可靠貿易路線。偏偏衣索比亞的進出口大多要打道鄰國。

衣索比亞最重要的貿易路線是紅海。紅海是海上貿易的隘路，包括狹窄的巴布埃勒曼德海峽（Bab-el-Mandeb Strait，意為「淚之門」），途中要經過沿岸十個國家。衣索比亞約九成進出口貨物走海路，而幾乎所有的貨櫃都要經過吉布地的深水港。在二〇一九年吉布地—衣索比亞高速公路被示威者佔據，造成衣索比亞境內燃油幾乎耗盡後，更讓人看清依賴單一貿易路線的危險。為了預防這個問題，衣索比亞一直想方設法買下吉布地各港口的股份，目前它已經購得索馬利亞叛亂地區、索馬利蘭的柏培拉（Berbera）港百分之十九的股份，並持有蘇丹港和肯亞拉穆（Lamu）港的股份，同時它也重新開放了通往厄立垂亞眾港口的道路。

但不僅是吉布地，甚至整個非洲之角海岸線都已成為地緣政治的戰場，這逼使阿迪斯阿貝巴多少還是得仰賴大國鼻息。

中國是這裡最具影響力的大國。衣索比亞約三成三的進口和百分之八的出口都靠中國。中國還投資了該國大型基礎建設計畫，包括興建一條全電氣化鐵路，將吉布地與七百二十五公里外的阿迪斯阿貝巴連接起來，以取代年久失修的百年鐵路網。

北京當局在吉布地取得軍事基地後，引來外界側目，但在紅海沿岸的激烈競爭中，中國不過是其中之一。美國、中國、日本、法國和義大利都在這裡建有軍事基地，其他有意進駐的國家，包括俄羅斯、卡達、阿拉伯聯合大公國、土耳其也在暗中較勁，試圖取得一席之地。

二〇一五年，沙烏地阿拉伯－阿拉伯聯合大公國聯軍介入葉門戰爭時，阿拉伯聯合大公國向厄立垂亞的港口城市阿薩布（Assab）租用了部分區域，將其改造成空軍基地，以便從非洲越過紅海攻擊葉門。阿拉伯聯合大公國同時還參與了連接阿薩布和阿迪斯阿貝巴輸油管的建設。阿拉伯聯合大公國的想法是，不僅要插手非洲之角的政治，還希望投資這個供其出口燃料、塑膠和動物產品的地方，並從其日益成長的消費市場分一杯羹。但對中東諸國而言，紅海和非洲之角關係到區域全面性的控制權，會有意見的不只近鄰還有遠親。

二〇一七年，沙烏地阿拉伯和阿拉伯聯合大公國在指責卡達支援恐怖主義、破壞區域穩定之後，與卡達終止外交關係。土耳其作為沙國和阿聯的競爭對手，這時選擇支持卡達，原本只在阿拉伯半島延燒的爭端因此波及紅海對岸，把土耳其、阿拉伯聯合大公國、土耳其和埃及全都扯了進來。土耳其總統艾爾段政府中的鷹派認為，阿拉伯聯合大公國資助了二〇一三年埃及穆斯林兄弟會所屬總統莫爾西的政變（艾爾段的盟友），同時也支持了二〇一六年推翻艾爾段的失敗政變。

阿拉伯聯合大公國原本與索馬利亞摩加迪休政府關係良好，但後來它發現後者與卡達還有土耳其站在同一邊後，就將原本供給後者的資金，轉投給了索馬利蘭和邦特蘭（Puntland）自治區，因為它原就在這裡建了一座軍事基地和兩座海港。其他國家也看到了在索馬利亞海岸線擁有軍事實力的好處，這可是非洲大陸最長的海岸線。在波斯灣國家嗅到好處之前，土耳其早就在索馬利亞投資多年，現在更擁有索馬利亞政府轄下所有主要機場和海港的控股權。當它又在摩加迪休增建了一座大型軍事基地後，阿拉伯國家更加擔心它想在索馬利蘭這個前鄂圖曼帝國屬地重現過去的帝國霸權。然而安卡拉政府不承認這項罪名，並自稱其外交政策不過是「積極向上和講求人道主義」。但阿拉伯國家可聽不下去，而土耳其與阿拉伯國家之間的緊張局勢一旦升高，連帶的也會蔓延到紅海對岸的非洲之角。

在地理上，衣索比亞不可能置身卡達—土耳其／沙烏地阿拉伯—阿拉伯聯合大公國的諸國衝突之外，只能儘量維持中立的立場。因為如此，它反倒儘量配合所有的插旗者，同時小心翼翼避免被他們視為別人的附庸國。

沙烏地阿拉伯和阿拉伯聯合大公國在衣索比亞的能源產業、旅遊業和製造業領域都有投資，同時還增加了對其農業的投資，以保護本國的糧食供應無虞。土耳其在被波灣國家趕離厄立垂亞後，也一直忙著在衣索比亞的佈線；衣索比亞費心經營的中立立場，讓土耳其得以在該國維持大量經濟活動。在軟實力方面，土耳其已在衣索比亞忙著蓋學校和清真寺，同時擴大其經濟足跡、目前更成為該國僅次於中國的第二大投資國。這是安卡拉政府從二〇〇五年展開的「擁抱非洲」（Open to Africa）政策的一部分。這政策主要是經濟戰略，但在衣索比亞，它同時也有潛在的外交利益，因為衣索比亞和土耳其都與埃及關係緊張。它們共同對埃及的不信任，在衣索比亞需要盟友支援他們解決與埃及的最大爭端時，就非常有用：那就是衣索比亞文藝復興大壩。該壩是非洲最大的水力發電廠。

藍尼羅河在流經蘇丹首都喀土穆（Khartoum）後，與白尼羅河（White Nile）匯流為尼羅河並流入埃及。該大壩就建在衣索比亞境內離蘇丹邊界幾公里處。預計到了二〇二〇年代左右，其水庫將會到達滿水位；屆時，蓄水將向後回流約兩百五十公里，來到衣索比亞高地和尼羅河源頭。二〇二〇年夏天，在大壩動土九年後，從非洲大裂谷高空拍攝的衛星圖顯示，儘管阿迪斯阿貝巴政府和開羅方面並未對此達成共識，但大壩後方水庫的水位已經在緩緩上升了。這顯示衣索比亞方面已經在利用雨季將水位提升到可以測試渦輪機的程度，目的是要確知該渦輪機未來能為該國大部分地區供電。

但對埃及而言，建造該大壩掐住了它的死穴，這件事正好是「國家是地理囚徒」的最好範例。尼羅河是埃及與其人民的命脈；沒有尼羅河，就沒有埃及。但尼羅河流入埃及的水量有八成五來自藍尼羅河，而藍尼羅河的開關這下子就落到了衣索比亞手上。倒不是說衣索比亞將完全切斷尼羅河的水流，但它的確有辦法這樣做。

雙方對這件事那麼糾結是可以理解的。埃及大部分地區是沙漠，因此其一億零四千萬人口中有九成五都集中在尼羅河沿岸和尼羅河三角洲。開羅方面擔心的是，即使衣索比亞大壩只留住一成尼羅河水量，不到幾年的時間，就可以讓埃及五百萬農民失業、農產減少一半，進而危及正忙著對抗伊斯蘭叛亂份子的埃及國家穩定。即使在尼羅河水量正常的情況下，埃及北部三角洲地區都免不了受到地中海海水入侵的影響，而面臨著更高的鹽化風險。開羅政府在這個爭議中的立場是站在殖民時代的協議，以及一九二九年的《英埃條約》（Anglo-Egyptian Treaty）答應埃及每年能獲得一定的分配水量，還擁有否決權，能阻止上游國家在該河沿岸修建水壩。

但看在衣索比亞眼裡，可不是這回事，它認為這項協議簽訂時並未問過其意見；而它坐落在尼羅河上游，掌握了地理上的優勢。造大壩的計畫多年來一直被視為衣索比亞之光，也是衣索比亞未來命脈所繫。大壩即將生產的能源之多，未來還能把多餘的能源供給蘇丹。阿迪斯阿貝巴政府說，該國上游地區農業多半仰賴雨水灌溉，偏偏又有週期性乾旱問題，因此數百萬衣索比亞人都有著糧食短缺的隱憂。衣索比亞人對開羅的立場不以為然，在他們眼中，埃及是一個殖民強權，曾以其龐大的奴隸市場協助殖民帝國進行奴隸貿易，也試圖入侵衣索比亞，現在又想阻止衣索比亞擺脫貧困。

埃及總統塞西則說，他將用盡「一切可能的手段」捍衛埃及權益。這是不惜一戰的架勢了，許多分析家因此推測，一場大規模的「水戰爭」恐怕難以避免。衣埃兩國的水戰爭危機已蠢蠢欲動超過五十年的時間。一九七〇年，衣索比亞政府接洽一家美國公司，研擬在尼羅河上游修建大壩的影響。當時的埃及總統安瓦爾・沙達特（Anwar Sadat）聞訊勃然大怒，威脅不惜發動戰爭。

然而，埃及真要動用武力卻不是那麼容易，限制很多，首先還是地理因素。在戰略上，地理對衣索比亞有利，因為衣索比亞是沒有出海口的內陸國，埃及地面部隊要進攻，就必須借道蘇丹、或者一路從紅海南下，再借道厄立垂亞。沒有軍隊喜歡這樣，更不用說是像埃及這樣近期沒有作戰後勤經驗的軍隊了。再者，觀諸埃及的作戰史也不樂觀。埃及在一八七四至一八七六年間，一度想入侵衣索比亞，但功敗垂成，這個過去再一次提醒人，像衣索比亞這樣始終沒被殖民過的國家，其國力之強，企圖對它動武的國家最好三思。一九六〇年代，有七萬埃及士兵跨過紅海，投入葉門內戰，但最終也以失敗告終，最後只回來了六萬人。

埃及也曾考慮過空襲大壩，但這計畫似乎已被棄置，因為攻擊大壩會導致蘇丹洪水氾濫，引起國際公憤。此外，埃及的F-16戰機和拉斐爾噴氣式戰鬥機（Rafael）則有加油問題；即使戰機能躲過環繞水庫厚重外牆上所架設以色列現代導彈防禦系統，這些戰機也會面臨缺少燃料無法回航的窘境。衣索比亞陸軍武器裝備雖不如埃及精良，但至少是來自法國、俄羅斯、以色列和美國的軍購；而它的常備軍算是有作戰經驗，在熟悉的土地上作戰不成問題。問題是，除了地理優勢外，該國沒有任何真正的軍事盟友，但其地理優勢卻對其相當有利。但塞西總統這人似乎並不是樂於冒險的人，而在埃及政壇，開戰的風險非常高，不是只要擔心打敗仗，還要擔心因此失去政權、甚至賠上自己一條命。

讓埃及無法任意開戰的另一個限制是外交。沙烏地阿拉伯和阿拉伯聯合大公國在衣、埃兩國都有大量投資，它們不會希望看到自己的龐大投資受到戰火破壞。而中國雖然支持衣索比亞建大壩，卻也不希望看到兩國掀起戰火。北京對阿迪斯阿貝巴有一定的影響力，儘管它不在意該國政治缺乏透明度和人民的工作條件不佳，但社會穩定卻是它在意的，因此也出言相勸要雙方克制。衣索比亞為了讓開羅安心，保證衣國大壩不會對下游用水有重大影響；但埃及已逐漸調整其農業部門，改為生產耗水較少的農作物。

蘇丹和南蘇丹政府正在密切觀察，但它們沒有埃及那麼擔心。衣索比亞承諾保持水量穩定，並向這些鄰國出口多餘電力。衣國進口蘇丹和南蘇丹石油時，會給予優惠條件做交換。「黑金」換「藍金」的作法，可以彌補衣索比亞石油產業不夠規模的缺點。

對所有依賴尼羅河水系的國家來說，水是國家安全問題。烏干達、布隆迪、剛果、埃及、肯亞、衣索比亞、厄立垂亞、盧安達、南蘇丹、蘇丹和坦尚尼亞都關注尼羅河流經其邊境的情況，但沒有一個國家像埃及會受到那麼大的影響，也沒有一個國家像衣索比亞有著這麼小的風險。埃及在雄踞尼羅河流域百年後，如今不得不承認時不我予。古希臘歷史學家希羅多德（Herodotus）曾說埃及為尼羅河的恩賜，但這個恩賜卻可能會被衣索比亞復興大壩輕易帶走。

反觀衣索比亞，衣索比亞復興大壩能為該國帶來千載難逢的良機，讓該國脫離長達數百年貧困和種族暴力循環的噩運。現代技術正在幫助衣索比亞跳脫地理的牢籠。與許多其他非洲國家一樣，衣索比亞的河流可供航行的河段相當短，主要因為它們從高原突然降到平地，所以貿易用途很有限。但這些河水向來帶給衣索比亞相當的政治實力，而現在這座「水塔」更將水轉化為政治實力和電力，讓衣國多了能源這項政治籌碼。

若妥善使用這些水，公允來說，其所生產的廉價且豐沛電力將改善數千萬人的生活，更會進一步改善衣、埃兩國的關係。若再加上廉潔且有效的政府，衣索比亞將走上政經穩定的道路，並以區域大國的身分正式受到擁戴。

然而，衣索比亞的挑戰非常多。氣候變遷加劇了低窪地區頻發的乾旱，濫砍森林則導致水土流失和沙漠化。該國又持續收容數十萬名來自南蘇丹、索馬利亞和厄立垂亞的難民，以及一百多萬境內流離失所的人民。而非洲之角又是極端組織和海盜的集散地，這種情況短期內似乎不會有太大改變。

要處理這些問題需要國家穩定，偏偏這又是最大的難題。衣索比亞有句諺語：「蜘蛛網若能團結，獅子都難脫身。」這句諺語並非出自政界，但用在政治上卻頗適合。如果政界和商界能成功帶起經濟，政治家能齊心協力團結國家，那麼「非洲成功故事」就是一個可行的選項；否則憑衣索比亞鬆散的國家凝聚力，可能無法維繫住國家而不致崩解。

第九章　西班牙

「西班牙反對人和大自然。」

——葛楚・史坦（Gertrude Stein）

在西班牙山區蜿蜒多沙小路上行駛的樂趣之一是，一轉彎眼前就出現巍峨的巨大城堡，屹立在一片看似難以攀登的岩石上。有些城堡已是殘垣斷壁，有些則還保存得相當美，但所有的城堡都是瞭解西班牙地理和歷史的關鍵。

在中世紀早期，這些宏偉的建築是梅塞塔（Meseta）地區的顯著象徵，這片土地位於西班牙中部的廣闊平原。正因為這麼具有象徵性，讓這個地區因此被以西文中的「castillo」（城堡）一詞命名為卡斯提爾（Castile），意即「城堡之國」。

這是個非常適合整個國家的名字，西班牙是一座巨大的城堡。從地中海到大西洋，穿過狹長的沿海平原就能很快遇上高聳的山牆，而整個國家中心地區都由高原組成，有高山也有深谷。梅塞塔地區讓西班牙成為歐洲最多山的國家。

在梅塞塔正中心的是馬德里（Madrid）。這座城市在十六世紀被選為首都，正是因為它位於西班

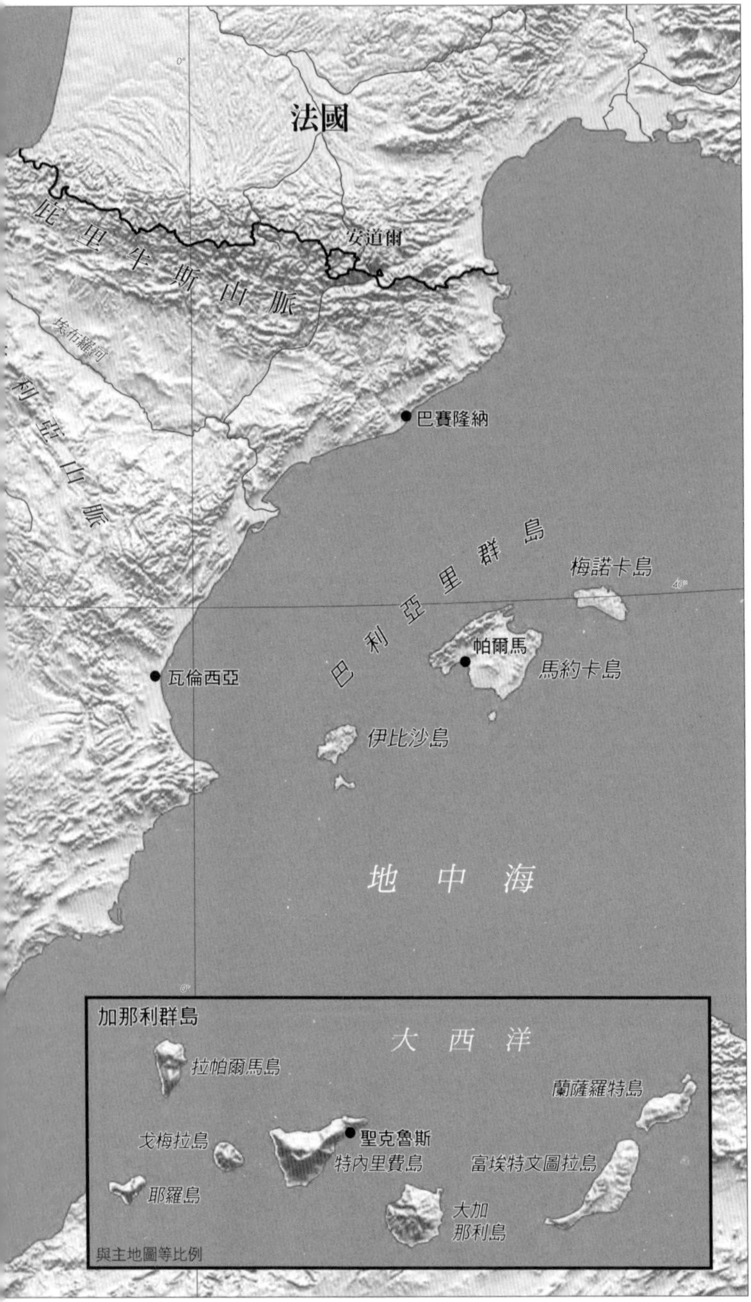
法國
庇里牛斯山脈
安道爾
埃布羅河
巴賽隆納
巴利亞里群島
梅諾卡島
帕爾馬
馬約卡島
瓦倫西亞
伊比沙島
地中海
加那利群島
大西洋
拉帕爾馬島
蘭薩羅特島
戈梅拉島
聖克魯斯
特內里費島
富埃特文圖拉島
耶羅島
大加
那利島
與主地圖等比例

比斯開
拉科魯尼亞
坎塔布里亞山脈
梅
塞
塔
中央山脈
馬德
高
大
西
洋
葡萄牙
塔霍河
托雷多
西班牙原
里斯本
瓜迪亞納河
莫雷納山脈
瓜達爾基維爾河
塞維亞
貝蒂科山
格拉
馬拉加
加的斯
英屬直布羅陀
直布羅陀海峽
西班牙屬休達
100miles
100km
西班牙屬
摩洛哥

牙中心；理想上是希望能透過這個地理位置，對全國進行更集中化的控制，讓它和其他對手的權力中心距離拉近。但西班牙多山的地形和廣大的幅員（它有英國兩倍大），卻讓國內貿易連結以及政治控制無法順暢，反而造成各地區一直保有文化和語言上強烈的地方認同。就是因為西班牙國內的差異是這麼複雜而強烈，所以它的國歌沒有歌詞，因為大家對歌詞難有共識。這些分歧始終未去除——尤其在北部地區，更是嚴重到近代有極端份子在巴斯克（Basque）地區發起恐怖活動，不惜使用暴力要脫離馬德里政府的控制，而在加泰隆尼亞也有政治運動希望達到同樣目的。儘管馬德里政府不再如過去那樣毫不客氣地凌駕和鎮壓地方，但地區民族主義暴力的幽靈依然籠罩許多地方。

在歐洲，人們對民族和民族認同習以為常，因為現代民族國家的概念就源自於這裡。大家很自然認為自由、民主是再正常不過的事。但要是回顧過去和綜觀全球，自由民主根本就不常見，在多族裔、種族國家中要談民族認同更是難以成立。西班牙雖是歐洲最古老國家，在一五〇〇年代就已經成立，但它的各個地區卻始終沒辦法與中央團結在一起。西班牙是歐盟熱心的成員國，但歐盟的存在卻會削弱現有民族國家的凝聚力，鼓勵地方分離，加泰隆尼亞便是如此，其民族主義者想要脫離西班牙、進入歐盟。西班牙同時也是個年輕的民主國家，其民主體制的基礎算是紮實、也沒有什麼近憂，但其國內卻存在著長期以來的反民主種子，只要一有機會就可能會捲土重來。而這所有的問題都植基於該國的地理和歷史之上。

西班牙王國的人口密度低於大多數的西歐國家。除馬德里外，其大多數主要的城市都分布在海岸線旁，比如巴賽隆納（Barcelona）、瓦倫西亞（Valencia）和畢爾包（Bilbao）；其內陸地區，尤其是梅

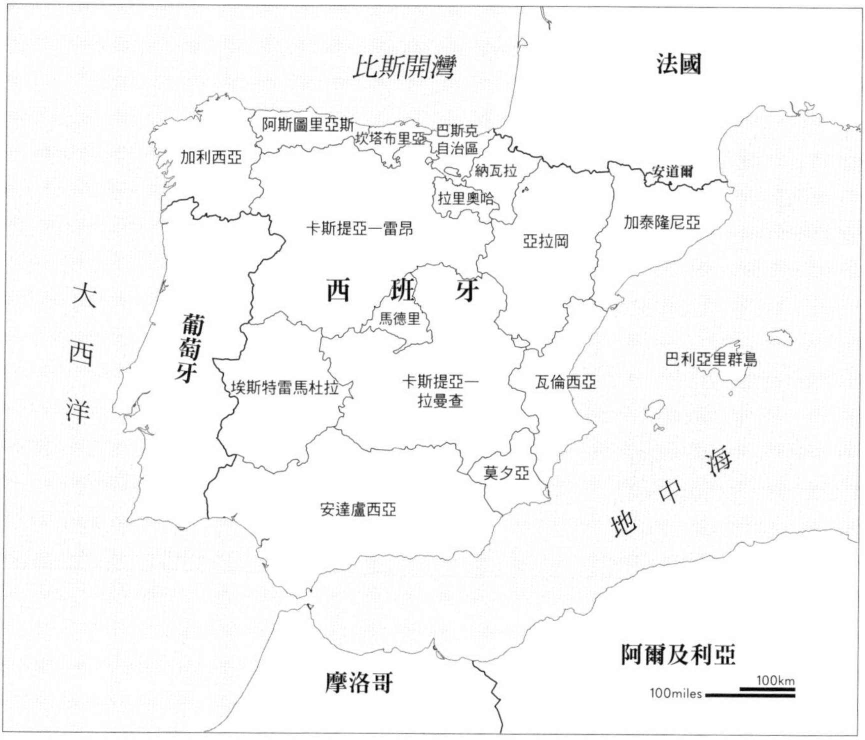

西班牙國內各地區一直保持著強烈的地方身分認同，尤其是加泰隆尼亞、巴斯克地區和加利西亞。

塞塔地區，有時被稱為「空無一人的西班牙」（La España vaciada），因為從農村地區向城鎮和城市遷移的人口在二十世紀速度加快所致。數世紀來，西班牙人口時增時減，見證了其劇烈變化又狂暴的過往。現在西班牙全國人口約為四千七百萬，但預估在未來四十年間將會減少約五百萬。

西班牙是歐洲第四大國，僅次於俄羅斯、烏克蘭和隔鄰法國。西班牙其他的鄰國還有英屬直布羅陀、安道爾（Andorra）和葡萄牙；西國與葡萄牙的國界是歐盟中最長不間斷國界。但西班牙還有一位鮮為人知的鄰居——摩洛哥（Morocco）。這是由於在摩洛哥境內有其兩座海外濱海城市休達（Ceuta）和梅利亞（Melilla）。從西班牙本土可以看到北非海岸線上的休達，距離直布羅陀海峽僅十三公里。在地中海還有它的巴利亞里群島（Balearic Islands），其數量共有一百五十一座。這是歐洲最大群島，但有住人的只有五座：馬約卡島（Majorca）、梅諾卡島（Menorca）、伊比沙島（Ibiza）、福門特拉島（Formentera）和卡布雷拉島（Cabrera）。由此向南則有加那利群島（Canaries），位於非洲西北部外海一百一十公里處，但距離西班牙本土則有一千六百公里。這座群島共有八大島，其中較為人所知的是特內里費島（Tenerife）和大加那利島（Gran Canaria）。

以上這些地理條件都為西班牙帶來了防禦上的軍事優勢，讓它得以控制進出地中海的航道，並建立保持軍事和貿易聯繫的港口和基地，進而打造出歐洲最強大的軍隊，以建立帝國。然而，即使在西班牙國力最盛時期，其內部地理環境也限制了其創造財富的能力和政治上的統一。

庇里牛斯山（the Pyrenees）雖得以阻擋入侵者，卻也阻礙了貿易往來。靠近山脈的狹窄沿海平原只夠有限農業發展，但西班牙算是已經把有限資源發展到相當好了，其生產的橄欖、柑橘和葡萄酒聞名於世。梅塞塔平原出產大量糧食，但偏偏這裡也是一樣被山勢阻擋，阻礙了將這些糧食運往全國各地和港口的管道。

西班牙和法國、德國不同，它沒有大型河流沿著廣闊平原奔流不息。其多數河流都很短，水量也很小，有些甚至在夏季會乾涸。近年來，西班牙的乾旱十分嚴重，農作物枯萎，整個地區供水都要靠配給。西班牙人有一句講這種情況的黑色笑話：「這下子樹木都要追著狗跑了」，意指缺水缺到求狗尿尿。

西班牙的五條主要河流中，有四條流入大西洋，只有埃布羅河（Ebro）流入地中海。多數河流離出海口不遠處就無法再行船，不利貨物運輸、也不利遭遇外侮入侵時運送軍隊。瓜達爾基維爾河（Río Guadalquivir）是唯一可以通航的內陸河。這意味著塞維亞（Seville）是該國唯一能夠容納遠洋船隻的內陸河港，正因如此，塞維亞在過去曾經是西班牙的最大城市。也是因為這樣，八世紀來此的摩爾人（Moors）選擇在此建立回教王朝，並統治了這裡八百年，還向北拓展勢力的範圍遠達科爾多巴（Córdoba）。西班牙境內的河流雖然用處有限，但對農業地區的灌溉至關重要，在現代更成為水力發電的來源。但除此以外，西班牙基本上是一個乾燥的國家，乾燥到有沙漠化的可能。其南部的山脈從東到西橫貫整個半島，形成了阻擋大西洋濕潤空氣的巨大屏障。加利西亞（Galicia）和坎塔布里亞（Cantabria）山脈從中受益，但梅塞塔平原的降雨量卻因此很少，對其資源造成了壓力。在地中海沿岸，則因為從多孔岩石地帶超抽地下水，造成海水入侵、土地鹽化。這進一步導致各地區為了資源問題而弄得不愉快。許多國家為了水資源的分配會和鄰國產生齟齬；西班牙的齟齬卻在國內。

由於山川阻隔造成貨物和人員運輸困難重重，正是阻礙西班牙成為強大中央集權國家的因素之一，也因為這樣保留了各地區認同和語言。馬德里政府曾想要借鐵路和公路來克服這些地理障礙，其國內第一條火車線路建於一八四八年，連接了巴賽隆納和馬塔羅（Mataró）兩個港口城市之間二十九公里的路線。此後，多數線路都以馬德里為起點，輻射狀向外延伸。直到二十世紀下半葉，西班牙的現代公路系統才正式連接起來；第一條高速公路於一九六九年開通了一小段，同樣是連接巴賽隆納和馬塔羅。雖然歷代西班牙政府費盡苦心想要創造「西班牙民族性」，但加泰隆尼亞族、巴斯克族、加利西亞族和其他族群卻決心保持自身的原貌；將他們分隔開來的地理位置，則幫了大忙。例如，德斯佩納佩羅斯峽谷（Despeñaperros）是一條令人驚歎的峭壁河谷，也是穿越四百八十五公里長莫雷納山脈（Sierra Morena）唯一的主要天然路徑。而莫雷納山脈兩邊，則分別是安達盧西亞（Andalusia）與梅塞塔。

西班牙位於歐洲最西南部這個地理位置，這意味著自古以來，前來定居的人分別來自歐洲和北非，包括迦太基人（Carthaginian）和羅馬人。「伊斯帕尼亞」（Hispania）曾有六百年時間納入羅馬帝國轄下。儘管羅馬只為其公民在此造了少數幾個殖民地，卻給這個國家的建築、宗教和語言留下深刻的影響，也為整個伊比利亞半島的文化打下許多基礎。拉丁語式微後，從中誕生了卡斯提利亞語（Castilian）、加泰隆尼亞語（Catalan）、加利西亞語（Galician）和葡萄牙語。

接著西哥德人（Visigoth）來了！與羅馬人相比，來自北方的日爾曼入侵者取代了羅馬人的地位，儘管西哥德人曾在西班牙歷史存在長達數百年之久，但他們卻沒有留下多少痕跡。西元七一〇年，西哥德國王維提察（Witiza）逝世，西斯帕尼亞被敵對的列強瓜分。這種情形通常會釀成災難，尤其是當一方引入外國軍隊時。分裂的王室往往難以為繼，西哥德王室更是分裂到國力疲軟，幾乎一夜之間就垮台。中間發生什麼事並不清楚，但威提察國王的家人似乎向北非的穆斯林軍隊求援，想藉他們之力打敗國內對手羅德里克國王（King Roderick）。結果穆斯林一來到西班牙就決定：「這國家挺不賴的，我們乾脆拿下來吧。」

西元七一一年五月，塔里克·伊本·齊雅德（Tariq ibn Ziyad）率領一支七千人部隊在直布羅陀登陸，到了七月中旬時，塔里克·伊本·齊雅德就擊潰了羅德里克的軍隊，並趁機取了他性命。齊雅德從那裡向北挺進，佔領了首都托雷多（Toledo）。這時又有一支一萬八千人的軍隊馳援，不到幾年，穆斯林就控制了半島大部分的地區，從此他們稱這裡為「安達盧斯」（Al-Andalus）。

這支穆斯林軍隊之後又曾多次跨越庇里牛斯山向北進攻，但隨後發生了圖爾戰役（Battle of Tours），許多歷史學家認為多虧此仗，才讓歐洲基督宗教沒被穆斯林所取代。西元七三二年，一支龐大的軍隊向盧瓦爾河（Loire River）以北推進途中，遭遇了法蘭克族（Frank）領袖夏爾·馬泰爾（Charles Martel），沒想到法蘭克族意外戰勝。馬泰爾認為必須將穆斯林防堵在伊比利亞半島，否則基督教歐洲就會淪陷。一千年後，偉大的英國歷史學家吉本（Edward Gibbon）也贊同：「萊茵河並未比尼羅河或幼發拉底河更難以跨越，阿拉伯艦隊大可以不經海戰就駛入泰晤士河（Thames）河口。」

若是馬泰爾當初沒能打勝仗，日後就沒有查理大帝（Charlemagne，又譯為查理曼，他是馬泰爾的孫子）。他在庇里牛斯山以南、即現在的加泰隆尼亞地區建立了一個緩衝區，該地區成為後來的伊比利亞「收復失土運動」（Reconquista）的東翼。穆斯林大軍來到圖爾城之後終於回防，於西元七五六年至一〇三一年間定居下來，並建立了安達盧西亞伍瑪亞（Umayyad）王朝，擁有伊比利亞半島三分之二面積。

當時首都科爾多巴的文明可能是世界上最璀璨的。圖書館林立，文學、科學和建築都蓬勃發展，穆斯林學者為西歐帶來了知識和文化復甦。阿拉伯語尤其在西班牙留下了印記：除拉丁語外，西班牙語從阿拉伯語得到的詞彙要遠勝於其他語言。光是直布羅陀這個地名就出自塔里克·伊本·齊雅德之名：被稱為「塔里克的山（Jabal Tariq）」。

一〇三一年伊斯蘭王國垮台後，瓦解成許多小王國。這時信奉基督宗教的其他國家看到了解放這塊曾是基督宗教土地、讓它脫離伊斯蘭統治的機會。一〇六〇年代，教皇亞歷山大二世（Pope Alexander II）承諾，凡加入征討穆斯林行列的戰士都有被赦罪的機會。到了一〇八五年，攻入梅塞塔中部地區的要衝托雷多城被基督信仰國家軍隊奪回。不論是從戰爭或西班牙和歐洲的未來來看，這都是一個關鍵時刻。

一二一二年，基督宗教軍隊突破了德斯佩納佩羅斯山口，到一二五〇年，幾乎整個伊比利亞半島都回到了基督宗教信徒的統治之下，只有南部海岸線沿岸的格拉納達（Granada）王國例外。格拉納達認清了風向，於是向卡斯提爾進貢，讓它得以再延續將近兩百五十年的國祚，時間長到夠它建造阿爾罕布拉（Alhambra）等宮殿。

聽到「收復失土運動」這詞，可能會以為這是一個統一的行動，但由於西班牙的地理位置，北部的基督宗教諸王國通常都只能個別出擊。在東北部，亞拉岡（Aragon）可能會單獨進攻，希望能獨佔一塊領土，而同一時間在西北部的加利西亞可能正在重整旗鼓，計畫下一場戰役。收復失土行動是以條狀向南進行的，而非如波浪般的湧現，這也讓現代西班牙儘管逐一拼湊成形，始終是東一塊西一塊。

時間快轉到一四六九年，穆斯林在西班牙的頹勢開始了。卡斯提爾的女王伊莎貝拉一世（Isabella I）嫁給亞拉岡的國王斐迪南二世（Ferdinand II），亞拉岡和卡斯提爾的王室因此成為一家。從地理上來看，西班牙東部、北部和西部結在一起。然而，這個結合在實質政治上成效有限，對經濟影響也不大，另外也還是有自治地區存在，但這確實是催生現代西班牙的關鍵一步。之後在短短不到二十年裡，西班牙的國力有大幅的進展。

一四八二年，這對被稱為天主教雙王（Catholic Monarchs）的王室夫婦對格拉納達發動長達十年的進攻。一四九二年，隨著伊斯蘭大公國的投降，格拉納達被併入卡斯提爾，伊比利亞八百年的穆斯林統治告終。穆斯林在這片土地的那段期間，為後人做先鋒、留下深刻的影響。按照當時的標準來看，穆斯林並不比其他人殘酷；它們推動知識進步，並在其統治的大部分時候，允許相當的宗教自由。基督徒和猶太人的生活受到限制，必須繳納非穆斯林的「吉茲亞」的人頭稅，佩戴標示其信仰的徽章，並會遭受一系列其他羞辱，但卻沒有逼迫其必須皈依或屠殺他們、也沒有規定他們只能住隔離區。

相較之下，伊莎貝拉和斐迪南卻從教會手中接管西班牙宗教裁判所（Inquisition），試圖將西班牙統一在一個宗教之下。一等收復失土行動完成，西班牙境內的穆斯林和猶太人就要做出選擇：要不改宗、要不驅逐出境、要不死刑。

猶太人在伊比利亞半島上生活了一千多年的歲月，但從一四九二年三月開始，限期四個月，他們被迫離開故土，並禁止攜帶黃金、金錢、馬匹或武器。對被驅逐出境的西班牙猶太人數量有多少，史學家沒有達成共識，現代估計約有四萬人。從那以後，西班牙再也沒有大量的猶太群體。該驅逐令一直到一九六八年才正式廢止。

一五〇二年，西班牙的宗教清洗轉向穆斯林。許多穆斯林因此改宗，這些人中有些私底下還是信奉伊斯蘭教。改宗的穆斯林被稱為「小摩爾人」，忍受著其他人對其可能是「內奸」的懷疑，到一六〇九年時終究還是遭到驅逐出境。數十萬人因此流離失所；瓦倫西亞王國失去了三分之一的人口，之後有一整代其農業一片荒蕪。

遺憾的是，民意調查顯示，西班牙反猶心態根深柢固，很難徹底從西班牙文化中根除。在語言方面，不少還在使用的西班牙字彙都有這種負面暗示，而且西班牙語使用者往往沒有意識到其傷人的程度，比如說，「judiada」在西班牙文中意謂下三濫手段或是殘忍的作為；而在列昂（León）市，還有一種飲料名為「matar judíos」（殺死猶太人），直到今天的聖週期間還是會飲用。而一個名為「Castrillo Matajudíos」（猶太人殺手營）的小鎮更是一直到二〇一四年才改名。數年前，我奉派前往以色列執行任務。行前我樓上公寓的女性住戶，來自西班牙北部，六十多歲矮壯、和藹可親、笑容滿面、非常擔心我的安危，甚至把我拉到一邊低聲說：「提姆，要當心那些猶太人啊！」

的確，現在許多歐洲國家語言中都還殘存這種反猶遺緒，也都在檢視自己的字彙，但要說到這類冒犯人的字彙，那西班牙確實比別人多。在埃斯特雷馬杜拉（Extremadura）省有一個村落名為Valle de Matamoros，意即「殺摩爾人村」；而且Matamoros這個字在西班牙還是個姓氏，只是不常見而已。數百年來，從宗教裁判所一直到佛朗哥時代，西班牙定義自己為統一國家的方法，就是打著他們從骨子裡是天主教國家及信仰捍衛者的名號。在西班牙如猶太人和穆斯林等宗教少數往往被當作典型的「外人」。

這兩位西班牙君主都相信自己肩負著宗教義務，要讓盡可能多的人改信他們的宗教，不僅在西班牙國內，還要擴展到海外。在這樣的氛圍下，一位四十歲的義大利冒險家克里斯多夫·哥倫布（Christopher Columbus）出現了。哥倫布多年來一直纏著這兩位西班牙君主，希望他們能贊助自己的探險行動——尋找一條通往印度、中南半島的海路捷徑。最後他們出了一筆錢，足夠哥倫布抵達伊斯帕尼奧拉島（Hispaniola，今天的海地／多明尼加共和國），在此他發現了少量黃金，但卻在寫給伊莎貝拉女王的信中，誇張成「巨型金礦」。宮廷的反應是：「黃金！你是說有黃金嗎？那可得派艘大點的船去。」而隨後在拉丁美洲發現的財富，讓西班牙成為世上最強大的國家。

這樣一來，其他國家自然會想分一杯羹。一四九三年，葡萄牙威脅若不交出哥倫布偶然發現的地方，就要發動戰爭。所幸，教皇亞歷山大六世（Pope Alexander VI）認為自己有「全能上帝的權威」，可以在大西洋上自北向南畫出一條假想線，才讓兩國免於一戰。凡在這條假想線以西新發現的所有土地都歸西班牙所有，以東的土地則歸葡萄牙所有，任何人若有異議，就以逐出教會款待。就這樣，這紙被稱為《陶德西亞斯條約》（Treaty of Tordesillas）的文件，讓兩國不致開戰，但換來的是那些被征服土地上數百年來的戰爭、掠奪、搶劫、奴役和疫病。

先趕走了猶太人，現在穆斯林也快走了，但伊莎貝拉和斐迪南也不久於人世了。一五一六年兩人離世時，西班牙邁入黃金時代，約從一五〇〇年到一六八一年。這時有大量的財富從南美洲的銀礦和金礦流入西班牙，提高人民生活水準、擴充軍隊，也帶來輝煌的建築、文學和繪畫。

但西班牙各地區在身分認同、政治和經濟方面的差異也跟著擴大。這些由於地理因素而產生的國內問題，長期以來一直阻礙著國家的發展，但當時卻因為來自一萬公里外、流入大西洋再回到西班牙王國的金銀財富而被暫時掩蓋了，大家都假裝視而不見。

西班牙把大部分這些海外回流的財富用於歐戰衝突。這意味著用於大西洋海軍的經費減少了，而這些海軍原是要用來防禦大西洋航路用的。到十六世紀中期，西班牙人的海上航線已經漸漸失守。在加勒比海，西班牙商船會搭載從中美洲各太平洋沿岸港口運來的中國貨物，然後再與滿載黃金白銀的船隊會合，在三桅軍艦的護衛下，一同駛離古巴，轉回西班牙。然而，加勒比海的海盜們已學會怎麼將之攔截後再行搶，於是西班牙這個歐洲最強大國家正逐漸衰弱的消息不脛而走。英國伊莉莎白女王時代的「海犬」沃特・雷利（Walter Raleigh）和法蘭西斯・德雷克（Francis Drake）可是從不放過任何掠奪和殺戮機會，也積極地加入海盜行列，讓西班牙的財源更加減少。

一五八八年西班牙的腓力二世（Philip II）機關算盡，卻功虧一簣，沒能料到風向。他心中的盤算是派一百三十艘戰艦駛入英吉利海峽，擊潰英國艦隊，讓他們無法再支持荷蘭對抗西班牙，同時阻止他們竊取西班牙的財寶。作為附帶的好處，西班牙還可以趁勢入侵英格蘭，推翻他們的新教女王，然後由此跨回海峽對岸，最終平息荷蘭的叛亂。在當時，西班牙的戰艦噸位更重、火力也更兇猛。怎麼想這都是萬全之計，不可能會出錯。

如果再派上一位有過公海航行經驗的海軍司令來指揮的話，可能更有幫助。於是麥迪那・西多尼亞公爵（Duke of Medina Sidonia）在無敵艦隊出發前四個月被指派為司令，他對腓力國王說：「根據我在海上的有限經驗，我很快就會暈船。」而資金的流失也讓西班牙海軍的狀況不盡理想。當他們到達加萊時，西多尼亞公爵在沒有深水港的掩護下，等待必要的裝備。這給了英國人趁虛而入的機會。

接下來的戰鬥中，無敵艦隊損失慘重、陣勢被打亂，於是駛向北海重新集結。這時的西班牙艦隊本想識時務地斷尾回老家，偏偏這裡的地理形勢對他們不利，印證了一句西班牙俗諺：「地理形勢決定一切」（La geographia manda）。

西班牙人要南返，但風向不順他們的意，英國人又擋在其返鄉的路上。他們只好繼續北航，但當他們繞過蘇格蘭東北角時，卻碰上了北大西洋風暴比往年提早來臨。在嚴寒的天候下，許多船艦被狂風吹往愛爾蘭海岸的礁石上。當艦隊剩餘船隻在十月份終於抵達西班牙時，只剩大約六十艘船靠岸。此役多達一萬五千人喪生，西班牙作為世上最強大海軍的聲譽也隨之掃地。新的世紀即將來臨，世界霸權寶座已然悄悄易主。

但西班牙可沒打算放棄霸主地位，它持續對荷蘭發動無謂的戰爭，以為可以保住領土。但在這些年裡，西班牙王室早已連西班牙本土都無法控制了。

一六三〇年代的巴斯克叛亂便是因為馬德里當局為了籌措戰爭經費，對畢爾包的布業徵稅，並徵用了畢爾包龐大的鹽倉。此舉引來當地居民不滿。叛亂持續了三年，最後是動用軍隊鎮壓血洗才得以平息。巴斯克族對此始終懷恨在心。

到了一六四〇年，輪到加泰隆尼亞叛亂。西班牙從加泰隆尼亞對法國發動戰爭，其目的似乎是迫使加泰隆尼亞加入戰局。西班牙當局的如意算盤是，如果加泰隆尼亞人必須為自己的國家而戰，那麼他們就會支持西班牙軍隊。偏偏加泰隆尼亞人素來不挺馬德里當局，讓西班牙政府大大失算。

加泰隆尼亞領導人與法國人聯合，一等法國軍隊越過邊界，雙方就共同擊潰西班牙軍隊。然而，一六四八年法國打了退堂鼓，到一六五二年，馬德里當局以圍城方式讓巴賽隆納城缺糧屈服，終於得以重新掌控加泰隆尼亞。

加泰隆尼亞人稱這場衝突為「收割者戰爭」（La Guerra dels Segadors），以向起義農民致敬。加泰隆尼亞在一九九四年正式採用的國歌便是〈收割者〉。這首歌的旋律可以追溯到一六四〇年，歌詞則可追溯至一八九九年，每當此曲一揚起，卡斯提爾城的人便肅然起敬：

凱旋的加泰隆尼亞
將再次繁榮富強。
趕走這些人，
他們如此自負，如此傲慢。

副歌：揮舞你的鐮刀！

讓敵人顫抖，

一看到我們的象徵。

……

一如我們收割的金色麥穗，

時機成熟，我們也會斬斷枷鎖。

西班牙的威望、經濟和人口都在衰退，動盪和暴力肆虐。其人口從一六〇〇年的八百五十萬在一百年內下降到六百六十萬。軍人死亡人數平均每年約一萬人，另有五千人外移到殖民地，而極端貧困和瘟疫頻發也阻礙了經濟成長。進入一七〇〇年代後，西班牙仍然是一個大國，其領土遍佈全球，但它已經無力掌控這個泱泱大國的一切，它打了無數場戰爭，失去許多在歐洲的領土，包括那不勒斯、西西里島、米蘭和直布羅陀。後者在一七〇四年為英國所奪。

在這一百年間，西班牙的衝突戰爭不斷。它和法國時而交戰時而結盟，並在一八〇五年，和法國的聯合艦隊一同在特拉法加（Trafalgar）被英國擊敗。兩年後，三萬名法軍穿過西班牙半島，引發了西班牙獨立戰爭（War of Independence）。英文的「guerrilla」（游擊隊）一詞就出自此戰爭，而該字是從西班牙文的「guerra」（戰爭）衍生而來。從那時開始，這個字就被用來指將法軍打得落花流水的西班牙非正規軍。

這下拉丁美洲的人民都在問，母國西班牙對他們的統治權有什麼合法性？。西蒙・玻利瓦（Simon Bolívar）和何塞・德・聖馬丁（José de San Martín）兩人揭竿起義，分別在北部和南部率領民眾叛亂。在控制了各自的地區後，兩方向中部聚集，並在太平洋中部海岸會師。隨後，玻利瓦在上秘魯（Upper Peru）地區掃蕩忠於西班牙王室的殘餘部眾，上秘魯日後以他為名，改名玻利維亞（Bolivia）以表敬意。這時墨西哥也走上相同的道路，因此南美洲在一八二六年擺脫了西班牙的控制。

但這並未讓西班牙免於暴力。西班牙在一八〇〇年代不斷遭遇到各種衝突，城市對抗鄉村、自由派對抗傳統派、地區對抗地區、西班牙人對抗西班牙人，種種內戰讓軍隊嵌入國家政治機器中。頑強的天主教徒與試圖削弱教會權力的自由派對立。在各種叛亂、未遂政變和直接戰爭中，各方都犯下了暴行，造成西班牙國內各幫各派夙怨難解，一直延續到二十世紀。

十九世紀下半葉，馬德里當局想要讓西班牙趕上已在英國、德國和法國快速展開的工業革命腳步，這三個對手也比西班牙更有國家共同意識。然而，西班牙的鐵公路網發展緩慢，來不及將西班牙的經濟串連起來，因此西班牙便持續落後北方那幾個國家。人民之間依然相當分歧，許多人對自己的地區比對國家更忠誠。一八九八年，隨著先後失去波多黎各、古巴和菲律賓後，舊西班牙帝國的最後一部分也相繼脫離。雖然鄂圖曼帝國一向被稱為「歐洲病夫」，但西班牙的體質其實也沒好多少。既然現在西班牙連大國都稱不上了，各地區就沒必要認同西班牙。

儘管西班牙成功地躲過了第一次世界大戰，卻未能倖免於政治右派和左派之爭，這是當時歐洲面臨法西斯主義和共產主義崛起不可避免的衝突。當時的西班牙勉強可以算是民主國家，但其根基薄弱。一九二三年，一場軍事政變讓獨裁者米蓋爾．普里莫．德．里維拉（Miguel Primo de Rivera）上台，但他只在位六年。一九三一年西班牙再次大選後，共和軍（the Republicans）獲勝，新政府宣布西班牙從此以後成為共和國。新政府開始解除高階軍官的職務，打擊教會特權，將私人土地國有化，並大幅提高工人的工資。簡而言之，它一舉惹毛了西班牙的四大舊勢力：教會、軍隊、地主和企業家。

所以不到一年時間，西班牙再度爆發政變，但這次政變失敗了。政變造成的混亂局勢迫使西班牙在一九三三年不得不再次大選，這次輪到右翼政府上台。新政府一上台即推翻了前任政府的政策，包括給予加泰隆尼亞更大自由。一九三六年，在一波罷工潮中、該政府採行殘酷鎮壓，再加上經濟凋敝，讓該政府又下台，於是西班牙再次舉行大選。這次換成左翼政黨「人民陣線」（Popular Front）以聯盟方式上台，但西班牙政壇幾個不同的派系的政黨開始走向極端激化，導致西班牙一步步掉進內戰的深淵。

七月十二日，忠於共和軍的人民陣線政府民兵組織「攻擊後衛」（Assault Guards）領導人何塞．卡斯提略（José Castillo）遇刺。他的陣營立即展開報復，手段也同樣凶殘。當晚，員警和左派槍手襲擊了右派政治領導人何塞．卡爾沃．索特洛（José Calvo Sotelo）的家。當他被警車護送離開途中，後頸部遭人開槍擊中。

數千名右派支持者參加了索特洛的葬禮，在他們準備遊行進入市中心之前，與攻擊衛隊發生了衝突，攻擊衛隊開槍射死數名示威者。索特洛的遇害被右派份子視為孰可忍孰不可忍的最後底線。葬禮三天後，西班牙國軍發動政變，而駐紮在梅利亞（Melilla）的非洲軍團在包括法蘭西斯科·佛朗哥（Francisco Franco）在內的四位將軍指揮下叛變，西班牙內戰就此爆發。

在接下來的兩年裡，雙方打得不可開交、傷亡慘重。希特勒和墨索里尼都提供了訓練有素的軍隊襄助；儘管蘇聯也正在給共和軍提供軍援，但國民軍（Nationalists）遲早會把反抗軍打得落花流水。

到了一九三八至一九三九年間的冬天，共和軍已經筋疲力竭，他們的糧食儲備因為敵方封鎖而消耗殆盡，三百萬被佛朗哥部隊攻入領土上的難民則匆匆逃離冷血鎮壓。一九三九年一月，五十萬平民和士兵在嚴寒中離開巴賽隆納，前往法西邊境。其中一些人在後來被稱為「撤退」（La Retirada）的行動中，不得不步行一百六十公里的路程，無視德國和義大利的飛機對這些隊伍掃射。

佛朗哥的部隊進入巴賽隆納，二月底時英國和法國承認佛朗哥為西班牙元首；三月，二十萬大軍進入馬德里、無人抵抗。許多市民在街上列隊慶祝勝利，但還有許多人一夜未眠，擔心佛朗哥進城後會採取報復性手段。

四月，佛朗哥接受了反抗軍的無條件投降。歷史學家對於西班牙內戰中死亡人數未有定論；如果將餓死和缺乏醫療的死亡人數考慮進去的話，估計從五十萬到百萬不等。戰爭中多達數以萬計的男女遭兩軍處決；戰後，隨著佛朗哥版本的法西斯主義加強對生活各層面的管控，又有成千上萬共和軍被殺害。戰爭初期，佛朗哥一位將軍埃米利奧·莫拉（Emilio Mola）曾說：「散播恐怖是必要的。我們必須製造一種我們是老大的印象，毫無顧忌、毫不猶豫地消滅所有與我們想法不同的人。」

佛朗哥身邊滿是個人崇拜，日後他被稱為「領袖」（El Caudillo）。共和軍的自由派法律現在全被廢除，取而代之的是一波全新的立法行動，包括禁止婦女擔任大學講師，而且也不能擔任法官，甚至不能出庭作證。新政府宣稱佛朗哥是天意派來拯救西班牙的，並且鼓吹西班牙是單一且不可分割的國家實體，而教會對此不置可否，這表示巴斯克和加泰隆尼亞等地的地區認同都必須被弭平。這兩個省份的語言都必須在公共領域被禁止使用，而政府為此背書的口號是：「若你是西班牙人，就說西班牙語！」（Si eres Español, habla Español!）。因此，加泰隆尼亞語和巴斯克語退居到私領域，只能在家裡說，但講出來的一字一句都是對馬德里當局權威的反抗。

佛朗哥一直統治西班牙到一九七五年。他一心想要建立一個單一同質性的西班牙，但就和他之前的許多領導者一樣，地理因素讓各地區語言和認同得以長年來不為所動。他所遭遇到的重大障礙之一便是勒哥爾特球場（Camp de Les Corts），這是巴賽隆納足球俱樂部（Barcelona FC）的主場。佛朗哥支持皇家馬德里隊（Real Madrid）這是眾所周知的事，但他的目的只是想要營造一種該隊的成功是屬於西班牙的象徵。但巴賽隆納俱樂部來自想要自治權的加泰隆尼亞地區，這他可支持不下去。於是佛朗哥政權將巴賽隆納足球俱樂部改名[i]，換成官方語言卡斯提爾語，並修改了俱樂部徽章，還改了徽章上的加泰隆尼亞省旗，讓它與西班牙國旗相似。但他可改變不了球迷的想法。成千上萬的球迷依然在球場上高唱加泰隆尼亞語歌曲，畢竟員警不可能把所有的球迷逮捕入獄。這種傳統一直延續下去，即使

i 譯註：從原本Fútbol Club Barcelona改為Club de Fútbol Barcelona。

該球隊在一九五〇年代末遷到諾坎普球場（Camp Nou）[ii]後都沒變。而在巴斯克自治區，畢爾包競技俱樂部（Bilbao Athletic）的球迷也用相同方法表達對馬德里當局的不滿。這兩座城市的許多人至今依然如此。

加泰隆尼亞民間舞蹈「薩爾達納」（sardana）這時也被禁止。跳這種舞蹈時，人們會手牽手繞成圓圈，人多圈子就變大、人少圈子就變小。結果加泰隆尼亞人反倒是有機會就大跳這種舞、以示反抗，在他們眼中這種舞蹈圍起的圈圈就象徵著加泰隆尼亞人的團結。

其他人的反對則更為直接。整個一九四〇年代，佛朗哥的國民衛隊（Civil Guard）一直都被他們口中的「土匪」騷擾，這些人其實是遊擊隊。這些遊擊隊有些是跨越法國國界進入西班牙，有些則從西班牙境內多山的地區前來，有時會出現在城市裡。然而，佛朗哥政權的地位從未受到嚴重威脅。雖然欠缺詳細數據，但研究顯示，那段期間有數千名遊擊隊員被害，還有數百名國民衛隊也遇害。最後一名被殺的叛軍一般認為是何塞·卡斯楚·維加（José Castro Veiga），他於一九六五年在加利西亞遭到槍殺。

國營媒體對這些事件大多不加報導，西班牙大眾因此對這些暴動所知甚少。受到戰爭重創，經濟水準下滑到一九〇〇年才出現過的程度，一般老百姓只求溫飽、無暇顧及其他。佛朗哥實行了一種被稱為「自給自足」（autarky）經濟體制——政府控制價格、限制與其他國家的貿易。這對西班牙經濟造成重大傷害。因此一九四〇年代被稱為「飢餓年代」（Los Años de Hambre）。

儘管如此，佛朗哥政府卻還是拿錢和（強迫）人民來打造法國邊境的數千個碉堡，形成了「庇里牛斯防線」（Pyrenees Line）。西班牙軍方知道，在過去征戰不斷的漫長歲月中，許多入侵者都是通過庇里牛斯山兩側的低窪走廊進入伊比利亞半島，再進入巴斯克地區和加泰隆尼亞。許多當時修建的碉堡現在仍在，只是都已廢棄，淹沒在荒煙漫草中；這些碉堡讓人想起佛朗哥時期半自我隔絕的年代。佛朗哥政權認為外來影響削弱了西班牙的純粹性和力量，正如他的一位高級將領所言：「西班牙不是歐洲，從來都不是。」

雖說自我隔絕，佛朗哥也不是沒有盟友，問題是他的盟友是希特勒和墨索里尼。所以一旦希特勒的德國和墨索里尼的義大利被瓦解後，佛朗哥的西班牙形單影隻，獨嚐法西斯主義的惡果。一個曾派遣五萬的「藍色師團」（División Azul）到東部戰線與納粹並肩作戰的人，西方各國可沒人想要和他沾上邊。戰後，西班牙被國際社會排除在外，聯合國、馬歇爾計畫和北約全都不見他的蹤影。

佛朗哥忍氣吞聲等待時機。他知道英國人因為掌握直布羅陀，所以相當在意伊比利亞半島的穩定，因此也極不可能會去支援任何人以粗暴方式推翻他的政權。更何況，冷戰迫使西方各國不得不奉行現實政治，這正可以幫西班牙扳回一城。現在歐洲所面臨的新威脅不再是法西斯主義，而是蘇聯共產主義。

美國尤其擔心，要是讓蘇聯的手插進了西歐，那就可能讓史達林的部隊找到藉口揮軍西南、進入西班牙。另外美國也有自己的「戰略縱深」角度要考慮：萬一美國無法讓蘇聯紅軍在萊茵河止步，那

ii 譯註：諾坎普球場位於巴賽隆納，是巴賽隆納隊的主場。

就需要一個地方做第二層防禦，讓他們可以回防。美國聯合戰爭計畫委員會（US Joint War Plans Committee）一份一九四七年的研究顯示，蘇聯對西歐發動攻擊不到三個月，大軍就可以來到庇里牛斯山脈。之後只要再花二十天穿越庇里牛斯山，然後沿大西洋沿岸推進到里斯本，再沿地中海岸進軍巴賽隆納。不到四十天，蘇軍就能到達直布羅陀，等於拿下地中海進出大西洋的門戶。美國為了在西班牙成立軍事基地而與西班牙展開臨時談判，這一談就是好幾年的時間，但在一九五一年，杜魯門總統明確表示，對西班牙的政策正在調整，他說：「我不喜歡佛朗哥這人，說什麼都不喜歡，但我個人好惡是一回事，軍事考量才重要。」

兩年後，西班牙和美國簽署《美西防衛條約》（The Pact of Madrid），雙方同意以二十年二十億美元的軍事和經濟援助金額換取讓美軍在西班牙建立陸、海、空軍事基地。法國反對此協議，擔心若發生戰爭，美國可能會不願協防法國。一旦法國棄守，那民主歐洲的最後據點竟然是落腳在擁抱法西斯主義的西班牙。

與佛朗哥見面的爛差事不用杜魯門做；這說不上光彩的事落到了他繼任者艾森豪的頭上，他在一九五九年前往西班牙，這也是史上首位美國在位總統訪問西班牙。才不到二十年前，佛朗哥還曾在影片中公開與希特勒並肩同行，並向納粹儀隊行納粹敬禮。如今，他卻在馬德里大街上，在西班牙樂隊演奏《德州的黃玫瑰》（*The Yellow Rose of Texas*）樂聲中，與美國總統並肩同行。這對渴望西班牙民主的西班牙人民而言，無疑是沉重的一擊。

雖說如此，但至少是讓大家日子好過一些。這個協議也要求西班牙放寬貿易限制，允許外國投資。西班牙政府默默放棄自給自足的經濟政策，但也助長了通貨膨脹，直到一九六〇年代，西班牙經濟蓬勃發展，西班牙人爭相購買洗衣機和電視機等西歐早已成家常電器的產品。

一九六〇年代，佛朗哥走進執政後期。一九六九年，七十六歲的他健康狀況惡化，他簽署了繼承法，指定胡安．卡洛斯（Juan Carlos）王子繼任國家元首和國王。佛朗哥以為卡洛斯會乖乖維持他在位時的政治結構，成為佛朗哥政權的傀儡；而公眾也相信卡洛斯既無能為力，也不願意改善他們的生活。沒想到他讓所有的人都跌破眼鏡。

一九七五年十一月，法蘭西斯科．佛朗哥在獨裁統治三十六年後去世，享年八十二歲。軍政府原以為他們擁戴新王登基能夠鞏固政權，沒想到新王卻想要親自執政、改造西班牙。

西班牙議會主席亞歷杭德羅．羅德里格斯．德．瓦爾卡賽爾（Alejandro Rodríguez de Valcárcel）說：「王子只需要接替佛朗哥在典禮儀式上的功能就好。」但新國王的致詞，卻明顯有違軍政府的想法：「西班牙一定要成為歐洲的一部分，西班牙人就是歐洲人。」他話點到為止，但言下之意是，如果西班牙真的要在政治上、地理上成為歐洲的一部分，那就一定要成為一個民主國家。

胡安．卡洛斯可得小心翼翼才行，不過他決意要拆除舊政權大權獨攬的政治機器。他知道面對西班牙的嚴重分裂，自己必須面面俱到。他已經承諾過，要成為「所有西班牙人的國王」，這等於默認西班牙長達數百年打造單一民族計畫已經失敗；他的下一步行動之一是拜訪加泰隆尼亞和加利西亞，透過演講表示對它們獨立性的承認。有一次他來到佛朗哥的故鄉加利西亞，他甚至用當地的加列戈（Gallego）語發表簡短講話，這種語言比起西班牙語，更接近葡萄牙語。最後他以振奮人心的「加利西亞萬歲！」（Viva Galicia!）結束講話。新時代已經到來。

於是西班牙開放了黨禁，放寬對媒體的限制。守舊派試圖阻撓改革，再次發生軍事流血政變的擔憂始終都在。但卡洛斯國王帶領著全國在民主的道路上走下去。一九七六年西班牙舉辦全民公投。在七成七的投票率中，九成七四支持西班牙成為議會君主制的改革提案，所有的政黨也獲得合法化，連佛朗哥殘餘勢力最懼怕的共產黨也合法了。

隔年，西班牙舉辦了自一九三六年以來的首次民主大選。在三百五十個國會議席中，中間偏右的政黨贏得一百六十五席，由他們組建政府。社會民主黨獲得一百一十八席，位居第二，共產黨獲得二十席，位居第三。這裡面贏家和輸家都具有重要的影響力。由前佛朗哥效忠者創建的人民黨（AP Party）僅贏得十六席。該黨的曼努埃爾・弗拉加（Manuel Fraga）成功團結所有的右派勢力並凝聚成一股政治力量，但他最為人所知的事蹟，卻是他有次在狩獵活動中意外開槍射中佛朗哥女兒的臀部。無論如何，佛朗哥主義是被西班牙人民全面且斷然地唾棄了。

然而，佛朗哥主義卻死而不僵。一九八一年，兩百名國民衛隊成員在安東尼奧・特赫羅（Antonio Tejero）中校率領下，闖入國會大廈，企圖發動政變。特赫羅一嘴大鬍子、動不動就揮舞手槍，很符合默劇中的反派腳色形象。過程中，他和副總理曼努埃爾・古鐵雷斯・梅亞多將軍（General Manuel Gutiérrez Mellado）拉扯，想把對方摔倒在地，但六十八歲的將軍卻死不肯屈服，他只好作罷。但這真的太丟臉了。特赫羅其實只是軍方策動政變的同夥，不能發號施令，可是這時他卻對空開槍，導致一些衛兵也跟著用衝鋒槍對空開槍。接著他又用手槍指著首相阿道夫・蘇亞雷斯（Adolfo Suárez），蘇亞雷斯面不改色地看著他。這整個經過都被電視台直播了出去。

凌晨一點時，胡安．卡洛斯國王身著全套軍裝出現在電視上，他表示：「王室作為國家永恆和統一的象徵，不能容忍任何人以任何形式、行為或態度藉由武力強行中斷民主的進程。」就這樣，這場鬧劇結束了。隔天中午，當其他政變共犯分別在各地遭到逮捕時，垂頭喪氣的特赫羅從議會走出來，隨即被收押。他和其他主謀被判處三十年徒刑，而這三十年讓西班牙民主得以扎根茁壯。

一九八一年社會黨的勝選是西班牙在佛朗哥政權之後，終於首次不再有任何佛朗哥政權前朝官員擔任政府職位的政府。西班牙於一九八二年加入北約，一九八六年成為歐盟成員國，一九九九年採用歐元。其新憲法將國家劃分為十七個行政區（現增至十九個），承認各區域的歷史和地理差異。但國內最具歷史的緊張關係依然存在。這情形存在於加利西亞、加泰隆尼亞、巴斯克地區，而安達盧西亞地區也不惶多讓。

在獨裁統治下，對尋求一定程度自治或獨立地區的「解決之道」，一律就只有鎮壓；但到了堅守「人民意志」的民主制度時，情況就複雜得多。原本加入歐盟應該是解決西班牙地方主義、相對落後和獨裁傾向等問題的解答。早在一九一〇年，哲學家何塞．奧特加．伊．加塞特（José Ortega y Gasset）就寫道：「西班牙是問題所在，而歐洲是解決之道。」或許當時的確如此。許多西班牙人認為若能獲得歐盟的經濟利益、以及歐盟要求的政府清廉有效治理，那他們願意放棄一定程度的主權。歐盟國家中，西班牙人對本國政府的不信任程度僅次於羅馬尼亞人。只是，沒想到的是，歐盟的出現，以及西班牙作為歐盟成員國，卻給西班牙各地區脫離西班牙成為歐盟成員的可能性開了一扇門。同樣遭遇到這種問題的，還有英國、比利時、義大利和其他國家。

近年來，在西班牙反對馬德里當局統治最強烈的地區是巴斯克。該地區共有七個古老的省份，它們是一五一二年被西班牙和法國平分出來的。西班牙分到的部分，大約有北愛爾蘭的一半大，共有兩百二十萬人口。巴斯克地區從庇里牛斯山西部向比斯開灣（Bay of Biscay）逐漸下降開始，然後沿著海岸線延伸約一百七十六公里，這也是巴斯克地區主要人口聚居地，該區重工業也集中於此。內陸地區多為山區，一些與近鄰地區保持明顯差異的西班牙民族之間就有這共同點，這個地區最南端則是埃布羅河。面積上來看，巴斯克地區應該算是兩個州，但許多巴斯克人認為它是名為「Euskal Herria」的單一國家，巴斯克語（Euskara）是該區四分之一人口的語言；這種語言比分布於歐洲各地的印歐語言不僅更古早，和它們也沒有關連。比如「我住在畢爾包」這句話，巴斯克語是「Ni Bilbon bizi naiz」，一字一字對應成中文就是「我畢爾包在住是」。這個語言是哪裡來的，至今仍是個謎，但顯然這語言更強韌有力，乃能抵禦拉丁文、阿拉伯文和西班牙文等統治過它的語言。

這種強烈的民族意識一直驅使著各族要求自治，甚至是澈底的脫離西班牙共和國。這種呼聲最現代的展現就是「埃塔組織」（ETA），該組織成立於一九五九年。是巴斯克語「Euzkadi ta Askatasuna」（「巴斯克祖國與自由」）的縮寫。在佛朗哥時代，巴斯克語被禁止在公共場合使用，最嚴重可能會遭到監禁。戶政事務所中出生證明和結婚證書上原本用巴斯克語登記的姓名要改掉，換成西班牙語。佛朗哥政權不給巴斯克地區任何地方自治的權利，而埃塔組織的成立並不是為了重獲地方自治權，它的宗旨是建立跨巴斯克地區的巴斯克國家。

埃塔組織的第一個受害者是一九六八年被殺害的一名警察。之後，埃塔組織又陸續針對政治家、法官和平民，在一連串的槍擊和爆炸案件中殺害了八百五十多人，西班牙政府的作法是追捕埃塔組織成員，但卻被指控對無辜大眾施暴，案件數還高達數百起，在佛朗哥獨裁政權結束後還持續了好多年。

一九八九年，埃塔組織在巴賽隆納一家超市擺放炸彈，炸死了二十一人，當中包括有婦女、小孩，這是四十年來最嚴重的殺人和暴亂。但對該組織造成最大傷害的暴行，卻只是因為他們殺了一個人：米格爾・安赫爾・布蘭科（Miguel Ángel Blanco）。一九九七年他們綁架了這位二十九歲的巴斯克族鎮議員，並要求西班牙政府要在四十八小時內將所有正在獄中服刑的埃塔成員全都轉送到巴斯克區監獄。這起事件震驚了西班牙全國，但大家都知道西班牙政府不會屈服，於是六百萬人走上街頭，要求埃塔組織釋放布蘭科。布蘭科被綁架兩天後，被帶到一片森林中，埃塔成員逼迫他下跪，朝他後腦勺開了一槍。

如此一來，即使是熱中巴斯克獨立的支持者，都認為埃塔成員這次做的太過分。埃塔組織原本擁有的大眾支持開始逐漸流失。從一九七八年起，西班牙憲法恢復了巴斯克自治地位，該地區得以自行管理該區域警力、稅收和媒體，這種程度的自治，已經讓巴斯克地區人民相當滿意了。一九九七年後，埃塔組織又多次破壞停火協議，但終於在二〇一一年同意要「全面停止暴力」，並於二〇一八年宣布該組織解散。巴斯克族始終沒有放棄自己與西班牙其他地區不同的意識，所有最近的民意調查顯示，他們接受自己是現代西班牙國家中的一個自治民族這個事實。巴斯克民族主義黨主席安東尼・歐爾圖札（Andoni Ortuzar）在接受《金融時報》（*Financial Times*）記者大衛・加德納（David Gardner）採訪時把該族現況形容得很好：「一般巴斯克人只有三種場合需要去找西班牙政府：考駕照、辦護照或申請退休金，其餘的都是我們巴斯克地方機構就可以包辦。」

不過相較於巴斯克人，加泰隆尼亞人要的更多——完全獨立。他們的獨立之戰引發了西班牙自一九八一年政變未遂以來最大的危機。自十七世紀以來，加泰隆尼亞曾多次想要擺脫馬德里當局的掌控，但最近這次努力卻大出許多人意料之外，因為加泰隆尼亞在佛朗哥死後已經獲得了很多的自治權。

加泰隆尼亞是全西班牙最富裕的地區，這是近來幾次動亂的原因之一。加泰隆尼亞的面積是巴斯克地區的四倍大，與比利時相近，人口為七百五十萬，其中多數人講加泰隆尼亞語。該區位於西班牙東北角最邊緣處，呈三角形。該區東臨地中海，北依庇里牛斯山，西以埃布羅河為界與亞拉岡接壤，南面是瓦倫西亞。與巴斯克地區一樣，大部分加泰隆尼亞的人口都居住在濱海的沿岸地帶。

加泰隆尼亞靠紡織業致富，但其經濟現已多元化發展，包括重工業和觀光業。二十世紀以來，加泰隆尼亞獨立支持者們總不忘告訴西班牙其他地區，加泰隆尼亞向國庫繳納的稅款比它獲得的國家服務多。但是，上繳稅款和中央服務之間的計算太複雜了；其相對比例，按不同計算方式會有不同的答案。不過，加泰隆尼亞人口確實只佔西班牙一成六，但它卻貢獻了接近兩成的西班牙ＧＤＰ，更佔據西班牙總出口額的四分之一。

而這也表示當二〇〇八年金融海嘯爆發時，讓獨立運動能夠挑起該區長久以來對加泰隆尼亞稅收被馬德里當局「不公」使用的舊怨。二〇一四年，加泰隆尼亞舉行了一次「非正式」獨立公投，之後又在二〇一七年經加泰隆尼亞議會批准的獨立公投，但這次公投卻被西班牙最高法院判定為違法。前後兩次公投的結果都顯示多數人支持獨立，但總投票率卻非常低。二〇一七年公投前的種種事端，透露了巴賽隆納和馬德里之間的深遠裂痕。在投票前幾天，西班牙警方從一個倉庫中查獲了數百萬張選票，逮捕了一些官員，並強行控制了加泰隆尼亞警方。投票當天，鎮暴員警使用警棍阻止人們進入投票所。種種投票前的亂象，造成外界稱投票率僅四成二、贊成票九成的說法難以被證實。但明顯的是，許多反對獨立的加泰隆尼亞公民抵制了投票。

儘管如此，加泰隆尼亞議會還是宣布獨立，導致馬德里當局解散加泰隆尼亞政府、中止其自治權，並以西班牙憲法第一五五條為由強制接管該區。部分加泰隆尼亞領導人被捕入獄，其他人則逃往國外。

西班牙可不會隨隨便便就放加泰隆尼亞獨立。它有諸多原因不願意，包括民族尊嚴和經濟因素，但容易被忽略的還有地理因素。縱觀西班牙歷史，來自北方的入侵者往往通過庇里牛斯山兩側的狹長平地進入西班牙，即巴斯克西部地區和加泰隆尼亞東部地區。要保衛西班牙北部，最有效的方法是擋住這兩條通道。因此，讓加泰隆尼亞或巴斯克地區在獨立後取得這兩條通道的控制權，那簡直是要了馬德里當局的命；如果其中一個地區又剛好對西班牙不懷好意，那簡直是噩夢。雖然現在穿越庇里牛斯山可以行駛公路隧道，但就軍事角度而言，這些隧道很容易封鎖。何況，這兩條天然通道，也是歐洲其他國家輸往馬德里的主要陸上補給線，再者，這兩個地區又擁有西班牙最大海港：巴賽隆納和畢爾包。

西班牙長期與叛亂搏鬥的最新進展，許多國家當然拭目以待。如果獨立後的加泰隆尼亞被拒於歐盟門外，那就會給中國和俄羅斯可乘之機，前來拉攏新朋友並施加影響力。俄羅斯花了二十年想在希臘建立一個前進基地，它一定也會樂意在西地中海地區有可以見縫插針的機會。但比它更可能有所斬獲的是北京的購買力，它可以憑藉其全球「一帶一路」倡議，快速進軍巴賽隆納的數座港口提供投資和貿易。由於歐盟的經濟影響力，以及其號令歐盟成員不得單獨與其他經濟體進行貿易協定的規定，中國不得歐盟之門而入，因此中國一直在朝非歐盟的歐洲國家下手，想盡辦法想插足巴爾幹半島，特別是塞爾維亞。新冠疫情危機期間，塞爾維亞的政治人物一邊公開抨擊歐盟未能適時伸出援手，一邊卻大讚中國政府的及時雨。一旦加泰隆尼亞獨立建國，而西班牙使用否決權阻止其加入歐盟，那就給了中國見縫插針的機會。

正因如此，歐盟對加泰隆尼亞的自決權始終意興闌珊。加泰隆尼亞公投時，西班牙警力在投票所前驅趕選民、不讓他們前去投票，場面實在難看。但西班牙政府的說法是，加泰隆尼亞無權自行決定舉行公投。這時的歐盟也明顯偏向克制，其在公投隔日的聲明簡直就像是馬德里當局的聲音：「根據西班牙憲法，加泰隆尼亞昨日的公投並不合法的……這是西班牙的內部事務，必須按照西班牙的憲法來處理……現在應是團結和穩定的時候，而不是分裂和拆夥的時候。」

歐盟和各成員國領導人完全不想處理加泰隆尼亞問題，因此當二〇二一年二月加泰隆尼亞選舉中，支持獨立的政黨在地方議會首度以小幅度勝選，歐盟和各成員國領導人更不知如何是好。加泰隆尼亞一旦獨立，就會鼓舞那些想要獨立的歐盟國家地區，像是科西嘉、蘇格蘭、佛蘭德斯、西西里、巴伐利亞，歐洲的每一個分離主義運動都會從中學到經驗。在此就要說到歐盟自相矛盾之處。歐盟的理想，是希望促進成員國緊密連結，最後建立一個單一幣制、財政政策的單一歐洲實體；但另一方面，歐盟卻又透過其凝聚力政策（cohesion policy），鼓吹強有力的地區治理，並將歐盟劃分為兩百五十多個地區。然而，支持強有力的地區治理有可能鼓勵分離主義，導致歐盟一方面有讓民族國家一一分裂出去的風險，另一方面又無法確保各分離主義地區能成為歐盟成員。

話說回來，為了防止中國在歐洲見縫插針，歐盟很有可能會讓加泰隆尼亞成為會員國，但這等於鼓勵了其他地區的民族主義者。歐盟也擔心要是不讓加泰隆尼亞加入歐盟，那麼加泰隆尼亞的另一個選擇就可能是進入歐洲自由貿易聯盟（European Free Trade Association, EFTA），這可以讓它取得歐盟市場。如此一來，話題就要轉到英國。

加泰隆尼亞加入歐洲自由貿易聯盟一事，並不會特別讓歐盟擔心。問題是若有一天歐洲自由貿易聯盟由英國主導的話，這時該聯盟成員國中又夾了一個加泰隆尼亞，那歐盟就有的擔心了。因為，將來若英國加入歐洲自由貿易聯盟，那這個包含挪威、冰島、列支敦士登、瑞士、加泰隆尼亞和英國的組織將會變得更強大有力。會造成其他歐盟會員國也想脫離歐盟加入歐洲自由貿易聯盟。以上當然只是假設，而且現在的歐洲自由貿易聯盟成員國中，有些也對英國入會保持疑慮，但歐盟還是必須考慮這些可能性以便防患於未然。因此第一步是要支持西班牙的領土完整。如果這一步失敗了，就要以防堵中國並阻止歐洲自由貿易聯盟變得更強大為前提，讓自己還有其他路可走。

英國對於加泰隆尼亞問題不好表態。它一方面基於福克蘭群島（Falkland Islands）和直布羅陀的所有權上，有必要支持地方自決；但另一方面，它又因為反對蘇格蘭獨立而遲遲不能為加泰隆尼亞自決說話。在加泰隆尼亞公投後英國選擇支持西班牙，事實是英國左右為難。

自從直布羅陀在十八世紀初被英國奪走後，西班牙就一直想要回直布羅陀。直布羅陀是國防上的黃金地段，守衛著大西洋的出入口，英國皇家海軍數百年來佔盡此地利優勢。二〇〇二年直布羅陀居民接受調查，詢問他們是否願意接受英、西共管直布羅陀，結果九成九的居民都表示：「不用，多謝你們。」

一旦直布羅陀落入馬德里手中，就會成為西班牙現代國防系統中的關鍵部分。西班牙全國有超過八千零五十公里海岸線要防衛，其五分之四的進口商品都是走海路入關。它更擁有歐盟最大的捕魚船隊，其中部分會遠赴印度洋，國內六十多座島嶼，其中有些我們前面提到過，距離內陸非常遠。要保護這些島嶼需要一支龐大的海軍，而要有龐大海軍就要需要許多座海港。

所幸，西班牙擁有許多港口，包括一些深水港。在加利西亞的西北端，科魯尼亞港（Coruña）和埃爾費羅港（El Ferrol）守望著大西洋，緊盯接近法國和英吉利海峽的往來。而在地中海的主要基地則位於東南部的卡塔赫納（Cartagena），這裡停靠著西班牙海軍潛艇，以及水面艦艇。這裡也是西班牙海軍「海上監視和行動中心」（Maritime Surveillance and Action Operations Centre）總部。它負責監視加那利群島以南的地中海和大西洋，並將資訊發送到馬德里的一個巨大碉堡中以利行動。在南部，加迪斯

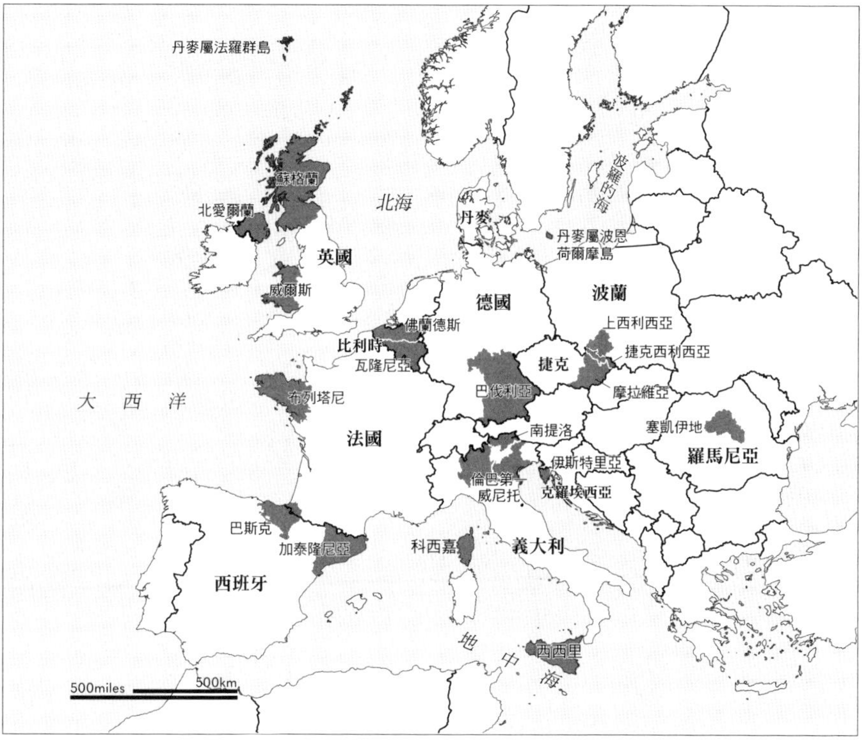

歐洲存在許多分離主義運動，加泰隆尼亞一旦獨立成功，將使它們受到鼓舞。

（Cádiz）負責海峽海域，並保護在內陸八十公里處的塞維亞深水港。[iii] 摩洛哥海岸的休達和梅利亞兩港屬於西班牙領土，分別駐紮著數千名士兵和有限的海軍資產。

摩洛哥和直布羅陀之間的區域是人口和毒品走私的中繼站。大量人口和毒品再跨過海峽後，就經由西班牙進入歐洲，該海峽是世上第二大忙碌的航道。每年都有成千上萬的移民試圖翻越分隔摩洛哥和西班牙的柵欄，因為他們知道這些柵欄是歐盟與非洲的邊界；儘管距離很近，但從這條路線進入歐洲的人數遠遠少於從利比亞進入義大利的人數。這主要是因為利比亞政府管理成效不彰，而摩洛哥則有一個正常運作的行政機構，並與西班牙合作。這兩個國家都非常瞭解撒亥爾地區的局勢，並擔心如果撒亥爾地區國家瓦解了，將會破壞摩洛哥的穩定，並對休達、梅利亞和西班牙本土產生連鎖反應。因此，西班牙積極參與了馬利和其他非洲國家訓練政府軍的工作。

西班牙另一個主要海軍基地位於加那利群島，那裡也有陸軍和空軍設施。加那利群島面向幾內亞灣（Gulf Guinea），西班牙在此擁有經濟利益，這條傳統的貿易路線和通過海底電纜所串連起的現代通訊系統，對其所促成的貿易活動至關重要。

為了保衛貿易路線、航運和捕魚船隊，西班牙海軍共擁有一百三十艘軍艦，兩萬人員，可調用一萬一千五百名西班牙海軍陸戰隊，並有陸軍和空軍、以及美國和北約支援。美國在西班牙擁有兩座軍事基地，一座是直布羅陀附近的羅塔海軍基地（Naval Station Rota），另一座是塞維亞以南約五十公里處的莫隆空軍基地（Morón Air Base）。西班牙參與了歐盟在非洲之角外海所舉行的反海盜海軍行動「亞特蘭大行動」（Operation Atalanta）。英國脫歐後，該行動的總部更被轉移到西班牙使用的羅塔海軍基地。

儘管存在種種缺失和問題，但現代西班牙算是成功的故事。它得以在二〇〇八至二〇〇九年的全球金融海嘯中存活下來，並在復甦後成為歐洲最大的經濟體之一。它擁有一流的基礎設施和充滿活力的城市，居民平均壽命更居歐洲之首。

當然，它也不乏其他國家面臨的問題，像是氣候變遷、人口流動、經濟問題和政治分歧等；但它的體質夠健全，可以應對這些問題。它的煤礦已經匱乏，又沒有太多石油和天然氣儲存，但它六分之一的能源需求來自水力發電，又有充足陽光。在再生能源方面，西班牙居於歐洲之冠，特別是太陽能和風能。

西班牙將繼續受到外部壓力，但其主要挑戰來自內部，而且是因為其地理因素。在不久的將來，這個在一五〇〇年代結合起來的國家，依然得想辦法平衡它做為一個民族國家，卻有著眾多民族所衍生的種族緊張問題。但無論如何，佛朗哥將軍的那句話——「西班牙不是歐洲，從來都不是。」在今天看來確實是錯得離譜。

iii 譯註：賽維爾港雖為深水港，卻是淡水河港，位於內陸地區。

第十章　外太空

「只要進入地球軌道，要到地球上任何一處都差不多近。」

——羅伯特·海萊恩（Robert A. Heinlein），科幻小說家和工程師

如果你在月球上建立了主權殖民地，那麼你算是殖民主義者嗎？俄羅斯人和中國人是這麼認為的，他們可能不無道理。

自從我們衝破地球大氣層，邁向無垠的蒼穹以來，太空就成了一個政治戰場。各國爭奪的不僅僅是月球或火星上的關鍵領土，還包括通往那裡所需的燃料站和沿途的瓶頸點（bottleneck points），正如地球上數個世紀以來發生的情況。若在此之前各國不能就這些中繼點和領土劃分談好一個法律框架，到時候肯定還是會為這些事打起來，重演地球上的人類歷史。

可嘆啊，這就像人類的宿命，我們終將為此一戰。「太空競賽」似乎正在加速，許多參加者正打算自己或與盟友大幹一場，以確保「我們」能夠戰勝「他們」。二〇二〇年十月，美國、日本、阿拉伯聯合大公國、義大利、英國、加拿大、盧森堡和澳大利亞成為首批簽署太空旅行《阿忒彌斯協議》

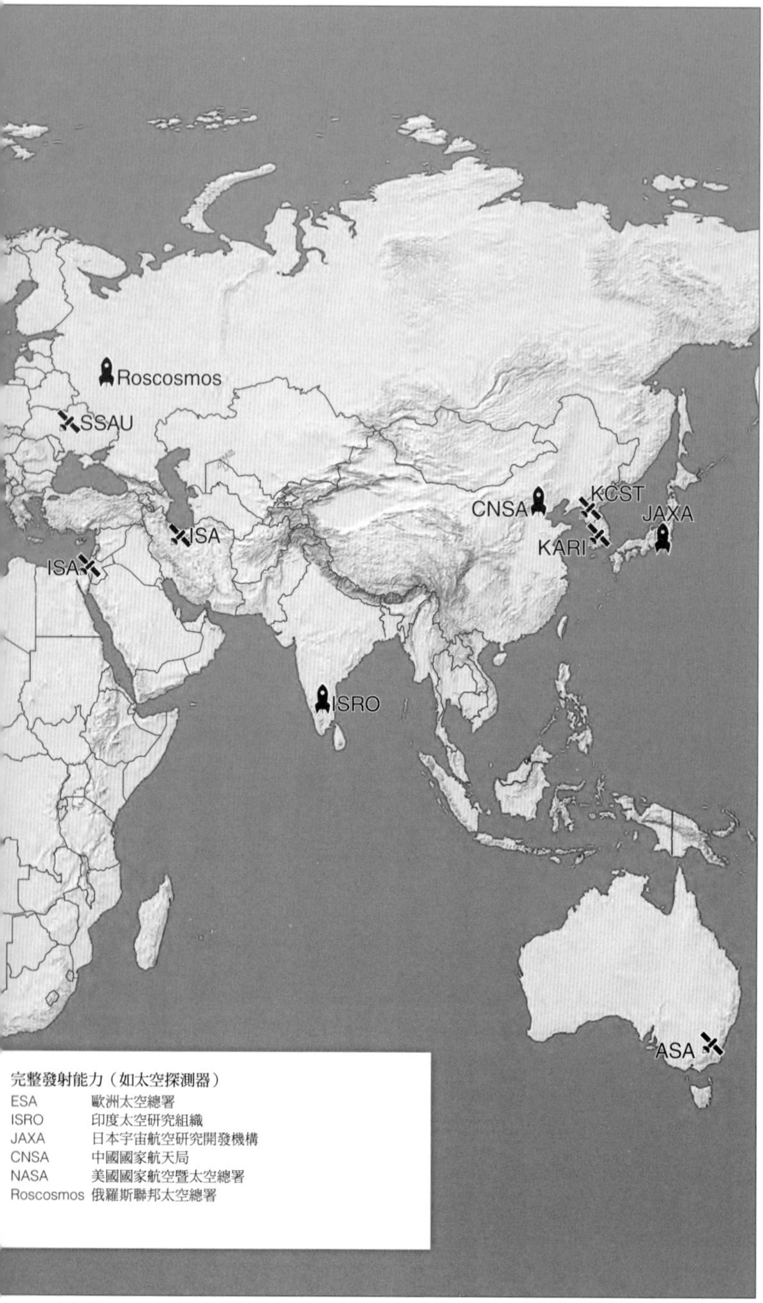
Roscosmos
SSAU
ISA
ISA
CNSA
KCST
JAXA
KARI
ISRO
ASA
完整發射能力（如太空探測器）
ESA 歐洲太空總署
ISRO 印度太空研究組織
JAXA 日本宇宙航空研究開發機構
CNSA 中國國家航天局
NASA 美國國家航空暨太空總署
Roscosmos 俄羅斯聯邦太空總署

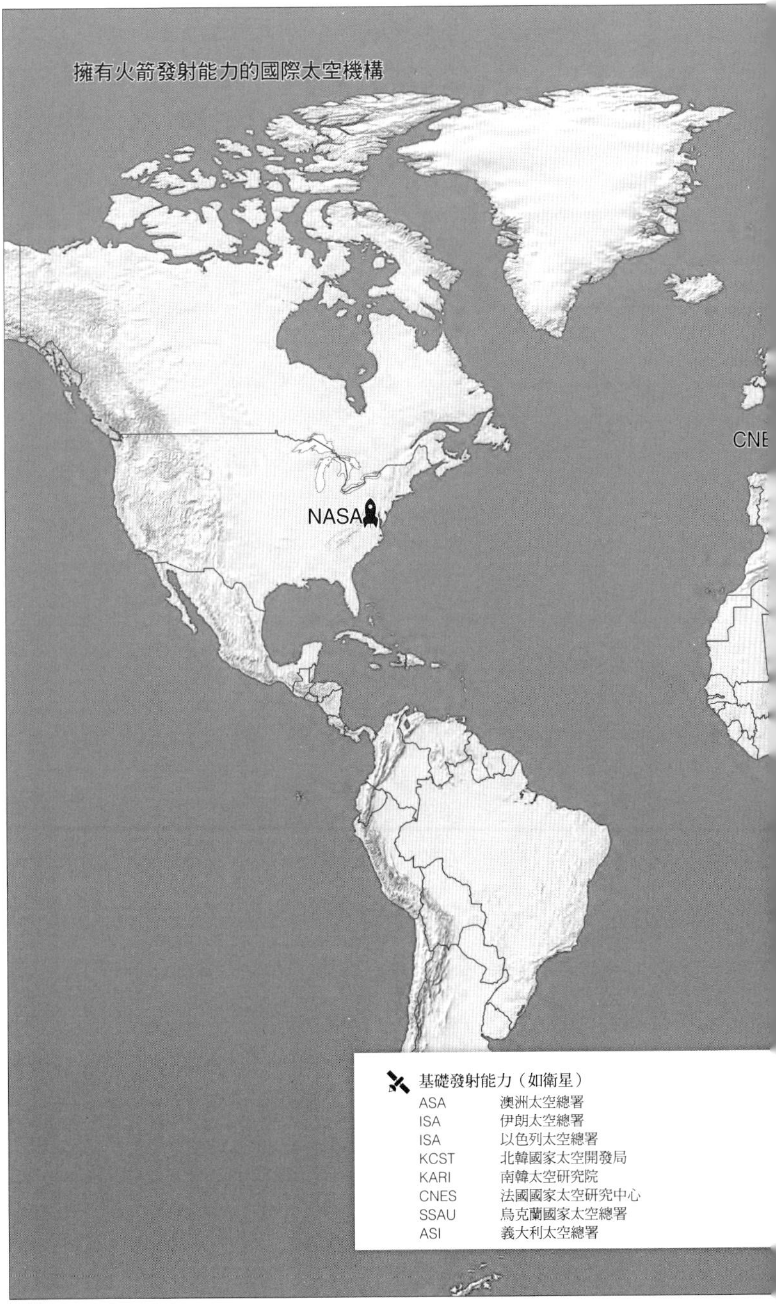
擁有火箭發射能力的國際太空機構
NASA
CNE
基礎發射能力（如衛星）
ASA 澳洲太空總署
ISA 伊朗太空總署
ISA 以色列太空總署
KCST 北韓國家太空開發局
KARI 南韓太空研究院
CNES 法國國家太空研究中心
SSAU 烏克蘭國家太空總署
ASI 義大利太空總署

（Artemis Accords）的國家，該協議旨在管理各國在月球探險和資源開採之行為。該協議的簽署國必須在二〇二四年第一位女性和第十三位男性登陸月球的行動前，互相告知各自的活動。這次登月行動是人類邁向下一步外星計畫的前奏，目標是二〇二八年前在月球建立採礦基地。這些基地未來還可作為人類向太陽系擴張的跳板。

問題是，俄羅斯和中國都沒有簽署該協議。兩國對此計畫態度冷淡，即使他們有意參加，也可能會被排除在外。俄羅斯過去雖然曾和美國太空總署（NASA）在國際太空站合作，但在新成立的美國太空軍（US Space Force）指控俄羅斯以危險、「不尋常和令人不安的方式」跟蹤美國間諜衛星後，俄羅斯就被排除在外了。中國更不能成為該協議的一部分，因為美國國會禁止太空總署與中國政府合作。但俄羅斯和中國本就有各自的月球基地計畫，它們可不會坐視競爭對手制定一套不讓它們參與的「規則」。

沒經大家同意就擅自上月球，套句俄羅斯太空局局長德米特里·羅戈津（Dmitry Rogozin）的話，這是對月球的「侵略」，將其推向阿富汗或伊拉克的後塵。他講這話是有備而來，打算開打的意思。為了防止太空成為戰場，必須改變過去視太空為國家競賽的思維，從而接受和平合作。人類太空史的頭幾頁已經寫好了，我們可從中看到競賽和合作的範本。

太空競賽免不了會牽涉到軍事的層面。這方面的先驅維恩海爾·馮·布朗（Wernher von Braun）當年因為醉心於太空飛行，竟甘心在一九三〇年代被納粹德國吸收。第一次世界大戰後簽署的《凡爾賽條約》禁止德國重建軍隊，但條約中沒有提及火箭，因此納粹得以資助馮·布朗的研究，乃能造出二戰時轟炸倫敦的V-2火箭。一九四四年，V-2火箭也成為第一個被發射到太空的物體，在垂直起飛後達到一七六公里的高度。戰後，馮・布朗連同一百二十名科學家和繳獲的V-2火箭一起被帶到美國，並開始投入美國的太空計畫，二十四年後，他就來到甘迺迪航太中心直擊阿波羅十一號首次登月的升空過程。

同一時間的俄羅斯人也沒閒著，偶爾還超前美國。二十世紀初，出現一位自學成才、鑽研太空飛行理論的隱居科學家康斯坦丁・齊奧爾科夫斯基（Konstantin Tsiolkovsky）。他是第一個計算出要進入太空、擺脫地心引力的最低速度為秒速八公里的人，並且研究出這個速度可以靠液態燃料和多段式火箭來達成，同時他也設計了太空站、氣閘艙和氧氣系統的藍圖。他的許多論文都在第一架飛機翱翔天空之前就已發表，讓他有時被稱為太空旅行之父。一九一一年，他在一封信中寫道：「地球是人類的搖籃，但人不可能永遠住在搖籃裡。」它將永遠活在後人心中，包括在月球背面、一個以他命名的隕石坑。

蘇聯在康斯坦丁的研究基礎上往前推進。一九五七年，他們發射了第一枚洲際彈道導彈（離開大氣層），並將史普特尼克（Sputnik）人造衛星送入太空。同年又發射了史普特尼克二號，這次多了條狗！雖說在史上偉大探險家的行列中，尤里・加加林（Yuri Gagarin）和尼爾・阿姆斯壯（Neil Armstrong）、馬可・波羅、伊本・巴圖塔（Ibn Battuta）、哥倫布等人齊名沒有不對，但這名單少了第一隻進入軌道的動物。牠是一隻名叫萊卡（Laika，英文可譯為Barker，意為吠叫的狗）[i]的溫馴小狗，因為大家在執行任務前就聽到牠在廣播中的叫聲。蘇聯把牠送上太空，並在牠身上裝上各種生理感測器，給牠穿上小小的太空裝，在牠死於外太空的高溫和不適之前，她至少在太空船內撐著繞行了地球一圈。當時一本蘇聯暢銷童書中還以牠為主角，但結局改以幸福歡樂收場。事實上，因為牠在史普特尼克二號上奉獻了生命，才證明了人類可以在太空中生存。

美國看到蘇聯的創舉，在數月後也不落人後地發射了一顆人造衛星，但馬上又被俄國人超前。一九六一年四月十二日，太空人加加林成為第一位擺脫煩人地球束縛的人，進入了被詩人兼戰鬥機飛行員約翰．葛萊斯比．馬吉（John Gillespie Magee）口中「神聖的太空處女地」的外太空。這是人類史上破天荒的一刻，意義重大堪比阿姆斯壯登上月球。但在當時，加加林的壯舉在俄國以外幾乎鮮為人知，而同時代的另一位蘇聯太空人米哈伊爾．卡拉許尼可夫（Mikhail Kalashnikov）反倒更為世人所知，這其實是人性的弱點作祟。

美國見此，再度有所動作。在短短六週裡，甘迺迪總統宣布美國「應致力於在十年內實現平安登陸月球並返回地球的目標。」

在甘迺迪給的期限還剩下五個多月時，美國做到了。在這個時候，阿波羅計畫的載人任務已經成功繞行月球，太空人威廉．安德斯（William Anders）更拍下令人讚歎的「地球升起」照片，照片中可以看到背景中的地球出現在月球地表之上。這可能是史上最廣為人知的照片，因為這張照片對環保運動，有了巨大影響。太空船上的人員在太空中朗讀了《創世紀》中的經文：「起初，神創造天地。」

這句話捕捉到了那個時代的精神，人們不禁讚嘆人類的進步及其未來的無限可能。

隔年，一九六九年七月二十日，尼爾．阿姆斯壯登陸月球後，從他嘴裡講出的一句話僅僅八秒鐘，但這句話將永遠為人類所傳誦：「個人的一小步，人類的一大步。」從那天起，共有十二位太空人登陸月球，他們都是美國人。然而，迄今為止所探勘過的月球面積，不過只有一座小鎮那麼大，因此宣稱人類已經探勘過月球，就等於外星人到過新墨西哥州的羅斯威爾（Roswell）鎮，就妄稱已經探勘過地球一樣。

話雖如此，美國的登月計畫主要是為了在冷戰時期彰顯地緣政治實力。在地球和浩瀚宇宙星空的背景下，美國的星條旗插在月球表面。既然比賽已經贏了，他們就不再感興趣。

太空旅行的相關事業太花錢了。所以美國人把原本計畫再登月的太空艙全部回收並打道回府，僅在月球留下幾面旗幟、幾個腳印和九十袋人類排遺。之後美國人把眼光放在較低成本的地方，比如實驗用太空站，還有協助建設太空站及投射人造衛星軌道用的太空梭。阿波羅號的最後三次飛行任務全被尼克森總統取消，美國太空總署也重新調整工作目標。靠著阿波羅時期用剩的一些經費和器材，他們打造了一個兩層樓高的實驗室，並將之送入軌道。「天空實驗室」雖未能博取全球注意，但卻推動了人類知識發展，也進行各種實驗，並證明了人類可以在太空中長時間生活。

接下來發生了一件具有歷史意義的事件。一九七五年，蘇聯聯盟號（Soyuz）太空船與阿波羅太

i 譯註：「萊卡」是俄文「吠叫的狗」的意思，音譯是「萊卡」，翻譯成英文就是「巴克」。

空船成功對接，此事件顯示了冷戰時期兩大對手之間的緩和關係。這兩艘太空船在相距將近一千公里時開始瞄準對方移動。兩小時後，湯瑪斯・史塔福德（Thomas P. Stafford）啟動阿波羅號引擎，為時一秒鐘以便對齊聯盟號，這時他報告說，已經可以看到蘇聯太空船「像是個小點一樣」。這時兩百公里外的聯盟號打開雷達並鎖定阿波羅號。當雙方距離縮短至三十五公里時，阿波羅號引擎又啟動兩次，以便調校軌道方向，最後史塔福德減慢阿波羅號速度，兩艘太空船面對面了。「接觸！」史塔福德一聲令下，聯盟號上的阿列克錫・列昂諾夫（Alexei Leonov）也回答道：「接觸！」。兩船的氣閘艙都打開，列昂諾夫和史塔福德在太空中現身握手。康斯坦丁・齊奧爾科夫斯基當年就想好了這個原理；而相隔六十年後，該理論在兩個超級大國合作下成真。

此一事件成為頭條新聞，讓人看到在外太空合作這個理想是可以實現的。許多國家已經這樣做了，它們簽署協議，並促成多國通信組織「國際海事衛星組織」（Inmarsat）與「國際通信衛星組織」（Intelsat）的建立。各國還分享了氣候變化的資訊，互助找出汙染熱點，而正是衛星技術證實南極上空臭氧層破洞的存在。這些都是人類能夠藉由高度合作，進而為切身事務帶來好處的證明，而聯盟號—阿波羅號的任務是公開地以高能見度來展現這種合作。透過這一步，奠定日後的國際太空站（International Space Station, ISS）成立的基礎。

國際太空站的第一部分由俄國人於一九九八年十一月發射升空，兩週後，美國太空梭奮進號（Endeavour）也搭載第二部分升空，並將之連接到第一部分。這有點像在太空中建造一個麥卡諾（Meccano）組合玩具一樣，只是這裡用的是先進的火箭科學。不到兩年，太空站的空間就足夠讓第一批太空人入住，到二〇一一年太空站完工時，它的容積大約相當於一個五房住宅，風景絕佳，但交通不便。

國際太空站體積非常之大，在夜空中肉眼就能看到。它長一〇九公尺，寬七十五公尺，與一個足球場差不多大，裡頭有三間實驗室和可容納六名太空人的起居區。空間有點狹窄，所以真的要佩服美國太空人佩姬．惠特森（Peggy Whitson），她創下在太空中停留最久的世界紀錄——六百六十五天。這個太空站前後共有來自十九個國家、超過兩百四十名男女太空人待過，雖然這裡不算舒適。比如說，睡覺時需要睡在牆上的睡袋裡，以防止「睡眠漂浮」，另外還要配掛水回收系統（WRS）。水回收系統是一套很奇妙的裝備，當人類在未來幾十年內開始長途旅行前往其他行星時，它能為人類提供水分。水回收系統可回收太空站中約九成三的濕氣，不論這濕氣是來自太空人的呼吸、汗液或尿液。它都會將這些水分經過蒸餾和處理，然後與經過處理的廢水混合，再回到供水系統中供飲用和洗滌。如此不斷反復回收廢水。這將大大減少太空站對於補給任務的供水需求，雖然這項技術將有助於長途旅行，但九成三回收率還是會讓供水逐次遞減，也表示這項技術還可以再進步。

在國際太空站上所進行的研究、以及為國際太空站所做的研究，讓我們看到火箭科學如何造福人類。開發水回收系統的相關技術，也被用在地球缺少乾淨水源地區，以改善當地的用水過濾系統；太空站的微重力環境，是培育人類蛋白質複雜晶體結構的最佳場所，這些蛋白質結構則被用於開發醫療技術；太空站的機器人手臂技術也被調整供地球上多種用途使用，包括手術等。這座國際太空站就像片漂浮水上的蓮葉，在將來人類要更遠離家鄉地球時，會建造更多這種太空站。在那邊學到的經驗和知識，會伴隨著我們的太空之旅一路前進。

現在太空旅行不再是大國的專利。要上太空的成本越來越低，連私人企業都負擔得起，因此，月球資源爭奪戰是可以預期的。伊隆・馬斯克（Elon Musk）是PayPal的共同創辦人，也是特斯拉汽車背後的創業家，他對太空之旅非常狂熱，想在有生之年（可能未來十年內）將人類送上火星。他的公司SpaceX多年來一直在為國際太空站載送貨物，並曾在二〇二〇年將兩名美國太空總署太空人送往國際太空站。馬斯克想出了透過可重複使用火箭來降低成本的方法。他說：「六百萬美元從天而降。我們當然要想辦法接住。」他正是私人企業領先政府的表率，但同時也持續與太空總署合作。商業機構和國家之間通常都有連結，比如東印度公司：從十六世紀起，東印度公司的貿易利益就與大英帝國一致，有時還在某些英國控制的領土上充當起管理機構的角色。

商業太空公司中，馬斯克處於領先地位，但亞馬遜（Amazon）的老闆——傑夫・貝索斯（Jeff Bezos），正打算讓他的藍色起源（Blue Origin）公司後來居上。該公司的願景是「在未來有數百萬人在太空生活和工作。為了將我們的家園——地球，保存給後代子孫，我們必須到太空中去開發其無限的資源和能源。」這裡的關鍵字是「無限」。正如我們稍後將提到的，預計在月球和隕石上發現的未開發礦產，如鈦和貴金屬，不僅能滿足我們地球的使用量，還能讓我們建造更多太空站和月球基地。在國家層面上，中國的無人太空船已經於二〇二〇年十二月登上月球另一面，並在月面插上中國國旗、挖掘岩石。然而，在私人企業方面則由美國領先。

再往更遠的太空看，我們已經向火星、金星和木星展開了無人探測任務。我們甚至向土星的一顆衛星（土衛六）發射了一架登陸器，並有另一架探測器飛越冥王星。人類的太空計畫已經上路了，但在談論其未來之前，還是需要先解決地球上的一些問題。

《阿特彌斯協議》是太空探索時即將面臨的法律、政治和軍事挑戰的一個例子。該協議中的一條條文引起了莫斯科和北京的高度關注：它允許簽署國在月球上建立「安全區」，以保護該國工作的區域，並要求其他簽署國「尊重」這些區域，以「防止有害干擾」。這引發了一個假設情況：如果俄羅斯太空船在安全區內著陸，並在日本或美國基地旁開展工作，把鑽頭拿出來開始鑽。這時日本或美國能祭出哪條法律來制止或反對俄國？既然無法可管，他們又能拿俄國怎樣？

他們不太可能訴諸已嚴重過時、被大家稱為《外太空條約》（Outer Space Treaty）的一九六七年文件，大多數現行的外太空規範都是以該條約為基礎。該條約稱：「國家不得依主權使用、或佔領、或用任何其他方式將外太空據為己有。」但安全區不就是「據為己有」嗎？安全區越多、範圍越大、月球就會越擁擠，尤其是在私營公司對月球資源的競爭日益激烈的情況下。

《外太空條約》規定，月球只能用於和平目的，但卻沒有定義什麼是「和平」。一旦「大家上了月球」，就很容易找到理由說自己需要防禦性武器，這不是為了攻擊用途，而是維護和平目的。

該條約需要重新擬定，以反映現代技術，但同時也要顧及其精神和承諾，即太空探索「應該在顧及所有的國家福祉和利益的前提下進行，並且視為全人類的共同領域」。但問題是，至今我們連地球和太空的界線在哪，都無法達成共識。

地球的大氣層不會突然消失，而是在數百公里的範圍內逐漸稀薄。美國太空總署和其他美國組織是以地球海平面上空八十公里處以上算是太空，但總部設在瑞士、負責審定太空記錄的「國際航空聯盟」（Fédération Aéronautique Internationale），則將太空定義為海平面以上一百公里處以上。另外還有其他定義，但都無法指出一個確切的距離。有些國家則以無此必要為由，拒絕國際立法加以定義；但這種理由在百年前或許可以說的過去，現在卻是不可能了。比如說「甲」國定義太空是在海平面上空一百公里處，但「乙」國卻訂為八十公里處。那要是「甲」的人造衛星在「乙」國上空九十公里處飛過，就可能冒著被「乙」國將其人造衛星擊落的風險。

幸運的是，我們有聯合國外太空事務廳（United Nations Office for Outer Space Affairs）來解決這些問題。聯合國外太空事務廳總部設在維也納，下設「和平利用外太空委員會」（Committee on the Peaceful Uses of Outer Space, COPUOS），並向聯合國大會第四委員會報告（Fourth Committee of the United Nations General Assembly），該會每年會通過一項「關於和平利用外太空國際合作的決議」。所以，大家應該可以高枕無憂，不必擔心各國為此打起來。

但也有一些美中不足之處。以一九七九年的《月球條約》（Moon Treaty）為例。該條約由聯合國和平利用外太空委員會制定，是依《外太空條約》為基礎並經聯合國大會通過；然而，該條約卻只有寥寥幾個國家承認，俄羅斯、美國和中國既未簽署也未認可。當國家簽署一項條約時，就意味著目前它支持該條約；認可一個條約則表示同意在法律上受其約束。但大多數有意探索太空的國家既未簽署、也未認可該條約，使得《月球條約》幾乎無法發揮實質作用。

從好的方面看，如果《月球條約》獲得完全同意，它將彌補《外太空條約》的一個漏洞，該條約只提到了天體的「國家佔用」，對個人佔用卻隻字未提。而《月球條約》彌補了這個缺失，並明確規定月球及其自然資源不得為任何組織或個人所有。然而，在《月球條約》獲得認可之前，《外太空條約》仍然有效，一位很有生意頭腦的美國人丹尼爾・霍普（Daniel Hope）發現了這個漏洞。於是他就在一九八〇年向聯合國遞交了一份權利聲明，並將聯合國的不回應視為默許，就這樣他開始以每英畝二十五美元的價格出售月球上的土地。凡向他購買者，都會得到一份精美的所有權狀。霍普聲稱他已經賣出了超過六億一千一百萬英畝的月球土地。如果你曾向霍普購買月球土地，而且不是將其當作送人的新奇禮物，那就祝你美夢成真了。我還有座橋你要不要買？

《外太空條約》是我們在探索外太空能力有限時制定的，當時都以為外太空沒有值得探勘的地方，地球的政治在那裡也不適用。雖說美蘇太空競賽是發生在冷戰背景下，但雙方的主要目的是為了證明各自的政治模式比較優秀。但之後隨著科技的進步，新的思維模式也逐漸興起，就是所謂的「天文政治」（Astropolitical）理論。

有人認為，大國將試圖主導太空，以實現商業和軍事上的優勢地位。這種觀點被稱為太空中的現實政治，或是「天文政治」；此源於對太空的重新認識，認為它並非空無一物、毫無價值。正如天文政治理論學家埃弗列特・多爾曼（Everett Dolman）教授的話：「太空是充滿著由重力高山與低谷、以及滿是資源與能源的海洋與溪流所組成的一個多彩景緻。」

多爾曼教授任教於美國空軍所屬的「空軍指揮與參謀學院」（Air Command and Staff College），他的研究以二十世紀偉大的地緣政治學家哈福德・麥金德（Halford Mackinder）和艾佛瑞德・馬漢（Alfred

Mahan）兩人的著作為基礎。這兩位學者都是從地理現實、領土和新技術對前兩者所產生影響出發，藉此形塑戰略思維。研究地緣政治的學生都熟悉貿易走廊、以及誰控制走廊得以在歷史上呼風喚雨。天文政治學採取類似的方法，並將其應用到宇宙中，研究地點、距離、燃料供應和許多科學問題。

軍事天文戰略學家傾向於將這方面的地理問題分為四個部分。不同的戰略學家有不同的描述，但多爾曼的分類方法對於概括性地看待問題很有幫助。首先是地面層：地球及其附近的空域，直到太空船可以在不使用重力情況下進入環繞地球的軌道。在這之上是地球太空層：從上述最低軌道到與地球同步軌道、與地球自轉一致的區域。之後是月球太空層：從地球同步軌道到月球軌道。由第三層再上去就進入太陽太空層：太陽系中除了月球軌道以外的一切。

在這四個太空層中，未來幾十年裡最重要的就是探索地球太空層，特別是近地球低空軌道，這是通信衛星以及之後越來越多的軍事衛星所繞行的高度。誰能獲得這一層軌道的掌控權，那個國家就擁有遍及整個地表的龐大軍事優勢。多爾曼也寫出了一句呼應麥金德一九〇四年論全球掌控的「核心地區」（Heartland）地緣政治理論名言。當時麥金德說：「主宰東歐者、號令核心地區」；多爾曼則將之改成：「主宰地球低空軌道者，號令近地球太空層。號令近地球太空層者，得天下。得天下者，決定人類命運。」

在過去的幾百年間，要宰制領土端賴在戰略位置部署地面和海上部隊，小心翼翼地守住海上航道和直布羅陀海峽或麻六甲海峽這類進出咽喉要道等。進入二十世紀後，空中部隊也成為必要的協防重點。到了二十一世紀後，除非一個國家打算被競爭對手（和盟友）超前，否則在地球太空層部署戰略

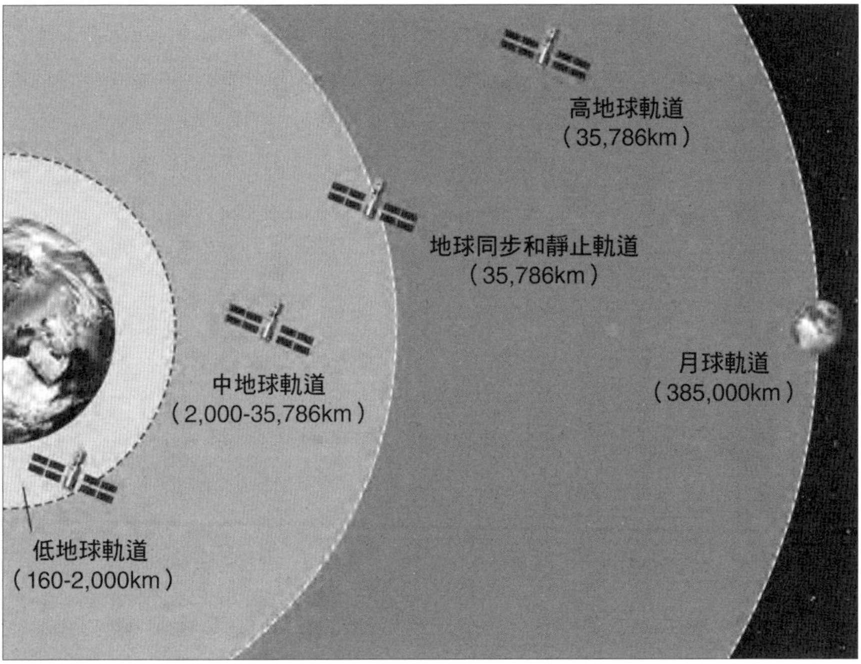

圍繞地球的各類軌道（非實際比例）。

資產就成為其最新且必要的手段了。

近地球低空軌道也是想飛經月球的太空載具獲得燃料補充的地區。火星距地球的距離比距月球距離多出數百萬英里，由於擺脫地球引力束縛讓太空船相當費力，而從地表到月球所需能源，遠高於從近地球低空軌道到火星。如果有哪個國家能全面掌控這個廊道，那麼它將會成為守門員，不只能阻止對手在廊道內補充燃料，更能讓他們無法飛往更遠的太空。

在地球上的情形，同樣適用於太空的還有這件事。若一個黑海國家打算派遣軍艦穿過博斯普魯斯海峽進入地中海、再駛入大西洋的話，就要取得土耳其的許可。一旦局勢緊張，那麼土耳其可能駁回申請。控制地球太空層所取得的掌控實權也類似這樣，在當前沒有任何可用條約的情況下，「太空叢林」的弱肉強食勢必成為法則。

另外還有商業方面的考量：如果科技進步到能在太空安裝大規模的太陽能板，並將其產出的太陽能傳送到地球進行發電的話，那麼這種設備可能會被發射到低軌道上，而這裡同時也是為長途太空旅行補充燃料的區域。如果未來想到外太空某顆隕石上採礦，可能也得向把關者支付過路費才過得去。

我們對外太空地理區域的瞭解越多，就越需要更新我們的太空導航地圖，而競爭的可能性也就越大。例如，范艾倫輻射帶（Van Allen radiation belts）是兩個從地球向外延伸到大約五萬八千公里外的區域，高能粒子被地球磁場留存在其中。這兩個區域的輻射濃度非常高，載人太空船能避開這些區域最好。在那裡待太久，太空船中電子設備可能會開始失靈，太空人也可能受到傷害。另外還有些太空通路，是可以讓太空船利用行星引力當成彈弓一樣，將太空船拋擲上遠程航線。同時，地球附近有五個

「平動點」（libration points）[ii]。平動點是地球和月球引力互相抵銷的地方，凡是停留在該點上的物體，可以不用燃料就靜止不動。這五個平動點有可能會在未來成為爭奪的地利。其中有兩個點尤其因為具有居高臨下監看下方人造衛星帶的優勢而特別為多方覬覦。再者，地月系統中的L2平動點位於月球遠離地球一側。但中國已在這裡設置人造衛星，因此可以觀測月球暗面的動靜，可見中國想在月球暗面建立基地並非巧合。

隨著天文政治學的成熟，以及大國將太空戰事納入其軍事預算中，日後這些地理現實都會變成我們常聽到的詞句。顯而易見的是，若缺少具約束力的條約來限制太空軍事化，近地球太空低軌道很可能成為戰場，各國會將其武器瞄準低空軌道帶內的對手，然後再瞄準更低空的對手。

現在的俄羅斯和中國都在軍隊組織上有所改革，美國也是在二〇一九針對其太空部隊（Space Force）進行了編制上的變動。有人擔心這種活動違反了《外太空條約》，但該條約只限制大規模毀滅性武器如核彈不得「放置在軌道和天體上，或以任何其他方式部署在外太空」，但國際法並未規定不得部署雷射武器衛星。可是，歷史上血淚斑斑，只要有一個國家開了先例，另一個國家也會跟進，然後就會絡繹不絕。

所以美國國防部有一句口頭禪：「太空是戰爭領域。」二十世紀時，核戰曾讓人們擔心生活方式會從此被催毀；如今則換成太空武器化帶來同樣的恐懼。戰爭雖在外太空，卻可能會產生毀天滅地的

ii 譯註：又稱拉格朗日點（Lagrangian point）。

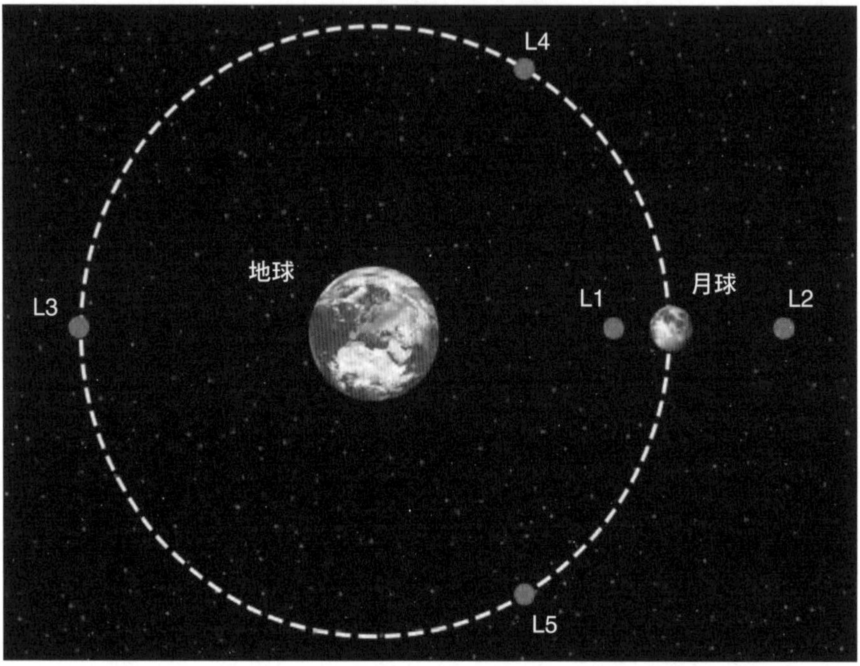

地月系統中的拉格朗日點（L1-L5）是放置衛星的重要位置，可能會引發國家間的競爭。

後果。

因此才有了太空部隊的誕生。美國總統川普在該部隊成立時就說：「維持美國在太空的優勢至關重要……太空部隊將幫助我們遏制侵略，控制太空這個終極制高點。」中國和俄羅斯也是這麼看待太空的，還有其他實力較弱的國家亦然。然而，只有「前三大」才掌握了太空旅遊及其軍事層面的先機。

這三大國現在都認為，軍事概念中的「全方位支配」應該包括太空——從低軌道到月球、以及更遠的外太空。這個觀點在美國一九八〇年代擬定的「戰略防禦計畫」（Strategic Defense Initiative）中就可以看到，而美國為了獲得這個優勢，早年就已經進行部分嘗試，以求發展保護美國免於核武攻擊的飛彈防禦系統。當時美國研究過的選項中，就包括了以太空為據點的武器裝備，因此贏得了「星戰」（Star Wars）計畫之名，從此開啟了太空軍事化領域。

今天極超音速導彈的發展，能以超過音速二十倍速度飛行，也被特別用在這領域上。極超音速導彈與傳統洲際彈道導彈不同，它不以弧線飛行，還可以在行進途中改變方向和高度。因為這樣，被瞄準的國家無法在其發射時就判斷其攻擊目標，也就無法調整其反導彈防禦系統來阻止。想以導彈擊中導彈已經難度夠高了，極超音速導彈則又更難被擊中。為了要因應這個挑戰，各國政府正在研究在太空中部署反極超音速雷射系統，由太空向地球發射。若再多幾項這類發展的話，那就真的進入太空武器競賽的時代了。

隨著我們繼續把科幻小說化為真實，情況只會變得更加複雜。二〇二〇年七月就發生了一起類似事件。俄羅斯的Kosmos 2542號軍事衛星一直在「跟蹤」美國的USA 245號衛星，雙方距離有時接近到少於一百五十公里，算是相當近距離了。然後，它從肚子裡又吐出一顆迷你人造衛星Kosmos 2543號，被美軍稱為「俄羅斯娃娃」。這顆被暱稱為「寶寶」的Kosmos衛星繼續追蹤美國太空船，之後才向第三顆俄羅斯衛星移動。然後，該人造衛星似乎又發射了一顆高速的拋擲物，以時速約七百公里飛行。克里姆林宮方面稱，此舉只是在檢查衛星狀況，但英國國防部和美國國防部都認為這是在進行武器測試。

當然不只俄國如此，美國也在進行類似的跟蹤，並在研究自己的太空武器。但讓美國氣憤的是，有人打破過往的常規行為——竟然真的在太空中發射武器。這同樣涉及法律問題：這種協議和理解並未被納入正式的成文法律中加以規範。儘管如此，光是對人造衛星構成的威脅，足以讓所有的國家都無法等閒視之了。

現代的衛星可不只是轉播電視畫面和轉接電話而已，它們對日常生活和現代戰爭都至關重要。摧毀或讓人造衛星暫時失靈，有可能讓大家汽車上的導航系統失效，你的銀行卡也不管用。打開電視想知道怎麼回事時，卻發現螢幕一片漆黑。幾天後，超級市場的送貨系統，無論是送貨到自己的店面或用戶家，都陷入一片混亂。沒有全球定位系統，船隻和飛機將難以航行。最嚴重時，電網可能會癱瘓，到時候連想知道天氣預告都沒有辦法。

在軍事層面，當前所有的先進國家都依靠人造衛星獲取情報和進行監視。要是一連串軍事衛星被擊中，最高指揮部會立即懷疑這是否為地面遭到攻擊的前兆。核彈發射的預警系統可能會失靈，從而引發高層討論是否該先發制人。即使衝突是傳統規模，但對方卻可能因此享有精確瞄準敵人的優勢，同時還能趁機調動己方部隊、不用擔心被發現，雖然這時對手派發加密通訊的能力同樣也受到限制。

這樣的威脅已經在迫在眉睫。俄國、中國、美國、印度和以色列都已經開發出「人造衛星殺手」系統，這是可以摧毀人造衛星的專業太空武器。它們發明了各種科技，可以用雷射擊落人造衛星或阻礙通信，或是用化學物質噴射衛星，甚至撞擊衛星。由於沒有法律規定誰可以在哪裡、彼此可以靠得多近、允許什麼活動等等，造成風險越來越高，一場演習、甚至錯誤導航都可能被誤認為是敵軍來襲。

美國政府現在正與洛克希德．馬丁公司（Lockheed Martin）合作開發「太空圍籬」（Space Fence）。這是一種以地面雷達追蹤人造衛星和軌道碎片的監視系統。目前美國國防部可追蹤兩萬多顆這類人造衛星，其追蹤數量預計未來將增加到十萬顆，並能指認出擊中人造衛星的正確雷射來源。

太空上的衝突還帶來了另一個問題：大量的碎片會在地球上方繞著軌道四處飛射，砸向所有國家的人造衛星基礎設施，嚴重破壞全球經濟。另有一個危機是現在已經發生的，那就是正繞著地球軌道轉的廢棄人造衛星有三千顆，另外尺寸至少十公分以上的太空垃圾也達到三萬四千塊之多。有些國家已經著手處理這個問題。要是你去過日本，就會注意到這個國家看不到一種東西——垃圾。而日本的SKY Perfect Corporation（天空計畫公司）和日本政府一直在研發一種能以雷射清除太空碎片的衛星，靠著雷射將碎片推入地球大氣層，它們就會在大氣層中燃燒殆盡。英國人自己就很會製造垃圾，也正在研究類似的東西。

也許太空戰爭永遠不會發生，但正如在地球上一樣，擬訂計畫的目的是要「以防萬一」，而不是為了「以防無事」。

其實大可不必如此。儘管過去人類經常發生慘烈的國與國競爭，但也不乏國與國之間的良好合作。二十世紀除了衝突，也萌生了國際主義和管理全世界的機構。即使在冷戰期間，都還發展出避免衝突的機制，像是華府和莫斯科之間的熱線電話，好讓兩邊領導人可以直接溝通，以免對方誤解己方下令攻擊。兩大強權的領導人很清楚，一旦發生核戰就是兩敗俱傷，日後大家或許也能對於太空戰爭建立這樣的共識。總是不免會有一些國家以為冒險發動小型攻擊，可以先發制人、拿到好處，但更可能的是，各國會陷入「同歸於盡」的嚇阻競賽。這種假設可以說非常不理性、非常瘋狂，與在冷戰時期一樣，但既然在當時行得通，未來可能也會行得通。像冷戰時期就會有小型戰事，日後在太空中，也可能會出現不致危及整體生存的有限戰事。達成標準運作程序所需的外交管道，將有助建立信任，緩解緊張局勢。

我們的領導人或許應該穿上太空裝，準備上太空。正如美國太空總署太空人凱倫・尼伯格（Karen Nyberg）說的：「如果能讓每個地球人都繞地球一圈，我想事情的發展會有改觀。」她這話原意是在講生態環境，但其實也適用於促進外交。

如果每個國家都能奉行美國「國家太空政策」（National Space Policy）精神，即「致力透過互相合作維護太空自由以增進人類福祉」，那麼未來就可能改觀，而不是當前正在醞釀的爭端。在這個未來中，國會願意翻轉敵意，不再阻止美國太空總署與中國這個太空實力進展最快國家的合作。日本和南韓也願意克服歧見，共創區域合作關係，與美國、中國、印度和其他國家攜手，打造有利的全球局面，以便所有的國家共同投入資源，貢獻各自的專長。

十年內，國際太空站將成為「國際馬斯克太空旅館」（International Musk Spacetel）——擁有二十個房間的億萬星級酒店，入住房客可以一覽太空風光，並遍嚐最美味的冷凍乾燥佳餚。每週一千萬美金的住宿費中包含一次無重力太空漫步和遊覽「世界太空實驗室」。這座國際實驗室僅僅位於五十公里外的近處，並在二〇二八年發明了阿茲海默症的解藥。另外旅客也可由此打視訊電話到剛成立的月球基地，雖然那邊只有十二個工作人員。不過即使你自認打去的電話很重要，但不見得他們會接聽，不論哪個時代都會發生這種情形。

再過二十年，太空船就會開始在低地球軌道上補充燃料，再由此出發，前往浩瀚無垠的宇宙。另外一些太空船則會開始登陸月球，藉由3D列印機列印出巨型太陽能板，這些太陽能板一方面要供在此地做為多國基地前往外太空「門戶」所用，另一方面則要裝載於中途停靠的太空船上，以利其藉此能進一步開拔前往火星。這些前往火星的船員們，有些對於前往火星要六個月的行程還是不太滿意，但旁人則會提醒說，這可是九千公里之遙的路程，要想想過去人類光從英國到美國，搭船就要兩個月了。這群人再次啟程時，還是不忘牢騷抱怨，這時他們的太空船經過了停靠在月球遠離地球面的中國和阿拉伯聯合大公國太空站。其他太空船上則只搭載了機器人，它們會負責在船上進行太空實驗，並跟著太空船飛往宇宙深處。在離地球更近的地方，大型隕石已經展開開採工作，一些原本在地球上被列為「稀土」的礦物，因為這些開採，已經不再稀有。在巨大的「邁達斯」（Midas）隕石被發現是由黃金這種過去被視為貴金屬的礦石所構成後，黃金價格暴跌一成二。

到二〇六〇年，火星上由一百多人組成的多國團隊正式進行全面「造地」（terra-forming）工作。回溯二〇五四年，科學家終於推算出一道公式，了解如何加熱和釋放火星上的溫室氣體、並將它們與大量隨太空船運來的剩餘氯氟化碳（CFCs）混合，藉此留住足夠的太陽熱量，引發連鎖反應，從而改變火星大氣層氣體構成方式。預估到了二〇七五年時，就有可能讓人類不用穿太空裝而能在火星地表上行走。

上述到此，基本上還是合理的設想。但再往未來發展，情況就越覺得像是科幻電影情節了。二〇八〇年，科學界終於不再執著於要使用核彈作為太空船前往遙遠外太空動力的想法。它們想到了使用迷你型氫彈，將之在太空船前方安全距離下引爆，隨著其所產生的「動力波」就能暫時製造出空間扭曲（warping space），讓太空船的推進器獲得短暫暴衝速度，太空船獲得巨大加速，一次可跳躍數十萬公里的距離。不過，科學家仍然未能完全突破這個技術，這群太空人雖然以兩年時間抵達冥王星，到時候將會面臨離最近恆星還有兩萬光年的問題（不把太陽算進去的話），那顆星就是「毗鄰星」（Proxima Centauri）。因為這個發現，讓太空人「冷凍」休眠的提議沒有下文、打算送人類胚胎上太空並由機器人和人工智慧撫育長大的計畫也變得毫無意義，最後整個探險計畫就在行星道德委員會（Planetary Council on Ethics）的否決下喊停。

宇宙浩瀚無垠，因此也有著無窮的可能，正因如此，科幻小說才會讀來那麼多采多姿。但在不久的將來，我們還是受到當前的知識所限，但同時又因其獲得解放。這麼說是因為拜知識之賜，我們才得以飛向太空，這是人類史非常近代才發生的事；說受其所限，則是因為我們的知識無法征服浩瀚的太空，也無法克服大自然定律的限制。

除非人類能夠以光速或接近光速飛行（也許永遠不可能），否則人類很難走出我們的太陽系，因為就連肉眼可見的星都太遙遠了。從毗鄰星射出的光需要花四點二五年才能到達地球，換算成距離大約是四十兆公里外。當我們在夜空中看到仙女星座（Andromeda）時，我們看到的其實是它兩百五十萬年前的樣子。由於這距離實在太遙遠、再加上即使要達到光速十分之一的推進力，都似乎要花費我們好幾十年，研發如何到遙遠外太空旅行，因此只能仰賴科幻小說作家、寥寥可數的前衛理論家及未來世代了。

要如何獲得更高的推進速度的理論，不只這些，包括發射像電腦晶片一樣大小的火箭到太空中，再由它們張開光帆片，然後由地球發射雷射去推進這些光帆片。私人企業「攝星」（Starshot）計畫已經在進行這方面的工作，它預計要朝毗鄰星附近、類似地球的行星發射光帆火箭，而且其所需時間只要二十年，而不是原本的數萬年。要走到這一步，有很多障礙需要克服，其中一大障礙是，如此有力的雷射還未發明出來。而等到發明出來了，也可能是好多束合在一起，這時就要能夠射出一百千兆瓦的短程爆發力，大約相當於一百座核電站的輸出功率。

科學家說這理論基本上說的過去，而且它其實正符合十七世紀天文學家克卜勒（Johannes Kepler）對同為天才的伽利略（Galileo Galilei）的描述：「只要具有能運用天風（heavenly breezes）的船或帆船，不愁沒人願意大膽進入那浩瀚之中。」

我擔心的是，要是雷射一不小心偏離目標，卻射中了四十萬公里外的外星太空船，船員又剛好不是吃素的，他們會不會說：「這顆行星看起來不錯，我們要了。」雖然在如此廣大的太空中，這種情形不太可能發生，但考慮到宇宙的浩瀚及其中數百億顆行星，搞不好哪裡就存在著智慧生命。科學也是這麼告訴我們。甚至有數學家認為，宇宙中與地球一樣的行星，可能要比我們沙灘上的沙粒還多！

這種說法是根據克卜勒等可以看的更清楚的衛星天文望遠鏡所提供的最新資訊所得。由這些資訊推斷，太陽系中的第三顆行星——地球，是唯一有智慧生命行星的機率，僅僅是兆分之一。

如果你驚訝既然機率這麼低，為什麼ET（外星人）還沒有打電話來，[iii] CNET科技網站的艾瑞克・麥克（Eric Mack）為此打了個比方，這是我聽過最一針見血的回答。想想看世上所有沙灘的沙粒，全集中在同一片沙灘，但每粒沙（行星）之間的最近距離都至少一兆公里。這就是宇宙的樣貌。因此，就如天文物理學家尼爾・德格拉斯・泰森（Neil deGrasse Tyson）談到目前人類探索宇宙的進展時所說：「若有人敢大膽妄稱宇宙中沒有其他生命存在，那就像舀起一杯水，看著杯子就隨口斷言海中沒有鯨魚一樣。」

若外太空真有生命存在，我們已為他們準備一份大禮——「先鋒號鍍金鋁板」（Pioneer Plaque, PP）。這塊六乘九英寸的鋁板就安在先鋒十號（Pioneer 10）太空船上，該船在一九七二年出發，最後一次傳回訊息是二〇〇三年一月該船的動力源終於耗盡時，但該船持續向著無垠飛去。該船上攜有一張地圖，其實就是說：「我們在這裡！」

先鋒號鍍金鋁板是由偉大的天文學家卡爾・薩根（Carl Sagan）和法蘭克・德雷克（Frank Drake）共

同設計的。他們的基本假設是，外星智慧生命可能沒有聲帶或耳朵，但肯定與人類擁有同樣的東西：主宰科學的自然法則。因此，這塊鍍金鋁板上刻著兩顆氫原子，各處在不同的能量狀態，因為從一個狀態轉換為另一狀況時，電磁輻射就會被釋出，形成可測的波長並維持一定可測時間長度。鋁板上還有一男一女；男性抬起手臂、張開手掌，做出國際通用的歡迎姿勢，但我們不清楚這在宇宙中是否也是象徵侵略的姿勢。在鋁板中間是一個呈輻射狀的圖形，每一條線都指向太陽，在其下方則是太陽系的九大行星；輻射圖形中每條不同長度的線條都連接回到脈衝星（中子星）。各個脈衝星以各自不同的速度旋轉，要是能算出其速度，就能算出地圖是何時繪製的，再用三角測量推出太陽所在位置，再據以推算出地球位置。

這張地圖的有效期只有幾百萬年，因為隨著我們這個完全不起眼的太陽和完全不起眼的太陽系，將繞著完全不起眼的銀河系旋轉幾圈，星座也隨之移位。因此，先鋒號鍍金鋁板和外星人ET最好快點接觸。

現在太空探索仍處於萌芽階段，首先我們必須決定怎麼進行。是否要遵照「西發利亞式」（Westphalian）的宇宙概念？根據《西發利亞合約》，各國擁有主權並彼此承認對方領土；可惜歷史證明這樣的系統一再失效。或者我們應該揚棄國與國之間的差異，並承認人類的共通性及太空旅行的挑戰，以單一民族的身分邁向太空、超越我們的地球家園？

iii 譯註：這是電影（ET）中台詞的改寫。

到目前為止，人類依然走著和以前一樣的老路。幾乎所有陸上和海上的大發現結局都是一樣：競爭、權力鬥爭、贏家決定規則和界線。但對於太空，大家可以主張，目前這裡沒有誰當家作主，既然如此，那麼只要勇於前去探索、投資、冒險的人，就應該有權力享受那個成果。但即使這個主張成立，我們的時代卻不允許我們這麼做，因為儘管我們在地球上依然有著種種衝突和不公，大部分的人都逐漸接受的是，人類對於同在這顆星球上的彼此有一定的責任和義務在，氣候異常讓我們看懂這個道理。即使宇宙中有著無窮無盡的能源財富和原物料，而且只有那幾個最強大的國家有能力探勘並採樣回地球，但我們有責任要求他們與大家共享，增進全人類福祉。提升全世界的生活水準，並降低碳排放，期求有益於所有的人。地球的資源有限，競爭這些有限資源造成衝突，但在我們頭頂上卻有著一顆名為阿蒙（3354 Amun）的小行星。在其星體裡頭蘊藏著鎳、鈷、鐵和其他金屬礦脈，估計價值達二十兆美元，大約等於美國一年的國內生產總值。而在太空中還有無數這樣的星星，要讓全人類分享是綽綽有餘。

當然，若認為那些能將太空船送到這些星星的國家或公司會大方分享成果，就太過天真了。但現在我們可以開始擬定合約、協議，讓參與太空探索的國家在某些計畫上合作，並同意分享其成果和知識，同時設下目標，要求他們將部分所得回饋給眾人。例如，我們可以在低軌道上安置巨型太陽能反射板，用來將陽光折射到太陽能發電廠，這樣即使在陰暗中也能實現二十四小時全天候發電。可以讓開發中國家在建造這類太陽能板時，共同分攤部分預算，好讓它們未來也能享受到免費的電力。只要發揮想像力，類似的想法是無窮的，而且完全可行。就如同科幻小說作家亞瑟·克拉克（Arthur C.

Clarke）所言，每個革命性的想法從誕生到完成，都會經歷三個階段，顯示其反對者的轉變：「這永遠行不通，純然是異想天開」；「或許可行，但不值得浪費力氣」；「我始終都說這是個好點子」。

同時我們也有必要合作找出那些未知小行星以及其他太空物體，以免帶來如同一九〇八年通古斯（Tunguska）隕石那樣的災難，這顆隕石在西伯利亞夷平了數百平方公里的森林。在同一個軌道上，可能還存在著更大的物體。當年恐龍滅絕前沒辦法預知大隕石即將到來，但我們人類有辦法，而且我們還可以加以改變。

太空合作並不一定會消除地球上國家之間的敵意。美國太空人雖然得到俄國太空船援手，前往國際太空站，但這卻未能阻止兩國之間的緊張局勢再度升溫。然而，在過去的幾十年中，美蘇兩國之間的戰爭威脅要大得多，而科技合作卻能成為他們緩和關係的捷徑，才有一九七五年聯盟號與阿波羅號的對接。

如果我們能像當年的蘇聯太空人和美國太空人那樣，從太空中回望地球這個「淡藍色點」，就能化解心中那個「我們與他們」的對立病毒，是這病毒從一開始就感染所有的人。太空給我們全新的機會去敞開心房，迎向無垠的宇宙。人類過去只能仰頭向上看，望向夜空的深處，做著不切實際的夢。如今我們真的有能力了，注定要前往更遙遠的外太空。只要攜手共進，或許還能更快到達。天空不會是我們的極限。

致謝

感謝每一位提供專業知識、引言和支持的人。Alison Hudson博士、Mina Al-Oraibi、Anne-Marie Schleich博士、Sajjan Gohel博士、David Waywell、Ioannis Michaletos、John Saunders、Sarah Williams、Liam Morrissey、Jason Webster、Peter Bellerby等。我還要感謝幾家大使館和軍事組織提供背景資料，也感謝那幾位因政治敏感性而不願透露姓名的人士。我還要一如既往感謝Elliott and Thompson的優秀團隊：Jennie Condell、Pippa Crane, Marianne Thorndahl 和 Lorne Forsyth。

參考文獻

第1章　澳洲

Attard, Bernard, 'The Economic History of Australia from 1788: An Introduction', EH.Net Encyclopedia, March 2006 https://eh.net/encyclopedia/the-economic-history-of-australia-from-1788-an-introduction/

'Border Lengths – States and Territories', Geoscience Australia, Australian Government https://www.ga.gov.au/scientific-topics/national-location-information/dimensions/border-lengths

Christie, Nancy J., '"Pioneering for a Civilized World": Griffith Taylor and the Ecology of Geography', *Scientia Canadensis*, vol. 17, nos 1–2 (1993), pp. 103–154 https://www.erudit.org/fr/revues/scientia/1993-v17-n1-2-scientia3119/800366ar.pdf

'Confluence of the Two Seas', speech by Prime Minister Shinzo Abe at the Parliament of the Republic of India, Ministry of Foreign Affairs of Japan, 22 August 2007 https://www.mofa.go.jp/region/asia-paci/pmv0708/speech-2.html

Curtin, John, 'The Task Ahead', *Herald* (Melbourne), 27 December 1941 http://john.curtin.edu.au/pmportal/text/00468.html

'Edward Hammond Hargraves', *Evening News*, 31 October 1891 https://trove.nla.gov.au/newspaper/article/111989656?searchTerm=Edward%20Hargraves&searchLimits=

Elkner, Cate, 'Immigration and Ethnicity: Overview', Electronic Encyclopedia of Gold in Australia https://www.egold.net.au/biogs/EG00006b.htm

'Geographic Distribution of the Population', Australian Bureau of Statistics, 24 May 2012 https://www.abs.gov.au/ausstats/abs@.nsf/Lookup/by%20Subject/1301.0~2012~Main%20Features~Geographic%20distribution%20of%20the%20population~49

Hughes, Robert, *The Fatal Shore* (London: Collins Harvill, 1987) Macfarlane, Ingereth (ed.), 'Aboriginal History', vol. 26 (2002) https://press-files.anu.

edu.au/downloads/press/p73361/pdf/book.pdf
Rudd, Kevin, 'The Complacent Country', KevinRudd.com, 4 February 2019 https://kevinrudd.com/2019/02/04/the-complacent-country/
Schleich, Dr Anne-Marie, 'New Geopolitical Developments in the South Pacific: The Cases of Australia and New Zealand', *ISPSW Strategy Series: Focus on Defense and International Security*, no. 533 (2018) https://css.ethz.ch/content/dam/ethz/special-interest/gess/cis/center-for-securities-studies/resources/docs/ISPSW-533%20Schleich.pdf
Ville, Simon, 'The Relocation of the International Market for Australian Wool', *Australian Economic History Review*, vol. 45, no. 1 (2005), pp. 73–95
Worgan, George Bouchier, letter written to his brother Richard Worgan, 12–18 June 1788 https://www.sl.nsw.gov.au/collection-items/collection-10-george-bouchier-worgan-letter-written-his-brother-richard-worgan-12-1

第十章　伊朗

Ansari, Ali M., *Iran: A Very Short Introduction* (Oxford: Oxford University Press, 2014)
Ansari, Ali M., *Iran, Islam and Democracy: The Politics of Managing Change* (London: Gingko Library/Chatham House, 2019)
Langton, James, 'The Day the Oil Came: Sixty Years Ago, the Sea Gave Up Its Secrets and Changed Abu Dhabi Forever', The National, 28 March 2018 https://abudhabioil.thenational.ae
'Mapping the Global Muslim Population', Pew Research Center, 7 October 2009 https://www.pewforum.org/2009/10/07/mapping-the-globalmuslim-population/
'Saddam Hussein and His Advisers Discussing Iraq's Decision to Go To War with Iran', History and Public Policy Program Digital Archive, Conflict Records Research Center, National Defense University, 16 September 1980 https://digitalarchive.wilsoncenter.org/document/110099
'Their Last Chance?', The Economist: Special Report, 15 January 2004 https://www.economist.com/special-report/2004/01/15/their-lastchance

第十一章　沙烏地阿拉伯

Acemoglu, Daron and Robinson, James A., *The Narrow Corridor: How Nations Struggle for Liberty* (New York: Penguin Books, 2020)
Al-Rasheed, Madawi, *A History of Saudi Arabia* (Cambridge: Cambridge University Press, 2010)

'Basic Law of Governance', The Embassy of the Kingdom of Saudi Arabia, 1 March 1992 https://www.saudiembassy.net/basic-law-governance
'Civilian Gasoline Supply Report', Office of War Information, 13 October 1943 http://plainshumanities.unl.edu/homefront/homefront.docs.0015
'Diriyah: The Original Home of the Saudi State', Saudi Press Agency, 20 November 2019 https://www.spa.gov.sa/viewfullstory.php?lang=en&news-id=2001219
Husain, Ed, *The House of Islam: A Global History* (New York: Bloomsbury, 2018)
'Ikhwan', GlobalSecurity, https://www.globalsecurity.org/military/world/gulf/ikhwan.htm
'King Abdulaziz Al Saud: Founder of the Kingdom of Saudi Arabia', House of Saud, Saudi Royal Family News and Information https://houseofsaud.com/king-abdulaziz-al-saud/
Riedel, Bruce, *Kings and Presidents: Saudi Arabia and the United States Since FDR* (Washington, DC: Brookings Institution Press, 2019)
'Saudi Arabia', US Department of State Archive https://2009-2017.state.gov/documents/organization/171744.pdf
'Saudi Arabia: Youth Unemployment Rate from 1999 to 2020', Statista (2020) https://www.statista.com/statistics/812955/youthunemployment-rate-in-saudi-arabia/

第四章　英國

Collier, Basil, *The Defence of the United Kingdom: History of the Second World War* (London: Her Majesty's Stationery Office, 1957)
Crane, Nicholas, *The Making of the British Landscape: From the Ice Age to the Present* (London: Weidenfeld & Nicolson, 2017)
Harvey, Michael, 'Perspectives on the UK's Place in the World', Chatham House: Europe Programme Paper 2011/01 (2011) https://www.chathamhouse.org/sites/default/files/public/Research/Europe/1211pp_harvey.pdf
Lipscombe, Nick, 'Napoleon's Obsession: The Invasion of England', *British Journal for Military History*, vol. 1, no. 3 (2015)
McKirdy, Alan and Crofts, Roger, *Scotland: The Creation of Its Natural Landscape: A Landscape Fashioned by Geology* (Perth: Scottish Natural Heritage, 1999)
Parker, Joanne, *Britannia Obscura: Mapping Hidden Britain* (London: Vintage, 2015)
Simms, Brendan, *Three Victories and a Defeat: The Rise and Fall of the First British Empire, 1714–1783* (London: Allen Lane, 2007)

'The Defence Implications of Possible Scottish Independence', House of Commons Defence Committee, vol. 1, Sixth Report of Session 2013–14 (2013) https://publications.parliament.uk/pa/cm201314/cmselect/cmdfence/198/198.pdf

第五章　希臘

Brunwasser, Matthew, 'The Greeks Who Worship the Ancient Gods', BBC News, 20 June 2013 https://www.bbc.co.uk/news/magazine-22972610

'Greece – Agricultural Sector', International Trade Administration: United States of America, 4 June 2019 https://www.export.gov/apex/article2?id=Greece-Agricultural-Sector

Greece Population 2020, World Population Review http://worldpopulationreview.com/countries/greece-population/

'King of Hellenes Murdered', *The Times*, 19 March 1913

'Lausanne Peace Treaty VI. Convention Concerning the Exchange of Greek and Turkish Populations Signed at Lausanne, January 30, 1923', Republic of Turkey: Ministry of Foreign Affairs, 30 January 1923 http://www.mfa.gov.tr/lausanne-peace-treaty-vi_-convention-concerning-theexchange-of-greek-and-turkish-populations-signed-at-lausanne_.en.mfa

'Military Expenditure (% of GDP)', The World Bank https://data.worldbank.org/indicator/MS.MIL.XPND.GD.ZS

Sienkewicz, Thomas J., 'The Hellenic Language is Immortal: The Grandeur of the Hellenic Language', Monmouth College https://department.monm.edu/classics/Courses/GREK101-102/HellenicLanguage.Shadowed.htm

Weiner, Eric, *The Geography of Genius: A Search for the World's Most Creative Places from Ancient Athens to Silicon Valley* (New York: Simon & Schuster, 2016)

第六章　土耳其

Alkan, Can; Kavak, Pinar; Somel, Mehmet; Gokcumen, Omer; Ugurlu, Serkan; Saygi, Ceren; Dal, Elif; Bugra, Kuyas; Güngör, Tunga; Sahinalp, S. Cenk; Özören, Nesrin; Bekpen, Cemalettin, 'Whole Genome Sequencing of Turkish Genomes Reveals Functional Private Alleles and Impact of Genetic Interactions with Europe, Asia and Africa', BMC Genomics, vol. 15, no. 1 (2014) https://www.ncbi.nlm.nih.gov/pmc/articles/PMC4236450/

Arango, Tim, 'A Century After Armenian Genocide, Turkey's Denial Only Deepens', *The New York Times*, 16 April 2015 https://www.nytimes.com/2015/04/17/world/europe/turkeys-century-of-denial-about-anarmenian-genocide.html

Mandiraci, Berkay, 'Assessing the Fatalities in Turkey's PKK Conflict', International Crisis Group, 22 October 2019 https://www.crisisgroup.org/europe-central-asia/western-europemediterranean/turkey/assessing-fatalities-turkeys-pkk-conflict

'Mavi Vatan' ['Blue Homeland'], Turkish Naval War College (2019) https://www.msu.edu.tr/mavivatandanacikdenizleredergisi/mavivatan_baski.pdf

Murinson, Alexander, 'The Strategic Depth Doctrine of Turkish Foreign Policy', *Middle Eastern Studies*, vol. 42, no. 6 (2006), pp. 945–64

'Targeting Life in Idlib', Human Rights Watch, 15 October 2020 https://www.hrw.org/report/2020/10/15/targeting-life-idlib/syrian-and-russian-strikes-civilian-infrastructure

Turkish Presidency [@trpresidency], 'President Erdog˘an: "Hagia Sophia's doors will be, as is the case with all our mosques, wide open to all, whether they be foreign or local, Muslim or non-Muslim"', 10 July 2020 https://twitter.com/trpresidency/status/1281686820556869632/photo/1

Westermann, William Linn, 'Kurdish Independence and Russian Expansion [1946]', *Foreign Affairs*, vol. 70, no. 3 (1991) https://www.foreignaffairs.com/articles/russia-fsu/1991-06-01/kurdish-independence-and-russian-expansion-1946334 THE POWER OF GEOGRAPHY

第七章　撒亥爾地區

'Areva and Niger: A sustainable partnership', Areva, February 2011 https://inis.iaea.org/collection/NCLCollectionStore/_Public/50/062/50062650.pdf

Bassou, Abdelhak, 'State, Borders and Territory in the Sahel: The Case of the G5 Sahel', Policy Center for the New South, 6 October 2017 https://www.policycenter.ma/publications/state-borders-and-territorysahel-case-g5-sahel

Berger, Flore, 'West Africa: Shifting Strategies in the Sahel', *The Africa Report*, 30 September 2019 https://www.theafricareport.com/17843/west-africa-shifting-strategies-in-the-sahel/

'Beyond Aid: The UK's Strategic Engagement in Africa', Written evidence from the Foreign and Commonwealth Office on behalf of Her Majesty's Government, House of Commons Foreign Affairs Committee (FAC) Inquiry (2019) http://data.parliament.uk/writtenevidence/committeeevidence.svc/evidencedocument/foreign-affairs-committee/beyond-aid-the-uks-strategic-engagement-in-africa/written/105575.html

Comolli, Virginia, *Boko Haram: Nigeria's Islamist Insurgency* (London: Hurst, 2015)

Cooper, Rachel, 'Natural Resources Management Strategies in the Sahel', K4D Helpdesk Report, Institute of Development Studies, 1 October 2018 https://assets.publishing.service.gov.uk/media/5c6acc2340f0b61a196aa83a/453_Sahel_Natural_Resources_Management.pdf

Devermont, Judd, 'Politics at the Heart of the Crisis in the Sahel', Center for Strategic & International Studies, 6 December 2019 https://www.csis.org/analysis/politics-heart-crisis-sahel

Fortson, Danny, 'The Great Uranium Stampede: Everybody Wants Supplies as Nuclear Power Comes Roaring Back', *The Sunday Times*, 7 February 2010 https://www.thetimes.co.uk/article/the-great-uranium-stampede-c7p3m6h9xxd

'General Act of the Berlin Conference on West Africa', 26 February 1885 https://loveman.sdsu.edu/docs/1885GeneralActBerlinConference.pdf

'Getting a Grip on Central Sahel's Gold Rush', International Crisis Group, Report no. 282/Africa, 13 November 2019 https://www.crisisgroup.org/africa/sahel/burkina-faso/282-reprendre-en-main-la-ruee-vers-lor-ausahel-central

Grove, A. T., 'Geographical Introduction to the Sahel', *The Geographical Journal*, vol. 144, no. 3 (1978), pp. 407–15

Le Roux, Pauline, 'Confronting Central Mali's Extremist Threat', Africa Center for Strategic Studies, 22 February 2019 https://africacenter.org/spotlight/confronting-central-malis-extremist-threat/

Lewis, David and McNeill, Ryan, 'How Jihadists Struck Gold in Africa's Sahel', Reuters Investigates: A Special Report, 22 November 2019 https://www.reuters.com/investigates/special-report/gold-africaislamists/

Nicholson, Sharon E., 'Climate of the Sahel and West Africa', Oxford Research Encyclopedia, 26 September 2018 https://oxfordre.com/view/10.1093/acrefore/9780190228620.001.0001/acrefore-9780190228620-e-510

Taithe, Bertrand, The Killer Trail: A Colonial Scandal in the Heart of Africa(Oxford: Oxford University Press, 2009)

Watson, Abigail, 'ORG Explains #12: The UK's Pivot to the Sahel', Oxford Research Group, 27 January 2020 https://www.oxfordresearchgroup.org.uk/org-explains-the-uks-pivot-to-the-sahel

第八章　衣索比亞

'Ethiopia Imports by Country', Trading Economics https://tradingeconomics.com/ethiopia/imports-by-country

'Ethiopia: The Criminal Code of the Federal Democratic Republic of Ethiopia', The Protection Project, Proclamation no. 414/2004 (2005)

http://www.protectionproject.org/wp-content/uploads/2010/09/Ethiopia_Criminal-Code-TIP_2004.pdf

'Geopolitical Dynamics in the Horn of Africa and Mechanisms for Collaboration between NATO and IGAD Countries', NATO Strategic Direction

South Hub/Institute for Peace and Security Studies, Addis Ababa University (2019) https://thesouthernhub.org/resources/site1/General/NSD-S%20Hub%20Publications/Geopolitical%20Dynamics%20in%20the%20Horn%20of%20Africa%20and%20Mechanisms%20for%20Collaboration%20between%20NATO%20and%20IGAD%20Countries.pdf

Getachew, Samuel and York, Geoffrey, 'Ethiopia's Latest Violence Exposes Ethnic Fault Lines, Threatening the Country's Democratic Dreams', *The Globe and Mail*, 20 July 2020 https://www.theglobeandmail.com/world/article-ethiopias-latest-violence-exposes-ethnic-faultlines-threatening-the/

Kessels, Eelco; Durner, Tracey; Schwartz, Matthew, 'Violent Extremism and Instability in the Greater Horn of Africa: An Examination of Drivers and Responses', Global Center on Cooperative Security (2016) https://www.globalcenter.org/wp-content/uploads/2016/05/GCCS_VIOLENT-EXTREMISM_low_3.pdf

Selassie, Haile, *My Life and Ethiopia's Progress, 1892–1937: The Autobiography of Emperor Haile Selassie I, translated by Edward Ullendorff* (Oxford: Oxford University Press, 1976)

Verhoeven, Harry, 'Black Gold for Blue Gold? Sudan's Oil, Ethiopia's Water and Regional Integration', Chatham House: Briefing Paper (2011) https://www.chathamhouse.org/sites/default/files/19482_0611bp_verhoeven.pdf

第九章　西班牙

Aróstegui, Julio and Marco, Jorge, *El último Frente. La Resistencia Armada Antifranquista en España, 1939–1952* (Madrid: Libros de la Catarata, 2008)

Bown, Stephen R., *1494: How a Family Feud in Medieval Spain Divided the World in Half* (New York: Thomas Dunne Books, 2012)

Gardner, David, 'Why Basques and Catalans See Independence Differently', Financial Times, 12 July 2019 https://www.ft.com/content/3ec93f84-a2a1-11e9-974c-ad1c6ab5efd1

Garr, Arnold K., *Christopher Columbus: A Latter-day Saint Perspective* (Provo, Utah: Religious Studies Center, Brigham Young University, 1992)

Gorostiza, Santiago, '"There Are the Pyrenees!" Fortifying the Nation in Francoist Spain', *Environmental History*, vol. 23, no. 4 (2018), pp. 797–823 https://academic.oup.com/envhis/article/23/4/797/5091299

Latham, Andrew, 'Medieval Geopolitics: The Iberian Crusades', Medievalists.net https://www.medievalists.net/2019/03/iberian-crusades/

'Letters of Pope Alexander II Concerning Just Warfare Against the Forcesof Muslim Iberia (1063–1064)' (2012) http://www.web.pdx.edu/~ott/hst399/

Alexanderletters/index.html
Marco, Jorge, 'Rethinking the Postwar Period in Spain: Violence and Irregular Civil War, 1939–52', *Journal of Contemporary History*, vol. 55, no. 3 (2020), pp. 492–513 https://purehost.bath.ac.uk/ws/portalfiles/portal/190057157/Rethinking_the_post_war_period.pdf
Pimenta, João; Lopes, Alexandra M.; Carracedo, Angel; Arenas, Miguel; Amorim, António; Comas, David, 'Spatially Explicit Analysis Reveals Complex Human Genetic Gradients in the Iberian Peninsula', Nature, 24 May 2019 https://www.nature.com/articles/s41598-019-44121-6
'The President's News Conference', Harry S. Truman: Library & Museum, National Archives, 23 August 1945 https://www.trumanlibrary.gov/library/public-papers/107/presidents-news-conference
'Spain: Charles II', Britannica https://www.britannica.com/place/Spain/Charles-II
'Spain Population 2020', World Population Review https://worldpopulationreview.com/countries/spain-population/
'Substantial Minorities in Some Countries Hold Negative Stereotypes About Jews', Pew Research Center https://www.pewforum.org/2018/05/29/nationalism-immigration-and-minorities/pf_05-29-18_religion-westerneurope-01-20/
Webster, Jason, *Violencia: A New History of Spain: Past, Present and the Future of the West* (London: Constable, 2019)

第十章　外太空

'45 Years Ago: Historic Handshake in Space', NASA, 17 July 2020 https://www.nasa.gov/feature/45-years-ago-historic-handshake-in-space
'Challenges to Security in Space', Defense Intelligence Agency: United States of America (2019) https://www.dia.mil/Portals/27/Documents/News/Military%20Power%20Publications/Space_Threat_V14_020119_sm.pdf
Havercroft, Jonathan and Duvall, Raymond, '3 – Critical Astropolitics: The Geopolitics of Space Control and the Transformation of State Sovereignty', in Securing Outer Space: International Relations Theory and the Politics of Space, edited by Natalie Bormann and Michael Sheehan
(New York: Routledge, 2009), pp. 42–58
'International Space Station Facts and Figures', NASA, 16 July 2020 https://www.nasa.gov/feature/facts-and-figures
Pappalardo, Joe, 'A 10-Year Odyssey: What Space Stations Will Look Like in 2030', Popular Mechanics, 10 June 2019 https://www.popularmechanics.com/space/satellites/a27886809/future-of-iss-space-station/

Rader, Andrew, Beyond the Known: How Exploration Created the Modern World and Will Take Us to the Stars (New York: Simon & Schuster, 2019)

Sagan, Carl, Pale Blue Dot: A Vision of the Human Future in Space (New York: Ballantine Books, 2011)

Slann, Phillip A., 'The Security of the European Union's Critical Outer Space Infrastructures' (thesis), Keele University (2015) https://core.ac.uk/download/pdf/43759498.pdf

'Space Fence: How to Keep Space Safe', Lockheed Martin https://www.lockheedmartin.com/en-us/products/space-fence.html

'The Artemis Accords: Principles for Cooperation in the Civil Exploration and Use of the Moon, Mars, Comets, and Asteroids for Peaceful Purposes', Gov.uk https://assets.publishing.service.gov.uk/government/uploads/system/uploads/attachment_data/file/926741/Artemis_Accords_signed_13Oct2020__002_.pdf

國家圖書館出版品預行編目(CIP)資料

地理的力量: 十張地圖揭開世界的未來/提姆.馬歇爾（Tim Marshall）著 ; 顏涵銳譯. -- 初版. -- 新北市: 遠足文化事業股份有限公司出版 : 遠足文化事業股份有限公司發行, 2024.09
368面 ; 16×22公分
譯自 : The power of geography : ten maps that reveal the future of our world
ISBN 978-986-5083-20-5 (平裝)

1.CST: 地緣政治 2.CST: 國際政治 3.CST: 國際關係

571.15 113013793

特別聲明：
有關本書中的言論內容，不代表本公司／出版集團的立場及意見，由作者自行承擔文責。

黑體文化　　讀者回函

遠足新書 19

地理的力量：十張地圖揭開世界的未來

The Power of Geography: Ten Maps That Reveal the Future of Our World

作者・提姆・馬歇爾（Tim Marshall）｜譯者・顏涵銳｜責任編輯・涂育誠｜封面設計・林宜賢｜出版・遠足文化事業股份有限公司｜總編輯・龍傑娣｜發行・遠足文化事業股份有限公司（讀書共和國出版集團）｜地址・23141新北市新店區民權路108之2號9樓｜電話・02-2218-1417｜傳真・02-2218-8057｜客服專線・0800-221-029｜客服信箱・service@bookrep.com.tw｜官方網站・http://www.bookrep.com.tw｜法律顧問・華洋法律事務所・蘇文生律師｜印刷・中原造像股份有限公司｜排版・菩薩蠻數位文化有限公司｜初版・2024年9月｜定價・560元｜ISBN・9789865083205・9789865083229（EPUB）・9789865083212（PDF）｜書號・2WXA0080